닛케이가 전망한
기술 트렌드 100

세계를 바꿀
테크놀로지
2025

NIKKEI TECHNOLOGY TENBO 2025
SEKAI WO KAERU 100 NO GIJUTSU
written by Nikkei Business Publications, Inc.

닛케이가 전망한
기술 트렌드 **100**

세계를 바꿀
테크놀로지
2025

AI를 빼고는
기술을 이야기할 수
없는 시대

업무에 생성 AI를 활용하는 풍경은 이제 익숙한 풍경이 되었습니
다. 문서 작성, 혼자 아이디어 구상하기, 프로그래밍 등 일상적으
로 사용하는 직장인들이 많고, 기업에서 생성 AI를 일괄 도입하
거나 전문 업무 시스템에 접목하는 등 그 파급력은 끝이 보이지
않습니다. 오픈AI가 2022년 11월 챗GPT를 공개한 이후, 구글을
시작으로 많은 기업이 생성 AI에 뛰어들며 기술 개발에 박차를
가하고 있습니다. 언어 정보에 강한 모델, 인터넷상의 최신 정보
를 반영할 수 있는 모델, 텍스트·음성·화상 등을 복합적으로 처
리할 수 있는 모델, 더 적은 계산 자원으로 처리할 수 있는 모델
등 기술은 점점 더 발전하고 있습니다.

　하지만 이는 AI의 한 면에 불과합니다. 센서와 AI로 기계의 고
장을 사전에 감지하는 '고장 예측 AI', 복잡한 업무를 자동 처리하
고 사람의 개입을 최소화하는 'AI 에이전트', 사람의 행동을 자동

인식해 보안에 활용하는 '행동 인식 AI' 등 AI는 모든 분야에 활용되고 있습니다. 복잡한 작업을 자동화·고속화·최적화 해준다는 특징을 살려 큰 '기술군'으로서 발전을 거듭하고 있는 것입니다. 그 확산을 이해하는 것은 향후 사회에 미칠 영향을 전망하는 데 필수적이라고 할 수 있겠죠.

이 책은 IT·전기·자동차·로봇·건설·뉴미디어·의료·건강·바이오테크 등 전문 분야를 다루는 닛케이BP의 웹사이트와 잡지 편집장, 종합연구소 연구소 소장들이 엄선한 〈2030년 세계를 바꾸는 기술〉 100건을 수록하고 있습니다. 라인업을 보시면, AI를 시작으로 각종 기술이 서로 연관되어 영향을 주고받으며 발전하고 있음을 알 수 있을 것입니다.

모든 기술이 유망하지만, 그중에서도 2030년을 향해 중요성이 높아질 기술은 무엇일까요? 비즈니스 리더 약 600명을 대상으로 설문조사를 실시한 결과를 '테크놀로지 기대도 순위'로 게재했습니다. 간단히 소개하면, 상위권에는 '완전 자율주행', '간병 로봇', '건설 로봇' 등 AI와 기계의 실체가 결합한 것이 포함되어 있습니다. 중요한 트렌드겠지요.

또한 '핵융합', '우주 태양광 발전' 등 에너지 관련 미래 기술에 주목하는 사람도 많았습니다. 그 외 인력 부족 대책과 환경 대책, 안전 대책 등 사회와 산업을 크게 변화시킬 기술에 대한 기대감이 높았습니다. 이러한 기술이 향후 새로운 비즈니스를 키워나가는 토양이 될 것임에 틀림없습니다. 독자 여러분은 이 책을 읽음으로써 그 가능성을 피부로 느낄 수 있을 것입니다.

평소 신문, 잡지, 웹사이트 등의 보도와 업무 현장에서 '이름은 들어봤지만 잘 모르는 기술'을 접할 때가 있을 것입니다. 그런 단어들을 잘 이해하기 위해서도 이 책은 도움이 될 것입니다. 직장인부터 앞으로 사회에 나갈 취업준비생, 기술을 보다 폭 넓게 바라보고자 하는 전문 기술자까지 많은 분들이 읽으실 수 있는 기술 트렌드 해설의 결정판으로 이 책을 편집했습니다. 꼭 한 번 읽어보시고, 재미있게 활용해 주시면 감사하겠습니다.

닛케이BP 이사 기술 미디어 담당
코무카이 마사히로

<<<<<<< **1장** <<<<<<<

2030년
테크놀로지 기대 순위

≪≪≪≪≪ **2장** ≪≪≪≪≪

AI

4장

의료·건강·식농

≪≪≪ **6장** ≪≪≪

전자 · 기계 · 소재

◀◀◀◀◀ **7장** ◀◀◀◀◀

모빌리티

<<<<<< 8장 <<<<<<

라이프·워크 스타일

Technology 2025

1장

2030년 테크놀로지 기대 순위

2030년 기대 순위 1위 '완전 자율주행'

이 책은 향후 기대되는 기술 100개를 선정하여 각각의 기술에 대해 간결하게 설명하고 있다. 동시에 이 책에서 다루는 기술에 대해 비즈니스 리더들에게 의뢰하여 비즈니스 확대와 신규 비즈니스 창출의 관점에서 '2030년에 중요성이 높은' 기술과 '지금(2024년) 중요성이 높은' 기술을 각각 선택하게 하고, 그 기술을 선택한 응답자 수의 비율을 기술 기대도로 랭킹을 매겨 보았다(유효 응답자 수는 593명). 즉, 현재와 가까운 미래에 비즈니스 리더들이 기대하는 기술이 각각 무엇인지를 밝히는 것이 이 책의 목적이기도 하다. 여기서는 순위로 보는 100개 기술이라는 주제로 분석하고자 한다.

먼저, 조금 더 먼 미래의 '2030년 테크놀로지 기대 순위'를 살펴보자. 1위는 운전자가 타지 않고 시스템이 모든 운전을 담당하는 '완전 자율주행'이다. 2위는 인력난이 심각한 요양 산업에서 새로운 주역으로 기대되는 '간병 로봇'이 차지했다. 그리고 3위는 현실 세계를 컴퓨터상의 가상공간(메타버스)으로 재현하여 공장의 생산성 향상 등 산업 용도로 활용하는 '산업 메타버스'다.

'2024년 테크놀로지 기대도 순위'에서도 순위가 바뀌었을 뿐, 상위 3위의 면면은 변함이 없다. 사실 작년 조사에서도 이와 거의 비슷한 결과가 나왔는데, 이 기술들에 대한 기대는 변함없이 크다는 것을 알 수 있다. 2024년부터 2030년까지 계속해서 기대되는 기술이라는 것이다.

에너지 기술에 대한 기대치가 높다

2024년과 2030년 순위를 비교해 보면, 비슷한 점도 있지만 다른 점도 있다. 특히 에너지 관련 기술의 경우, 2024년의 기대도와 2030년의 기대도가 미묘하게 다르다. 예를 들어, 2030년 4위에 랭크된 '핵융합'은 2024년 순위표에 없다(2024년 33위). 마찬가지로, '우주 태양광 발전'은 2024년에는 순위권에 들지 못했지만(2024년 50위), 2030년에는 10위에 랭크됐다. 이러한 기술은 지금 현재로서는 아직 순위에 오르지 않았고, 당장 기대할 수 없지만, 2030년에는 실현될 가능성이 크다고 응답자는 이해하고 있다는 것이다.

이 밖에 에너지와 탄소 중립 관련 기술로 상위권에 오른 다른 기술도 있다. '합성연료(e-fuel)', '페로브스카이트 태양전지', '그린 콘크리트', '신형연료 전지 시스템', '리튬 금속 전지' 등의 기술이다. 2024년 7위, 2030년 23위인 '페로브스카이트 태양전지'와 2024년 13위, 2030년 17위를 차지한 '합성연료(e-fuel)'는 2024년의 기대가 높아 곧 실현되기를 바라거나 실현이 예상되는 기술이 되었다. 이산화탄소 등 온실효과가스의 배출을 전체적으로 제로로 하는 탄소 중립(온실가스 배출량 실질 제로)이 자동차 산업을 시작으로 각 분야에서 요구되고 있다. 이에 대한 답으로 이 기술들이 주목받고 있다.

의료 및 건강 관련 기술에 관심

2024년 1위, 2030년 2위를 차지한 간병 로봇을 시작으로 의료 및 건강 관련 기술도 관심이 높다. 알츠하이머병으로 인한 경미한 인지장애와 치매의 진행을 억제하는 '레카네맙'(2024년 10위, 2030년 11위), 온라인 진료를 제공하는 '의사 비상주 진료소'(2024년 8위, 2030년 12위), 스마트폰 앱 등 IT로 질병을 치료하는 '디지털 테라피틱스'(2024년 25위, 2030년 18위)라는 것이다. 순수하게 의료 관련 기술 자체뿐만 아니라 이를 뒷받침하는 IT 관련 기술에 기대를 걸고 있음을 알 수 있어 흥미롭다. 향후 초고령사회를 앞두고 인력 부족을 보완할 수 있는 기술이 주목받고 있다.

응용 분야로 꽃피는 AI 기술

작년 조사에서 상위권에 들지 못한 것은 AI(인공지능) 관련 기술이다. 작년 시점에서는 이미 사용되고 있는 기술로 간주되어 미래를 바꿀 기술로 보지 않았기 때문일 수도 있다. 하지만 올해는 조

👑 2024년 테크놀로지 기대 순위(유효 응답 593명)

순위	기술명 [개요]	기대도(%)
1	간병 로봇 [감지·판단·동작이 가능한 간병용 기기]	62.4
2	산업 메타버스 [산업별로 준비하여 숙련된 작업자 부족 등에 대비]	58.9
3	완전 자율주행 [운전자가 탑승하지 않고 시스템이 모든 운전을 담당(자율주행 레벨 5)]	48.1
4	딥페이크 판별 [AI로 만든 가짜 음성, 영상 등을 감지]	47.7
5	건설 로봇 [건설현장에서 시공 작업 및 자재 운반을 담당]	44.0
5	패스키(Passkeys) [비밀번호 없이 인증 가능]	44.0
7	페로브스카이트 태양전지 [저비용으로 제조, 접어 구부리기 가능]	40.8
8	의사 비상주 진료소 [의사가 상주하지 않고, 온라인 진료를 제공하는 진료소]	37.1
9	피플 애널리틱스 [인재 채용과 배치에 AI를 이용]	36.9
10	레카네맙 [알츠하이머병으로 인한 경미한 인지장애와 치매의 진행을 억제]	33.9
11	고장 예측 AI [센서와 AI로 기계 고장을 사전에 감지]	32.2
12	차세대 라이다로 사고 회피 [차세대 레이저 스캐너를 사용하여 안전성 향상]	32.0
13	합성연료(e-fuel) [재생 가능 에너지에서 추출한 수소와 이산화탄소로 만든 연료]	31.0
14	드론 의약품 배송 [오지와 재해 지역에 드론으로 의약품 배송]	30.2
15	건설용 3D 프린터 [3차원 벽과 거푸집을 현장에서 조형]	30.0
16	그린 콘크리트 [이산화탄소를 흡수 또는 고정 가능]	29.8
17	방사 냉각 소재 [외벽과 지붕에 붙이는 것만으로 실내를 냉각]	29.0
18	차량용 OS [차량용 애플리케이션을 위한 소프트웨어 기반]	28.8
19	AI 에이전트 [복잡한 업무를 자동 처리, 사람의 개입을 최소화]	28.7
20	데이터센터 액체 냉각 [데이터센터의 발열 문제를 액랭으로 대처]	25.8
20	신형 연료전지 시스템 [제조비용 절감과 내구성 및 내저온성의 향상을 모두 실현]	25.1
20	BaaS(Banking as a service) [은행의 기능을 클라우드 서비스로 제공]	24.1
23	데이터 연계 기반 [데이터 주권을 사업자에게 맡기면서 데이터를 공유]	23.4
24	리튬 금속 전지 [리튬 부극을 사용해도 안전한 전지 기술을 실용화]	22.6
25	디지털 테라피틱스(DTx) [스마트폰 앱 등 IT로 질병을 예방·진단·치료]	22.3
25	광위성 통신 [중계 위성에 레이저광으로 데이터 전송]	22.3
27	전자 시민제도 [비거주자에게도 행정 서비스의 일부를 제공하여 관계성을 높임]	22.1
27	에지 AI [스마트폰과 카메라, 자동차 등에 AI를 탑재, 인터넷을 통하지 않고 이용 가능]	22.1
29	희토류 없는 EV 모터 [페라이트 자석을 사용한 고출력 EV용 모터]	21.8
30	철강 탈탄소 [전기로에서 고철을 고급 철강으로 만들어 이산화탄소 배출량 대폭 감소]	21.1

- -

출처: 닛케이BP종합연구소 《5년 후의 미래에 관한 조사 [유망기술(2024년)]》
조사 실시기관: 닛케이BP종합연구소　　**조사 기간:** 2024년 6월 12일~6월 30일　　**유효 응답 수:** 593명
조사 대상: 닛케이BP의 인터넷 미디어(닛케이 비즈니스 전자판, 닛케이 크로스 테크 등)의 독자를 중심으로 폭넓은
　　　　　　업계에서 활약하는 비즈니스 리더를 대상으로 인터넷 조사 실시.
대상 기술과 응답 방법: 본서에서 다룬 100건의 기술을 7분야로 분류. 각 분야의 기술에 대해 비즈니스의 확대와 신규
　　　　　　　　　　　비즈니스 창출의 시점에서 '지금(2024년) 중요성이 높다'라고 생각하는 기술을 3개까지 선택
　　　　　　　　　　　하고, 선택한 응답자 수의 비율을 기대 순위로 정리했다.

👑 2030년 테크놀로지 기대 순위(유효 응답 593명)

순위	기술명 [개요]	기대도(%)
1	완전 자율주행 [운전자가 탑승하지 않고 시스템이 모든 운전을 담당(자율주행 레벨 5)]	66.6
2	간병 로봇 [감지 · 판단 · 동작이 가능한 간병용 기기]	58.2
3	산업 메타버스 [산업별로 준비하여 숙련된 작업자 부족 등에 대비]	56.8
4	핵융합 [중수소 등을 융합하여 고에너지를 생성]	37.3
5	건설 로봇 [건설현장에서 시공 작업 및 자재 운반을 담당]	37.1
6	AI 에이전트 [복잡한 업무를 자동 처리, 사람의 개입을 최소화]	36.6
7	딥페이크 판별 [AI로 만든 가짜 음성, 영상 등을 감지]	36.4
8	피플 애널리틱스 [인재 채용과 배치에 AI를 이용]	34.7
8	BMI(브레인 머신 인터페이스) [뇌와 컴퓨터를 연결]	34.7
10	우주 태양광 발전 [우주에서 생산된 전력을 지상에서 이용]	33.4
11	레카네맙 [알츠하이머병으로 인한 경미한 인지장애와 치매의 진행을 억제]	31.9
12	의사 비상주 진료소 [의사가 상주하지 않고, 온라인 진료를 제공하는 진료소]	31.7
13	차세대 라이다로 사고 회피 [차세대 레이저 스캐너를 사용하여 안전성 향상]	30.4
14	패스키(Passkeys) [비밀번호 없이 인증 가능]	29.2
15	행동 인식 AI [사람의 행동을 자동으로 인식하고 경비하는 시스템]	28.7
16	다이아몬드 반도체 [저손실 파워 반도체를 실현]	27.8
17	합성연료(e-fuel) [재생 가능 에너지에서 추출한 수소와 이산화탄소로 만든 연료]	27.5
18	디지털 테라피틱스(DTx) [스마트폰 앱 등 IT로 질병을 예방 · 진단 · 치료]	27.0
18	광위성 통신 [중계 위성에 레이저광으로 데이터 전송]	27.0
20	전자 시민제도 [비거주자에게도 행정 서비스의 일부를 제공하여 관계성을 높임]	25.0
20	중앙은행 디지털 화폐 [결제에 사용할 수 있는 중앙은행 발행 디지털 화폐]	25.0
20	건설용 3D 프린터 [3차원 벽과 거푸집을 현장에서 조형]	25.0
23	페로브스카이트 태양전지 [저비용으로 제조, 접어 구부리기 가능]	24.6
24	BaaS(Banking as a service) [은행의 기능을 클라우드 서비스로 제공]	24.5
25	방사 냉각 소재 [외벽과 지붕에 붙이는 것만으로 실내를 냉각]	24.1
26	그린 콘크리트 [이산화탄소를 흡수 또는 고정 가능]	23.9
27	신형 연료전지 시스템 [제조비용 절감과 내구성 및 내저온성의 향상을 모두 실현]	23.8
28	드론 의약품 배송 [오지와 재해 지역에 드론으로 의약품 배송]	23.6
28	고장 예측 AI [센서와 AI로 기계 고장을 사전에 감지]	23.6
30	대리 친어 기법 [고등어로 참치 산란 등 생식 줄기세포 이종 간 이식]	22.6

출처: 닛케이BP종합연구소《5년 후의 미래에 관한 조사 [유망기술(2024년)]》
조사 실시기관: 닛케이BP종합연구소   **조사 기간:** 2024년 6월 12일~6월 30일   **유효 응답 수:** 593명
조사 대상: 닛케이BP의 인터넷 미디어(닛케이 비즈니스 전자판, 닛케이 크로스 테크 등)의 독자를 중심으로 폭넓은
　　　　　업계에서 활약하는 비즈니스 리더를 대상으로 인터넷 조사 실시.
대상 기술과 응답 방법: 본서에서 다룬 100건의 기술을 7분야로 분류. 각 분야의 기술에 대해 비즈니스의 확대와 신규
　　　　　비즈니스 창출의 시점에서 '2030년에 있어 중요성이 높다'라고 생각하는 기술을 3개까지 선
　　　　　택하고, 선택한 응답자 수의 비율을 기대 순위로 정리했다.

금 달라지고 있다.

AI로 만든 가짜 음성이나 영상 등을 감지하는 '딥페이크 판별'이 2024년 4위, 2030년 7위에 랭크됐다. 센서와 AI로 기계의 고장을 사전에 감지하는 '고장 예측 AI'(2024년 11위, 2030년 28위)와 복잡한 업무를 자동 처리해 사람의 개입을 최소화하는 'AI 에이전트'(2024년 19위, 2030년 6위) 등도 상위권에 랭크됐다. 이 외에도 사람의 행동을 자동 인식하여 경비하는 '행동 인식 AI'는 2030년에는 15위(2024년 33위)를 차지했다. 스마트폰과 카메라, 자동차 등에 AI가 탑재되는 '에지 AI'도 2024년 27위(2030년 36위)이다.

2022년 11월, 미국 오픈AI가 챗GPT를 일반에 공개했다. 이후 생성 AI 이용자는 맹렬한 기세로 증가하고 있다. 즉, 이용자들에게는 이미 친숙하게 느껴지는 기술이라고 할 수 있다. 그로부터 2년 가까이 지나면서, AI가 발전하게 되면 어떤 일을 할 수 있을까 하는 생각을 하게 되었다. 그 결과, 사고를 미연에 방지하거나 중요한 부분에서 인간을 대신하여 일한다 던지 하는 응용법을 기대할 수 있게 되었다. 실제로 AI에 의한 제어라는 것은 다른 기술에도 적용될 것이다. 머지않아 AI를 빼고는 기술을 이야기할 수 없는 시대가 올지도 모른다.

자율주행 기술과 EV/PHEV로의 전환

눈에 띄는 기술로는 모빌리티 관련 기술을 들 수 있다. 2024년 3위, 2030년 1위인 '완전 자율주행' 외에도 차세대 라이다(LiDAR)

를 사용해 안전성을 향상시키는 '차세대 라이다를 통한 사고 회피'(2024년 12위, 2030년 13위), 차량용 애플리케이션을 위한 소프트웨어 기반인 '차량용 OS'(2024년 18위, 2030년 35위), 페라이트 자석을 이용한 고출력 '희토류 없는 EV 모터'(2024년 29위, 2030년 31위)와 같은 기술이다. 물류업계의 인력 부족이라는 관점에서도 자율주행 또는 운전 지원 관련 기술에 대한 기대가 크다. 또한, 전기자동차(EV) 판매가 주춤하고 있지만, 탄소 중립에 대응하기 위해 EV/PHEV(플러그인 하이브리드 자동차)로의 전환은 자동차 제조사들 모두 피할 수 없는 상황이다. 그렇다면 이를 뒷받침하는 선진기술이 주목받는 것은 당연하다고 할 수 있다.

이 책의 구성

이 책은 2장부터 8장까지 분야별 테크놀로지를 소개하고 있다. 먼저 2장에서는 AI를 다룬다. 2022년 후반에 등장한 챗GPT를 시작으로 생성 AI가 폭발적으로 진화하며 다양한 분야에 진출하고 있다. 이러한 AI가 기업 활동에서 어떻게 활용되고 있는지 그 실례를 포함하여 소개하고 있다.

3장은 AI와 밀접한 관련이 있는 IT·통신이다. IT·통신은 모든 산업을 연결하는 기반이며, 통신망은 앞으로도 더욱 확대될 것이다. 방대한 데이터가 쏟아져 나오는 클라우드를 어떻게 연계 및 운영하고, 고속으로 처리할 것이며, 안전성을 어떻게 보장할 것인가? 이 장에서는 최신 IT·통신 기술을 소개한다.

이어지는 4장에서는 의료·건강·식농을 다룬다. 인생 100년 시대라고 불리는 고령화 사회에서 이들 관련 기술에 대한 기대도가 높다. 5장은 에너지 관련 기술이다. 국가와 기업에 있어 탄소 중립을 실현하는 것은 시급한 과제이다. 이를 실현하기 위한 기술에는 어떤 것들이 있을까? 조금 더 멀리 내다봤을 때 우리 사회를 변화시킬 기술은 어떤 것들이 있는지 소개한다.

6장에서는 일렉트로닉스·기계·소재에 관한 기술을 주제로 한다. 선진적인 공업기술과 소재, 일렉트로닉스의 혁신적인 기술이 등장하고 있다. 7장은 모빌리티다. 완전 자율주행 기술을 시작으로 향후 주류가 될 것으로 예상되는 EV, PHEV 관련 기술을 중심으로 살펴본다. 마지막 8장은 라이프·워크 스타일이다. 우리 주변에서 사용되고 있는 다양한 기술을 다룬다.

기술 성숙 레벨과 기대지수 읽는 법

이 책에 수록된 100건의 기술 모두에 대해 '기술 성숙 레벨'과 '2030 기대지수'를 기재하고 있다.

기술 성숙도는 3단계 평가로, '고(高)'는 실용화되어 제품이 된 것, '중(中)'은 프로토타입이 있고 검증 중인 것, '저(低)'는 아직 연구 단계에 있으며, 경우에 따라서는 이론에 불과한 것으로 하였다. 한편, '2030 기대지수'는 앞서 언급한 테크놀로지 기대 순위 조사를 바탕으로 2030년 기대지수를 기재했다.

이러한 지표를 바탕으로 현재 등장하고 있는 기술이 어느 정도 기대할 수 있고, 또 실용 단계에 어느 정도 근접해 있는지 이해할 수 있을 것이다. 그리고 이러한 기술이 도대체 어떤 것이고, 우리 사회에 어떤 변화를 가져올지 각 기술별 해설을 읽어보길 바란다.

Technology 2025

2장

AI

**다양한 분야로 진출하여
복잡한 작업을 단순화, 자동화하다**

001

행동 인식 AI

사람의 행동을 자동으로 인식하고 감지하는 시스템

기술 성숙 레벨 | **중**   2030 기대지수 | **28.7**

> 행동 인식 AI의 활용 방안이 확산되고 있다. 스타트업 아지라는 방범 카메라로 촬영한 영상에서 폭력 행위와 흔들림, 넘어짐, 뛰어내림의 징후 등을 감지해 실시간으로 경비원에게 알려주는 AI 경비 시스템을 개발했다. 상업시설과 역·공항 등 100개 이상의 시설에서 운영 중이다.

영상에서 사람의 행동을 인식하는 AI를 개발하는 아지라(asilla)는 빌딩 관리 등을 하는 글로브십과 공동으로 AI 경비 시스템을 활용한 실증 실험을 진행했다. 불특정 다수가 출입하는 오피스 빌딩의 경비 품질과 쾌적성을 향상시키는 것이 목적이다. 실증 실험은 2023년 8월 21일부터 3개월간 진행했다.

실험에서는 오피스 빌딩 1동에 설치된 방범 카메라 9대의 영상을 아지라의 AI 경비 시스템 'AI 시큐리티 아지라(AI Security asilla)'로

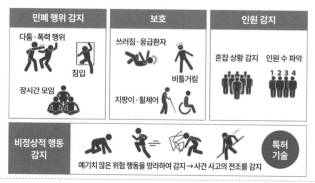

[자료 2-1] AI 경비 시스템 'AI 시큐리티 아지라'가 감지하는 행동의 예
폭력 행위나 투신의 전조 등을 감지한다. (출처: 아지라)

분석한다. 사람의 이상 행동이나 의심스러운 행동을 즉시 감지할 수 있는지, 어떤 데이터를 취득할 수 있는지 검증하고, 취득한 데이터를 빌딩 운영에 활용한다.

AI 시큐리티 아지라는 행동 인식 AI를 이용한 온프레미스(on-premises)형 서비스다. 기존에 설치된 방범 카메라와 연결해 사용한다. 각 카메라가 촬영한 영상을 AI가 모니터링해 싸움이나 폭력 행위 등 비정상적인 행동과 함께 비틀거리거나 넘어지는 등 주의가 필요한 상태 등을 감지한다.

가장 큰 특징은 영상에서 평상시와 다른 움직임을 '위화감'으로 감지할 수 있다는 점이다. 예를 들어, 사무실 바닥을 뛰어다니거나 문을 과도하게 열고 닫는 등의 행동을 감지하면, 모니터 표시와 이메일 전송 등을 통해 실시간으로 경비원에게 알려준다. 비정상적인 행동을 감지하는 것은 사람이 무언가를 발로 차는 모습 등을 AI에 학습시켰다. 오픈 소스의 동영상과 아지라가 학습용으로 촬영한 동영상, 도입 업체로부터 제공받은 방범 카메라 동영상, 생성 AI로 만든 동영상 등 다양한 소스의 데이터를 활용하고 있다. 한편, 위화감을 감지하기 위한 목적으로 각 카메라의 촬영 영상에서 해당 화각 내의 '통상적인 행동'을 자율적으로 학습한다.

아지라는 이 시스템의 장점에 대해 '지금까지 경비원이 확인하지 못했던 이상 징후나 행동 등을 빠짐없이 확인할 수 있게 되어 사건이나 사고를 미연에 방지할 수 있게 된다'고 설명했다.

－ 모리오카 료(닛케이 크로스 테크, 닛케이 컴퓨터)

LoRA(Low-Rank Adaptation)

LLM(대규모 언어 모델)이나 영상 생성 AI를
효율적으로 조정하는 기법 중 하나

> 기술 성숙 레벨 | **중**   2030 기대지수 | **10.5**

LoRA(Low-Rank Adaptation)는 LLM(대규모 언어 모델)이나 영상 생성 AI를 효율적으로 조정하는 기법 중 하나다. 어느 특정 작업이나 장르에 맞는 출력을 하도록 커스터마이즈하는 '파인 튜닝(fine-tuning)'을 할 때 사용한다. 마이크로소프트팀이 2021년 6월에 발표했다.

문장을 생성하는 AI에게 어느 특정 작가와 같은 문체로 문장을 생성하게 하고 싶다고 하자. 이 경우, LLM의 파라미터(매개변수)를 모두 파인 튜닝(fine-tuning) 하려면 대량의 계산이 필요하다. 따라서 LoRA 기법을 이용하여 계산 비용이나 계산을 위한 GPU(Graphics Processing Unit, 그래픽 처리 반도체) 관련 비용 등을 현실적인 범위로 맞출 수 있다.

이 외에도 '보험업계 특유의 전문 용어를 사용한 문장을 생성하고 싶다', '이 작가처럼 도안을 그리고 싶다' 등과 같은 사례에서 이용이 가능하다.

LoRA의 주요 이용자는 LLM 등을 처음부터 만들지 않고 생성 AI를 독자적으로 튜닝하여 제공·이용하고자 하는 기업이나 일반 인 유저이다. 그 외에도 LLM 등의 개발 기업이 예상된다.

이전에는 학습이 끝난 모델 전부의 파라미터를 대상으로 한 '풀 파라미터 파인 튜닝(Full parameter fine tuning)'이 주류였다. 그러 나 모델 사이즈가 커짐에 따라 모든 파라미터를 파인 튜닝하는 것이 어려워졌다. 그러나 조짐이 달라진 것은 2020년 6월에 오 픈AI가 GPT-3를 발표한 것이다. GPT-3의 뉴럴 네트워크의 파라미터 수는 1,750억 개로, 이전 버전인 GPT-2의 100배 이 상에 달한다.

보급을 위한 과제는 현재 논의되고 있는 생성 AI 자체의 과제와 중복된다. 파인 튜닝에 사용하는 데이터의 수집이 적법한가 하는 것이다.

일본의 기술 기업 프리퍼드 네트웍스(Preferred Networks)의 엔지니 어로 LoRA를 시험해 본 경험이 있는 스즈키 카이토는 "특정한 요구를 위해, 언어 모델에게 이러한 행동을 해주기를 바라는 요 구의 실현 단계 중 하나가 파인 튜닝이다. LoRA를 통해 이 비용 이 압도적으로 절감되었다. 개개인이 자신에 맞는 맞춤형 LLM 을 가질 수 있는 미래가 있다면, 이를 실현할 수 있는 문턱이 낮 아졌다"며 LoRA의 가능성을 이야기한다.

GPU가 저렴해지는 등 환경의 변화로 인해 풀 파라미터 파인 튜닝을 하더라도 특별한 단점이 없어졌을 경우, 사용해야 할 필요성이 줄어들 가능성도 있다.

– 모리오카 료(닛케이 크로스 테크, 닛케이 컴퓨터)

003

시뮬레이션 AI

학습 후 새로운 조건 아래 결과를 단시간에 예측

기술 성숙 레벨 | 고   2030 기대지수 | **16.4**

시뮬레이션 AI는 자동차 등의 설계에 시행하는 시뮬레이션을 AI로 예측함으로써 복잡한 설계 프로세스를 효율화할 수 있는 도구다. 기존 시뮬레이션에서는 며칠씩 걸리던 과정을 시뮬레이션 AI를 통해 단시간에 예측할 수 있다. 스텔란티스와 르노 등 유럽 자동차 업체에서 이미 도입하고 있다.

미국 앤시스(Ansys)는 AI 기술을 이용해 시뮬레이션 속도를 대폭 향상시키는 클라우드 서비스 '앤시스 심AI(Ansys SimAI)'를 개발했다. 이 툴은 계산 부하가 높은 설계 프로세스의 시뮬레이션을 10~1,000배 고속화한다. 이를 통해 많은 설계 변형을 테스트할 수 있어, 연구개발을 가속화하고 제품 개발 주기를 단축할 수 있다.

 앤시스 심AI는 크게 AI 모델을 구축하는 단계와 활용하는 단계로 나뉜다. 구축 단계에서는 주로 분석 전문가가 형상을 포함

[자료 2-2] '앤시스 심AI'을 사용한 시뮬레이션 이미지
(출처: 앤시스)

한 분석 조건과 분석 결과를 세트로 한 데이터를 준비한다. 앤시스 심AI에 업로드하고, 준비된 데이터를 학습시킨다. 용도별로 AI 모델을 구축해 라이브러리에 저장한다. 활용 단계에서는 라이브러리에 있는 AI 모델 중 적절한 모델을 선택해, 구축 시 설정한 조건을 변경하면서 시뮬레이션을 실시한다.

이 툴은 사용자 인터페이스에도 신경을 썼다. 직관적으로 조작할 수 있도록 설계해 코딩 경험이나 심층학습의 전문 지식이 없는 사용자도 쉽게 사용할 수 있도록 했다. 클라우드 환경은 최신 클라우드 인프라스트럭처를 채택해 보안성을 확보했다.

– 미즈 타츠야(닛케이 크로스 테크, 닛케이 컴퓨터)

004

딥페이크 판별

AI로 만든 가짜 음성, 화상 등을 탐지

:
:
:
:
:
:

기술 성숙 레벨 | **저**   2030 기대지수 | **36.4**

생성 AI를 악용한 '딥페이크'가 큰 위협이다. 딥페이크는 진
짜 영상이나 음성을 흉내 낸 가짜 영상이나 음성을 말한다.
현재 딥페이크를 판별하는 기술 연구는 인간의 대화 중 '숨소
리'에 착안해 80% 이상의 정확도로 판별하는 기법이다.

캐나다의 클릭랩스(Klick Labs) 연구진은 대화 중 숨소리(호흡)와 침
삼킴에 의한 '일시 중단'에 주목하여 실제 음성과 딥페이크 음성
을 구분할 수 있는 모델을 개발하여 그 타당성을 검증했다.

　실제 음성과 딥페이크 음성으로 이들의 특징을 비교한 결과, 2
가지 모두에서 차이가 나타났다. 예를 들어, 숨을 쉬지 않고 연
속적으로 말하는 시간의 평균 길이(음성 세그먼트의 평균 길이)는 딥페
이크 음성이 더 길었다. 또한, 1분당 일시 중단(0.1초 이상 0.5초 미만)
횟수도 딥페이크 음성이 더 적었다. 딥페이크 음성에서는 호흡이

실제 음성과 딥페이크 음성의 특징적인 차이점		
특징	실제 음성	딥페이크 음성
음성 세그먼트의 평균 길이(초)	2.93	3.49
음성 세그먼트 길이의 분산	1.51	1.22
발화 시간의 비율	0.87	0.89
1분당 일시 중단(0.1초 이상 0.5초 미만) 횟수	11.72	9.47
1분당 일시 중단(0.5초 이상) 횟수	7.04	5.78

[자료 2-3] 실제 음성과 딥페이크 음성의 특징 차이
실제 음성이 숨을 쉬지 않고 연속적으로 발화하는 시간이 짧고, 일시 정지 횟수가 더 많다.
(출처: 논문 〈Investigation of Deepfake Voice Detection Using Speech Pause Patterns: Algorithm Development and Validation〉을 기반으로 작성)

모델에 의한 평가 결과				
기계학습 알고리즘	정밀도 (precision)	정확도 (accuracy)	실제 음성에 대한 정확도	딥페이크 음성에 대한 정확도
AdaBoost	0.82	0.81	0.75	0.87
지원 벡터 머신	0.80	0.79	0.73	0.85
랜덤 포레스트	0.80	0.78	0.73	0.83
로지스틱 회귀	0.79	0.76	0.70	0.83
결정목	0.77	0.72	0.71	0.73

[자료 2-4] 모델에 의한 평가 결과
평가 결과, 에이다부스트(AdaBoost)라는 알고리즘의 정확도가 평균 82%로 가장 높았다.
(출처: 논문 '〈nvestigation of Deepfake Voice Detection Using Speech Pause Patterns : Algorithm Development and Validation〉을 기반으로 작성)

나 침 삼킴이 필요하지 않기 때문에 이러한 결과를 얻을 가능성이 크다.

다음으로 연구진은 실제 음성과 딥페이크 음성을 검출하는 모델을 5가지의 기계학습 알고리즘을 사용하여 작성했다. 모델 학습에는 127개의 음성, 평가에는 257개의 음성을 사용했다.

평가 결과, 가장 정확도가 높은 알고리즘은 평균 82%, 가장 낮은 알고리즘은 평균 77%였다고 한다. 이 결과를 통해 연구진은 생물학적 과정과 관련된 특징을 딥페이크 음성을 검출하는 알고리즘에 도입하는 것이 효과적이라는 결론을 내렸다.

– 카츠무라 유키히로(닛케이 크로스 테크)

005

원격 실시간 데이터 분석

분석 지연 시간 60%, 전력 소비를 40% 절감

기술 성숙 레벨 | **고**   2030 기대지수 | **15.2**

AI 활용에 대한 수요가 증가하면서 데이터센터의 전력 소비
가 증가한다. 이를 해소하기 위해 교외 데이터센터를 활용
하려고 한다. 그러나 2가지 과제가 있다. 네트워크 문제와
CPU의 처리 성능이다. 이에 NTT는 차세대 네트워크 구상
'아이온(IOWN, Innovative Optical and Wireless Network)'의 요소 기술
을 이용해 이러한 과제를 해결하고자 했다. 2026년 상용화를
목표로 하고 있다.

NTT는 원격지에서 실시간 AI 분석을 가능하게 하는 기술을 개
발했다. 이 기술은 NTT의 차세대 네트워크 구상인 '아이온(IOWN,
Innovative Optical and Wireless Network)'의 요소 기술을 응용한 것이다.
  개발한 기술을 활용하여 가나가와현 요코스카시에 설치한 카메
라 영상을 약 100km 떨어진 도쿄도 무사시노시의 거점으로 전

송하여 분석하는 실증 실험에 임했다. 그 결과, 기존 시스템 구성 대비 엔드 투 엔드 지연 시간을 최대 60%, 분석에 필요한 전력 소비를 최대 40% 절감했다. 충분한 실시간성을 실현하면서, 분석에 필요한 전력 소비를 크게 줄일 수 있음을 보여줬다.

최근 AI를 활용하는 수요가 빠르게 증가하고 있다. 한 가지 예가 스마트 시티에서의 활용이다. 도시 곳곳에 설치된 대량의 카메라 영상을 분석해 이상 징후를 감지하거나, 고성능 센서인 라이더로 취득한 주행 데이터를 분석해 자율주행을 지원하는 데 AI가 필수적이다. AI의 처리를 고속화하기 위해서는 GPU 등의 가속기가 유용하다. 하지만 가속기 활용이 진행되면서 설치 공간과 전력 소비 문제가 대두되고 있다. 도심의 데이터센터는 서버 등의 설치 공간이 협소하고, 공급할 수 있는 전력도 제한적이다. 도시 지역에서는 새로 데이터센터를 지을 수 있는 부지도 부족하다.

이러한 문제는 교외의 대규모 데이터센터를 활용하면 비교적 쉽게 해결할 수 있다. 교외에서는 넓은 부지를 확보할 수 있고, 태양광 등 재생 에너지 활용도 용이하다. 또한 AI에 필요한 컴퓨터 리소스를 집중 배치하면 전력 효율을 높일 수 있는 여지도 있다. 하지만 교외 데이터센터에서 실시간 분석을 실현하기 위해서는 크게 2가지 과제가 있다.

첫 번째 과제는 네트워크다. 수도권에서 교외 데이터센터로 대용량 데이터를 보낼 때, 인터넷과 같은 통신 품질이 보장되지 않는 네트워크에서는 패킷 손실이 상당 부분 발생한다. 이에 대한 대책으로 인터넷에서는 재전송 제어 구조를 갖춘 TCP(Transmission Control Protocol, 전송 제어 프로토콜)가 오랫동안 사용되어 왔다. 다만 TCP는 사양상 확인 응답 등의 처리가 수반되기 때문에 지연이 커지기 쉽다.

거기에 RDMA(Remote Direct Memory Access, 원격 직접 기억 장치 접근)라는 프로토콜을 사용하는데, RDMA는 컴퓨터와 같은 메모리에 직접 접근하여 데이터를 주고받는 기술이다. 단, 패킷이 도중에 손실되면 재전송 처리에 따른 지연이 발생한다. 이 지연 시간은 서버 사이의 거리가 멀어질수록 커진다. 이에 아이온의 광통신 인프라인 '올 포토닉스 네트워크(APN)'를 채택했다. APN은 이용자가 하나의 광파장을 독점하는 대역폭 보증형 네트워크다. 또한 경로 중간에 라우터 등 통신 기기를 설치하지 않고, 광신호 그대로 전달해 고속, 저지연으로 통신할 수 있다.

두 번째 과제는 컴퓨터 내부에서의 데이터 처리 방법이다. 일반적인 시스템 구성에서는 네트워크 입출력과 GPU 제어 등 다양한 처리에 CPU가 관여한다. 이 때문에 대용량 데이터를 처리할 때 CPU가 병목 현상이 발생하기 쉽다. 이에 아이온에서 제안하는 컴퓨팅 아키텍처 'Data Centric Infrastructure(DCI)'의 데이터 처리 고속화 기법을 적용했다. AI에 의한 데이터 분석 처리를 가능한 한 GPU 측에서 완료했다. 추론뿐만 아니라 CPU가 담당하고 있던 복잡한 계산, 전처리, 후처리도 GPU에 오프로드한다. CPU는 GPU의 실행 제어에 집중하게 된다.

이러한 노력으로 원격지에서의 실시간 AI 분석을 실현했다. 반

R	라우터
광	광전송장치

기존　네트워크 지연과 CPU 처리 오버헤드가 커서 원격지에서의 실시간 분석이 어려웠음

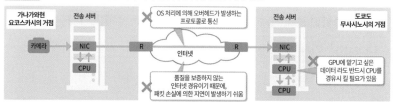

개발 기술　IOWN의 'APN'이나 데이터 처리 기법을 통해 원격지에서의 실시간 분석이 가능

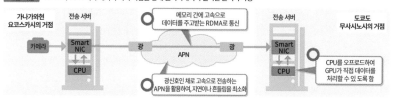

APN: All-Photonics Network　**CPU:** Central Processing Unit　**GPU:** Graphic Processing Unit　**IOWN:** Innovative Optical and Wireless Network
NIC: Network Interface Card　**OS:** Operating System　**RDMA:** Remote Direct Memory Access

[자료 2-5] 네트워크와 데이터 처리의 과제를 'IOWN'의 요소 기술을 결합하여 해결했다.
(출처: 닛케이 크로스 테크)

면, GPU 등 하드웨어의 제어를 애플리케이션 측에서 고려해야 할 필요가 생긴다. 예를 들어, 성능 향상을 위한 파라미터 조정 등이 필요하다.

이러한 복잡한 처리를 감추기 위해 NTT는 컨테이너를 활용했다. GPU 제어와 데이터 분석에 필요한 소프트웨어를 컨테이너에서 구동시킴으로써 운영이 용이하도록 했다. 컨테이너 관리는 미국 레드햇(Red Hat)의 '래드햇 오픈시프트(Red Hat OpenShift)'를 사용했다. 오케스트레이션 툴인 '쿠버네티스(Kubernetes)'와 컨테이너를 활용한 시스템의 개발 및 운용 지원 도구 등을 결합한 관리 도구군이다.

이번 실증 실험에는 NTT 외에도 후지쯔, 미국 엔비디아 (NVIDIA), 레드햇이 참가했다. 카메라를 설치한 거점으로부터 원격지 데이터센터에서 데이터 분석을 완료하기까지의 시간을 최대 60%, 카메라 1대당 AI 분석에 소요되는 전력 소비를 최대 40% 절감했다. 카메라 대수가 늘어나면 전력 성능비는 높아진다. 카메라 1,000대의 환경에 있으면 전력 소비를 최대 60% 줄일 수 있을 것으로 예상한다. NTT는 이번에 개발한 기술을 2026년 상용화하는 것을 목표로 하고 있다.

– 쿠니시 리사코(닛케이 크로스 테크, 닛케이 컴퓨터)

해양 디지털 트윈

바닷속 생물이나 사물의 3D 형상 데이터를 취득

:
:
:
:
:

기술 성숙 레벨 | **중**　2030 기대지수 | **4.2**

기후 변화에 큰 영향을 미치는 해양의 3차원 구조를 가상공
간에 재현하는 '해양 디지털 트윈'을 위한 기술 개발을 후지
쯔가 추진하고 있다. 독자적인 AI와 센싱 기술을 결합하여
탄소 중립 및 해양 생태계 보전을 위한 정책의 사전 검증에
활용한다.

후지쯔는 자율무인잠수정(AUV)이 수집한 해양 데이터를 바탕
으로, 해양 생물 및 구조물의 3D 형상 데이터를 센티미터 단위
의 고해상도로 획득하는 기술을 개발했다. 해양기술안전연구원
(NMRI)과 함께 이시가키섬 근해에서 실시한 실증 실험에서 해저
에 설치된 배관, 산호초 등의 3D 형상 데이터를 실시간으로 취득
하는 데 성공했다.
　개발된 기술은 탁한 바닷속에서도 물체를 식별하고 형상을 측

바닷속 물체　　　　　　　　　　3D 점군(색상은 거리를 나타냄)

[자료 2-6] 수중 라이다를 이용한 3D 측정 결과
왼쪽은 바닷속 산호초, 오른쪽은 라이다로 취득한 3D 점군 데이터. 3종류 레이저 파장 중 바닷속 상황에 따라 측정에 적합한 파장을 선택할 수 있는 수중 라이다를 도입했다. (출처: 후지쯔)

정할 수 있는 '화상 선명화 AI 기술'과 파도나 조류 속에서 AUV로 안정적인 계측을 가능하게 하는 '실시간 계측 기술' 2가지로 구성된다. 화상 선명화 AI는 해저 피사체에 최적화된 심층학습을 통해 화상의 흐릿함을 제거하고 윤곽을 복원한다. 피사체 본연의 색을 복원하고 흐릿한 윤곽을 개선한 화상을 생성한 후 3D화하는 것으로, 3D화 처리와 피사체 인식의 정확도를 높였다.

수중에서의 실시간 측정은 후지쯔가 체조 경기의 채점 지원용으로 국제체조연맹과 공동으로 개발한 시스템의 기술을 적용했다. 구체적으로는 단주기 레이저 발광과 고속 스캐닝에 의한 고속 샘플링 기술이다. 후지쯔가 해양기술안전연구소와 공동으로 한 실험에서는 연구소가 개발한 AUV−ASV(Autonomous Surface Vehicle, 자율무인수상기) 연계 시스템을 활용했다. 카메라와 라이다를 일체화한 수중 퓨전 센서를 탑재한 AUV가 취득한 데이터를 해상 ASV를 경유하여 조사선에 전송했다.

앞으로는 강한 조류나 기복이 심한 해저 지형 등의 환경에서도 안정적으로 데이터를 수집할 수 있는 기술 개발을 추진한다. 수집한 3D 형상 데이터를 바탕으로 해양 디지털 트윈 개발을 추진한다. '2026년도에는 디지털 트윈을 시연할 수 있도록 하고 싶다'고 후지쯔는 밝히고 있다.

— 우치다 야스시(닛케이 크로스 테크, 닛케이 일렉트로닉스)

007

AI 에이전트

복잡한 업무 자동 처리, 사람의 개입을 최소로 함

:
:
:
:
:
:

기술 성숙 레벨 | **중**   2030 기대지수 | **36.6**

미국 마이크로소프트가 생성 AI에 의한 사용자 지원 기능 '코파일럿(Copilot)'에 여러 개의 외부 프로그램을 연결하여 실행하는 '생성 AI 에이전트'를 개발하는 기능을 새롭게 추가했다. 코파일럿은 사용자를 채팅으로 지원하는 기능에서부터 업무를 자동화하는 존재로 진화하고 있다.

마이크로소프트는 미국 시간 2024년 5월 21일, 연례 행사 '마이크로소프트 빌드(Microsoft Build)'에서 사용자가 코파일럿(Copilot)을 커스터마이즈할 수 있는 로우코드 툴 '마이크로소프트 코파일럿 스튜디오(Microsoft Copilot Studio)'에 에이전트를 개발하는 기능을 새롭게 추가했다. 복잡한 프로세스를 자동화하고 사람의 개입을 최소화한 자율적인 에이전트를 만들 수 있다고 한다. 얼리 액세스 프로그램으로 제한적으로 공개되고 있으며, 2024년 하반기에 프

[자료 2-7] 마이크로 빌드 2024에서 코파일럿(Copilot)의 확장 기능을 발표하는 마이크로소프트의
사티아 나델라 CEO.
(출처: 마이크로소프트의 온라인 배포 화면 캡처)

리뷰 버전이 제공될 예정이다.

사용자는 코파일럿 스튜디오의 관리 화면에서 에이전트가 시작하는 트리거가 되는 이벤트 등을 설정하고, 참조할 데이터베이스 및 트리거에 따라 에이전트가 실행할 액션 등을 설정할 수 있다.

예를 들어, 이메일 수신을 트리거로 삼아, 그 의도와 발신자 정보, 과거 메일의 주고받은 내용을 참조하여 메일을 자동적으로 회신하는 에이전트를 개발할 수 있다. 에이전트가 판단할 수 없는 예외에 대해서는 기록해 두고, 사용자의 지시를 요청한다.

자사 데이터 등과의 접속에는 새롭게 프리뷰 버전으로 제공하기 시작한 '마이크로소프트 코파일럿 커넥터스(Microsoft Copilot connecters)'를 이용한다. 로우코드 툴인 '마이크로소프트 파워 플랫폼(Microsoft Power Platform)'과 마이크로소프트 365에 저장된 데이터에 액세스하는 '마이크로소프트 그래프(Microsoft Graph)'를 시작으로, 1,400개가 넘는 커넥터를 제공한다. '마이크로소프트 셰어

포인트(Microsoft SharePoint)'와 '마이크로소프트 원드라이브(Microsoft OneDrive)'의 데이터나 주요한 서드 파티 앱과 접속할 수 있다.

　마이크로소프트는 에이전트가 효과적으로 기능하는 사례로 새로운 직원의 질문에 대답한다든지, 서류작성을 지원하여 전력화를 촉진하는 온보딩, 제품 및 서비스에 대한 지식을 가지고 고객의 선호도를 기억하는 영업 컨시어지 기능 등을 꼽았다. 유사한 내용을 반복하는 프로세스에서는 효과적으로 기능할 것으로 보인다.

　　　　　　　　　　　　　　　　　　　　－ 시마즈 쇼(실리콘밸리 지국)

머티리얼스 인포매틱스

AI를 사용하여 신소재 개발을 지원

기술 성숙 레벨 | **중**　2030 기대지수 | **19.7**

신소재 개발에 기계학습과 AI를 활용하는 방법을 머티리얼스 인포매틱스(Materials Informatics, MI)라고 한다. 연구자의 경험과 통찰력으로 개발을 진행하는 기존 방식에 비해 개발 기간을 대폭 단축할 수 있다. 특히 움직임이 활발한 분야는 배터리 소재 개발 분야이다. 각국의 연구 기관뿐 아니라 미국 마이크로소프트 등 IT 업체, 파나소닉 등 배터리 업체, 토요타 등 자동차 업체도 뛰어들어 MI를 통한 개발 경쟁을 벌이고 있다.

전고체 배터리의 고체 전해질 재료 개발은 기계학습과 AI를 활용한 머티리얼스 인포매틱스(Materials Informatics, MI)로 개발 기간을 대폭 단축하려는 움직임이 눈에 띈다. 할라이드(halide)계로 불리는 차세대 고체 전해질 분야에서는 마이크로소프트가 자사의 클라우드를 무기로 미국 연구소와 공동으로 연구개발에 참여해 왔다.

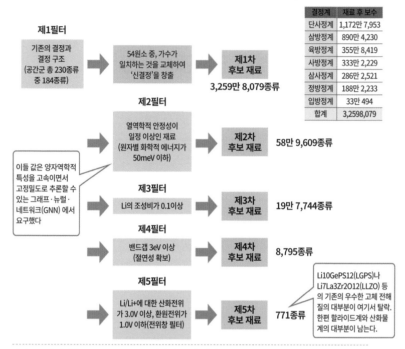

결정계	재료 후 보수
단사정계	1,172만 7,953
삼방정계	890만 4,230
육방정계	355만 8,419
사방정계	333만 2,229
삼사정계	286만 2,521
정방정계	188만 2,233
입방정계	33만 494
합계	3,2598,079

제1필터
기존의 결정과 결정 구조 (공간군 총 230종류 중 184종류)
→ 54원소 중, 가수가 일치하는 것을 교체하여 '신결정'을 창출
→ **제1차 후보 재료**
3,259만 8,079종류

제2필터
열역학적 안정성이 일정 이상인 재료 (원자별 화학적 에너지가 50meV 이하)
→ **제2차 후보 재료** 58만 9,609종류

이들 값은 양자역학적 특성을 고속이면서 고정밀도로 추론할 수 있는 그래프·뉴럴·네트워크(GNN)에서 요구했다

제3필터
Li의 조성비가 0.1이상
→ **제3차 후보 재료** 19만 7,744종류

제4필터
밴드갭 3eV 이상 (절연성 확보)
→ **제4차 후보 재료** 8,795종류

제5필터
Li/Li+에 대한 산화전위가 3.0V 이상, 환원전위가 1.0V 이하(전위창 필터)
→ **제5차 후보 재료** 771종류

Li10GePS12(LGPS)나 Li7La3Zr2O12(LLZO) 등의 기존의 우수한 고체 전해질의 대부분이 여기서 탈락. 한편 할라이드계와 산화물계의 대부분이 남는다.

[자료 2-8] 기계학습으로 771종류로 좁히면 대부분 할라이드 계열로 분류

마이크로소프트와 PNNL이 수행한 기계학습 모델을 이용한 소재 스크리닝 프로세스에서 기존의 결정 및 결합 구조를 가정하고, 거기에 원소의 전자 가치를 고려하여 54개의 원소를 대입해 약 3,260만 종류의 후보를 도출했다. 이후, '애저 퀀텀 엘리먼츠(Azure Quantum Elements)'라는 마이크로소프트의 과학 계산용 클라우드에서 약 1,000대의 가상 머신을 활용하여 그래프·뉴럴·네트워크(GNN) 등의 기계학습 모델로 특성을 추론해 약 3,260만 후보를 771가지로 좁혔다. 동일한 과정을 동일한 과정을 제1원리 계산법(구체적으로는 DFT)을 통해 계산할 경우, 1,500배 이상의 계산 자원이 필요하다. 제5필터가 되는 전위창이 2V 이하인 소재를 제외한 결과, 남은 771개 중 대부분이 할라이드계 또는 산화물계로 분류됐다. (출처: 마이크로소프트 등 논문[1]을 바탕으로 닛케이 크로스 테크가 작성)

이 분야에는 일본과 중국을 포함한 많은 기업과 연구 기관의 연구자가 참여하고 있다. 기업으로는 파나소닉, 토요타, 니혼가이시, 마이크로소프트 등이 포함된다. 할라이드계의 기본 구성은 단순해 보이지만, 성능을 높이기 위해서는 5~6가지 원소를 사용해야 하고, 그 조성비는 소수점 이하 2~3자리로 매우 세밀하게 조정해야 한다. 또한, 조성이 같더라도 결정 구조가 다른 경우도 있다. 이렇게 되면 조사해야 할 재료의 수는 천문학적인 숫자가 되어 인간이 실험할 수 있는 범위를 훌쩍 뛰어넘게 된다. 여기서 MI를 이용하면 탐색 범위를 넓히면서도 이전보다 훨씬 짧은 시간 내에 유망한 재료를 좁힐 수 있다.

마이크로소프트와 미국 퍼시픽 노스웨스트 국립 연구소(Pacific Northwest National Laboratory, PNNL)는 2024년 1월, MI에 기초한 고체 전해질 소재 탐색에서 새로운 소재를 공동으로 발견했다고 발표했다.[*] 18종류의 신규 고체 전해질을 순수하게 80시간 만에, 실제로는 약 1주일 만에 찾았는데, 결과적으로 그것들은 모두 할라이드계이거나 옥시할라이드(oxyhalide)였다.

마이크로소프트와 PNNL은 먼저 주기율표를 기초로 재료 탐색의 대상으로 54원소를 선정했다. 그다음 고체 전해질이 될 수 있는 기존 재료의 결정 구조를 기초로 가수를 고려하여 54개 원소의 가능한 조합을 조사한 결과, 총 3,259만 8,079종류의 가상의 결정을 얻을 수 있었다.

결정 구조는 우선 개략적인 형태에 따라 단사정계, 삼방정계라고 하는 7가지 결정계로 분류된다. 더 세부적인 분류법은 몇 가지가 있지만, 마이크로소프트 등은 공간군에 의한 분류(회전대칭, 병진대칭, 거울대칭 등의 대칭성을 기반으로 한 결정구조의 분류법)를 사용했다. 얻어진 가상의 결정의 공간군은 184종류였다.

마이크로소프트 등은 약 3,260만 종류의 결정을 다양한 필터로

* Chen. C. et al., "Accelerating computational materials discovery with artificial intelligence and cloud high-performance computing: from large-scale screening to experimental validation," preprint. arXiv: 2401.04070v1. Jan. 2024.

걸러내어 최종적으로 18종류의 신재료를 발견했다. 첫 번째 필터는 앞서 언급한 결정 구조이다. 두 번째 필터는 열역학적 안정성이다. 안정성이 낮은 조성의 재료를 제외해서 후보 재료를 약 59만 종류로 좁혔다. 안정성을 추정하기 위해 기계학습 모델, 구체적으로는 방대한 원자 특성 데이터의 데이터베이스로 학습시킨 그래프 신경망(Graph Neural Network, GNN)을 사용했다.

세 번째 필터는 재료 내 리튬(Li)의 조성비가 0.1 이상인 것. 네 번째 필터는 절연성 지표이다. 이 필터에 의해 후보 재료는 8,795종류로 좁혀졌다.

다섯 번째로 사용한 필터는 '전위창'이라는 특성으로 일정 조건을 만족하는 것이다. 이 조건을 만족하는 재료는 771종류이다. 그 대부분이 할라이드계 또는 일부 산화물계로, 할라이드계가 각광을 받고있는 최근의 움직임과 결과적으로 궤를 같이하게 되었다.

지금까지 판정에 사용한 특성값은 모두 GNN이나 기타 기계학습 기술로 얻은 값을 사용했다. 마이크로소프트에 따르면, 그 연산 처리는 계산 자원이 같다면 양자 역학 방정식을 푸는 '전통적'인 제1원리 계산에 비해 1,500배 이상 빠르다고 한다. 그러나 기계학습의 정확도는 모델 학습에 사용된 데이터베이스의 양과 데이터의 질에 따라 크게 좌우된다.

이에 마이크로소프트와 PNNL은 열역학 안정성을 판단하는 에너지 값을 제1원리 계산 중 하나인 밀도범함수이론(DFT)에 기반해 높은 정확도로 다시 구해, 지금까지 선별된 재료 후보를 재확

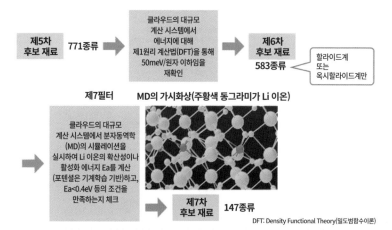

DFT: Density Functional Theory(밀도범함수이론)

[자료 2-9] '전통적'인 고정밀 계산으로 재확인

마이크로 애저 HPC를 이용한 제1원리 계산법과 분자동역학의 시뮬레이션을 통해 771종류의 후보 재료를 147종으로 압축했다. 이 계산에는 전체의 약 10%, 약 8시간의 시간이 소요되었다고 한다. (출처: MD의 가시화상은 마이크로소프트, 나머지는 논문[1]을 바탕으로 닛케이 크로스 테크가 작성)

인했다. 그 결과, 전체의 약 4분의 1이 재확인 단계에서 불합격 판정을 받아 후보 재료가 583종류로 줄었다.

여기에 원자와 분자의 움직임 시뮬레이션을 통해 후보 재료 내 리튬 이온 움직임의 용이성을 나타내는 활성화 에너지를 계산하여, 일정 조건을 만족하는 재료만 선택했다. 남은 것은 147종류로 모두 할라이드계 또는 옥시 할라이드계 재료였다.

이 두 가지 전통적인 계산에 소요된 시간은 약 8시간으로, 전체의 10%에 해당한다. 단, 이는 후보 재료가 771종류로 좁혀졌기 때문이다. 만약 처음부터 기계학습이 아닌 이러한 계산만을 사용했더라면, 10년 이상의 시간이 걸렸을 가능성이 높다.

마지막 네 종류의 필터는 다시 기계학습 모델과 배터리 전문가의 판단을 결합한 것으로 쓰였다. 8번 필터에서는 배터리 제조

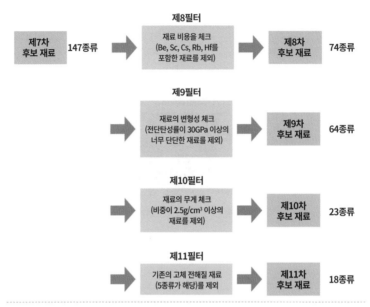

제8필터

| 제7차
후보 재료 | 147종류 | → | 재료 비용을 체크
(Be, Sc, Cs, Rb, Hf를
포함한 재료를 제외) | → | 제8차
후보 재료 | 74종류 |

제9필터

| → | 재료의 변형성 체크
(전단탄성률이 30GPa 이상의
너무 단단한 재료를 제외) | → | 제9차
후보 재료 | 64종류 |

제10필터

| → | 재료의 무게 체크
(비중이 2.5g/cm³ 이상의
재료를 제외) | → | 제10차
후보 재료 | 23종류 |

제11필터

| → | 기존의 고체 전해질 재료
(5종류가 해당)를 제외 | → | 제11차
후보 재료 | 18종류 |

[자료 2-10] 다시 한번 기계학습과 배터리 전문가에게 확인
(출처: 마이크로소프트의 논문[1]을 바탕으로 닛케이 크로스 테크가 작성)

비용 관점에서 고가의 베릴륨(Be), 스칸듐(Sc) 등의 원소를 함유한 재료를 제외했다.

마이크로소프트와 PNNL은 이렇게 좁혀진 후보 재료 중 4개 재료를 선정해 실험적 합성에 착수했다. 파나소닉이 2018년에 발표해 할라이드계 연구가 본격화된 재료에 가까운 것도 포함됐지만, 기존 재료에 비해 성능이 우수한 점과 열등한 점이 있었다.

마이크로소프트는 이번의 가장 큰 성과로 (1) 방대한 수의 원소 조합 중에서 80시간이라는 짧은 시간에 후보 재료를 추려낼 수 있었다는 점, (2) 기존의 지식과는 다른 '놀라운 결과'를 얻었다는 점, 이 두 가지를 꼽는다. 다만, 최종적으로 남은 소재는 이온 전도율이 낮아, 배터리 특성을 향상시키는 소재 발견에 이르지 못한 것도 사실이다.

이와 같이, 현재 시점에서는 MI에 의한 배터리 소재 개발이 만능이라고 할 수는 없다. 마이크로소프트 등은 '앞으로 8,795종류의 후보 중 유망한 소재를 다시 선택해 나가고 싶다'고 말했다.

— 노자와 테츠오(닛케이 크로스 테크, 닛케이 일렉트로닉스)

009

멀티모달 생성 AI

이미지, 동영상, 문서를 처리하는 AI를
자율주행에 적용

:
:
:

기술 성숙 레벨 | **중**　　2030 기대지수 | **12.3**

'레이와(令和) 시대의 자동차 제조업체'를 목표로 하는 튜링
(Turing)은 2030년에 완전 자율주행 전기차(EV)를 1만 대 양산하
겠다는 목표를 세운 일본의 스타트업이다. 일본 장기 AI '포난
자(Ponanza)'의 개발자인 야마모토 잇세이가 CEO를 맡고 있다.

튜링(Turing)이 지향하는 것은 어떤 조건 아래에서도 스트레스 없
이 주행하는 레벨 5의 자동차, 즉 완전 자율주행이다. 주류인 라
이더나 특수 센서에 의존하지 않고, AI와 카메라만으로 핸들, 브
레이크, 엑셀 등 모든 조작에 관한 판단을 내리는 자율주행 모델
개발을 추진한다.
　여기서 핵심이 되는 것이 바로 멀티모달 생성 AI이다. 야마모토
잇세이는 회사 노트에 공개한 기사에서 '생성 AI나 챗 GPT로 대
표되는 LLM의 본질은 세계를 인지하고 이해하는 점'이라며, 완

[자료 2-11] 1대를 한정 생산하여 세상에 내놓은 'THE FIRST TURNING CAR'
(출처: 튜링)

전 자율주행의 핵심 요소로 삼았다. 이 회사는 독자 개발한 멀티모달(이미지, 동영상, 문서 등 여러 정보 소스) 학습 라이브러리 '헤론(Heron)'을 공개해 복잡한 현실 세계를 이해하는 기반으로 삼고 있다. 목표는 인간처럼 생각하고 판단하는 AI다.

2023년 11월에는 강력한 AI 개발 기반으로서 미국 엔비디아의 고성능 GPU 96기를 탑재한 GPU 클러스터인 '개글 클러스터(Gaggle Cluster)'를 구축했다. 클러스터 전체를 단일의 계산기로 간주해 대규모 학습 태스크에 최적화하는 것이 목적이라고 한다. 일본 내 기업이 전유하는 GPU 계산 기반으로는 최대 규모가 될 것으로 예상되며, 2024년 가동 개시 예정이다.

2024년 2월에는 일본 경제산업성, NEDO(일본 신에너지·산업기술종합개발기구)의 '경쟁력 있는 생성 AI 기반 모델 개발'의 사업자로 채택되었다. 생성 AI 기반 모델 연구개발을 대상으로 하는 프로

[자료 2-12] 일본 모빌리티 쇼 2023에 출전한 'Turing Machine Alpha'
(출처: 튜링)

젝트로, 지원금을 받아 AI 학습에 총액 약 7억 4,000만 엔(약 67억 원) 상당의 GPU 계산 자원을 활용한다. 참고로 지금까지 15억 5,000만 엔(약 140억 원)의 자금을 조달하여 많은 기대를 받고 있다.

튜링의 하드웨어 사업도 순조롭게 개발이 진행되고 있다. 현재는 치바현 카시와시에 차량 연구개발 거점인 '카시와 노바 팩토리(Kashiwa Nova Factory)'를 구성해, 오리지널 차의 생산을 위해 움직이기 시작했다. 2023년 3월에는 1대를 한정 생산한 'THE FIRST TURNING CAR'를 일반 사용자에게 판매했다. 렉서스 RX450h를 기본 차량으로 하고 있지만, 수많은 실증을 통해 확립한 자율주행 기능을 탑재하고, 튜링의 오리지널 엠블럼을 붙인 것이 포인트다. 현실적으로는 레벨 2 정도의 운전 지원 기능이지만 '일단 시장에 선보이는 것'을 우선으로 했다. 이 같은 마인드는 음악이나 영화의 인디 정신과 통하는 부분이 있다.

같은 해 3월에는 이미지 생성 AI를 디자인에 적극 활용한 콘셉트카를 공개했다. 같은 해 10월, 〈일본 모빌리티 쇼 2023(구 도쿄 모터쇼)〉에서 첫 번째 오리지널 차량 '튜링 머신 알파(Turing Machine Alpha)'를 선보였다. 섀시(Chassis, 뼈대 구조)와 바디(차체)를 자체 개발, 차내 정보를 일목요연하게 표출하는 IVI(In-Vehicle Infotainment) 디스플레이를 탑재하는 등 소프트웨어부터 하드웨어까지 일체화했다.

생성 AI 전용 엑셀레이터 반도체 '해밍버드(Hammingbird)' 개발에 도전하는 등 부품에도 주력한다. 왜냐하면 차량 탑재 환경에서 초고속으로 생성 AI를 구동하는 에지 디바이스가 현재로서는 존재하지 않기 때문이다. 우선 FPGA(프로그램 가능한 집적회로) 개발을 시작으로 2026년에는 테스트 칩, 2030년에는 양산 칩의 완전 자율주행차로의 탑재를 예정하고 있다.

2024년 3월에 개최한 행사에서는 '도쿄 30'이라는 프로젝트를 발표했다. 이는 2025년 말까지 AI와 카메라만으로 도쿄 지역을 30분 이상 사람의 개입 없이 주행할 수 있는 자율주행 모델을 개발한다는 것이다. 지금까지의 연구와 실증을 현실의 필드에 적용하는 장대한 계획이며, 2030년 목표 달성을 위한 첫걸음이다. 2024년 11월부터 도내에서 시험 주행을 개시할 예정이며, 택시 앱 'S.RIDE'와 협업하여 다양한 데이터 수집에 힘쓰는 등 준비를 하고 있다.

– 오구치 마사타카(스퐁)

010

고장 예측 AI

센서와 AI로 기계의 고장을 사전에 감지

:
:
:
:
:

기술 성숙 레벨 | 중 　 2030 기대지수 | **23.6**

고장 예측 AI는 기계에 장착된 센서로부터 데이터를 수집하고, 이를 AI로 처리하여 고장을 사전에 감지하는 시스템이다. 먼저 정상 가동 데이터를 일정 기간 학습하고, 이와 다른 이상 징후를 감지하면 사용자에게 알려준다.

　기존에는 사람이 센서 데이터나 기계가 내는 에러코드를 보고 설명서를 참조하면서 원인과 대처 방법을 찾아야 했다. 그러나 고장 예측 AI를 사용하면 데이터 보는 법 등을 자세히 이해하지 못하는 사람도 AI가 제시하는 대처 순서를 참고해 빠르게 수리할 수 있다. 이미 미국 아마존웹서비스(Amazon Web Services, AWS)는 센서를 이용한 고장 감지 서비스를 제공하고 있으며, 2024년 봄 전시회에서 AI를 병용한 대처 절차를 제시하는 데모도 실시했다.

[자료 2-13] 아마존 모니트론의 센서
센서의 크기는 가로 52.8×세로 43.0×높이 24.9mm. 전시회 시연에서는 컨베이어용 모터에 장착되어 있다. 수명이 약 5년인 리튬 금속 배터리를 내장한다. (출처: 닛케이 크로스 테크)

미국 아마존웹서비스(Amazon Web Services, AWS)는 모터나 펌프, 팬 등의 회전 기구 기계의 예지 정비 서비스인 '아마존 모니트론(Amazon Monitron)'을 독일에서 개최된 세계 최대 규모의 산업 전시회 '하노버 메쎄 2024'(2024년 4월 22~26일)에서 전시했다. 기계 고장을 사전에 감지해 계획 외의 다운타임을 줄여주는 역할을 한다. 또한, 아마존 모니트론과 생성 AI를 결합해 이상 발생 시 대처 절차를 자동으로 제시하는 고장 예측 AI 데모를 실시했다.

아마존 모니트론은 배터리식 무선 센서를 기계 케이스에 접착제로 부착해 기계 상태를 파악한다. 배터리는 비충전식 리튬금속 배터리로 수명은 약 5년간이다. 3축 MEMS(미소 전자 기계 시스템) 가속도 센서와 온도계를 내장해 진동과 온도 변화를 측정한다. 전용 게이트웨이를 통해 데이터를 PC나 스마트폰으로 전송하고, 클라우드형 소프트웨어로 데이터를 분석·표시한다.

센서 장착 후 약 1개월간의 정상 운전 데이터를 이용하여 기계

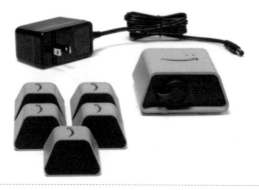

[자료 2-14] 아마존 모니트론의 스타터 키트
왼쪽이 센서, 오른쪽이 게이트웨이 (출처: AWS)

의 이상을 검출하는 기계학습 모델을 클라우드상에 자동 작성한다. 모델 작성 후, 정상 운전과 다른 동작이나 고장 징후가 나타난 경우 사용자에게 알림을 보낸다.

기계 상태 평가는 기계 진동 측정 및 평가에 관한 국제 규격 'ISO 20816'이 정의한 평가 기준을 채용한다. ISO 20816에서는 주로 정격 출력으로 구분한 기계의 분류와 평가 구역을 맞대어 상태를 평가한다. 평가 영역은 [A] 신규 가동, [B] 장기 운전 문제 없음, [C] 장기 운전 부적당, [D] 기계 손상이 예상되는 상태 등 4가지로 나뉜다.

아마존 모니트론은 대상 기계의 분류(클래스)에 따라 평가 영역의 허용치를 자동으로 설정하고, 측정 데이터가 영역 C를 초과할 경우 경고를 발령하는 방식이다. 기계의 클래스는 사용자가 초기 설정 시 4가지 클래스 중 선택한다.

AWS는 이 예지 정비 서비스를 2020년 말 발표하고, 일본에서

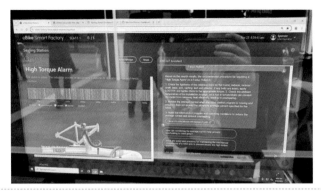

[자료 2-15] 공장의 고장 및 문제 대처에 생성 AI를 활용한 데모용 앱
로봇의 '토크가 높다'는 경고에 대해 자연어를 사용하여 대처 방법을 채팅으로 문의하자, 대상 로봇의 취급 설명서에서 발췌한 대응 절차를 표시했다. (출처: 닛케이 크로스 테크)

는 2023년부터 제공했다. 가격은 게이트웨이 1개와 센서 5개가 세트로 구성된 스타터 키트가 715달러다. 미국 아마존닷컴 등에서 구입할 수 있다. 여기에 센서 1개당 4.17달러의 월 서비스 이용료가 추가된다.

AWS는 앞서 언급한 예지 정비 서비스 외에도 기계가 고장나거나 경고가 발생했을 때 챗봇형 생성 AI가 그 원인과 대처 방법을 제시하는 애플리케이션도 출품했다. 기계 설명서나 과거 고장 사례 등을 사전에 학습한 생성 AI 모델이 이상 감지 시 기계에서 취득한 데이터(전류값, 온도, 압력 센서값 등)를 기반으로 이상 원인을 분석해 표시한다.

예를 들어, 도장 로봇의 '구동 토크가 기준치보다 높다'는 경고에 대해 해결 절차를 표시한다. 해결법뿐만 아니라 '왜 그런 조치를 취했는지', '향후 유사한 문제를 방지하기 위해 어떤 유지보수를 실시하면 좋을지' 등을 질문하면 AI가 학습한 범위 내에서 방법을 제안한다.

일반적으로 기계가 고장나면 기계의 오류 표시 번호 등을 확인하고 설명서를 참조해 원인과 대처 순서를 찾는다. 그러나 생성 AI를 활용하면 이러한 문서 검색 작업에 소요되는 시간을 줄일 수 있다.

단, 이 앱은 AWS가 전시회 데모용으로 개발한 것으로, 일반 판매는 하지 않는다. 기업이 유사한 앱을 도입하려면 AWS가 API(애플리케이션 프로그래밍 인터페이스) 경유로 제공하는 생성 AI의 기반 모델을 이용해 독자적인 앱을 개발할 필요가 있다.

— 이시바시 타쿠마(닛케이 크로스 테크, 닛케이 일렉트로닉스)

011

제로 UI

요청에 따라 매번 UI를 자동 생성

:
:
:
:
:
:

기술 성숙 레벨 | **저**　2030 기대지수 | **9.4**

소프트웨어로 만드는 앱이나 서비스에는 사용자가 알기 쉬운 버튼의 배치나 정보 표시를 위한 고민이 필요하다. 그러한 배려를 UI(유저 인터페이스)라고 부른다. 현재는 운영자나 벤더가 UI를 만들지만, 앞으로는 AI가 역할을 담당한다. 고정된 UI는 없고, 사용자의 니즈에 따라 AI가 자동 생성한다.

생성 AI인 챗GPT가 등장해 텍스트로 명령문(프롬프트)을 작성하면 즉시 AI의 답변을 얻을 수 있게 됐다. 최근에는 음성으로 입력하거나 이미지로 출력하는 등 다양한 파일 형식에 대응하는 멀티모달화가 진행되고 있으며, 이러한 생성 AI 기능을 내장한 서비스나 앱이 등장하고 있다. 앞으로 생성 AI 관련 서비스의 진화 방향성으로 '제로 UI'가 있다. 2024년 3월 8일부터 16일까지 미국 텍사스주 오스틴에서 열린 'SXSW 2024'에서 이를 소개한 사람은 디자인과 AI 전문가로 활약하고 있는 존 마에다였다.

지금까지 앱이나 서비스를 제공하는 경우, 운영 사업자가 조작을 위한 버튼이나 정보 표시 위치를 지정하는 등 UI를 설계하는 것이 당연했다. 그러나 앞으로는 이러한 UI를 생성하는 역할도 AI가 맡게 될 것이다. 이러한 사고방식이 '제로 UI'라는 개념이다.

"예를 들어, 신문과 같은 뉴스를 표시하는 서비스가 있다고 하자. 사진을 좋아하는 사용자가 '사진 보여줘'라고 입력하면, 사진만 나열된 잡지 같은 화면을 만들어 준다. 마찬가지로, 시간이 없을 때는 짧은 요약문만 보여주고, 천천히 읽고 싶을 때는 긴 글을 선택해서 보여준다."(존 마에다)

고정된 기존 UI는 존재하지 않고, 제로 상태다. 사용자가 그때그때 문자나 음성 등으로 요청을 던지면 AI가 UI를 생성하는 것이다. 지금까지 앱이나 서비스 제공 사업자는 UI의 좋고 나쁨도 차별화 포인트 중 하나로 자리매김해 왔다. 어쩌면 앞으로는 이런 생각이 바뀌어 콘텐츠의 내용만으로, 혹은 다른 정보와 조합의 묘미 등으로 승부하는 시대가 올지도 모른다.

제로 UI 기술은 미국의 클라우드 서비스 기업 버셀(Vercel)이 개발하고 있으며, 소프트웨어 개발 키트(SDK)를 공개하고 있다. 외부의 다양한 기능을 호출하는 기능을 갖추고 있어, 텍스트나 영상을 다루는 것뿐만 아니라, 다양한 용도의 서비스에 응용할 수 있다고 그는 설명한다.

— 마츠모토 히데키(실리콘밸리 지국)

012

매장 업무 지원 AI

헤드셋을 착용한 매장 직원의 업무를 AI가 지원

기술 성숙 레벨 | **고**   2030 기대지수 | **5.7**

AI를 적극적으로 활용해 고객의 질문과 고민을 그 자리에서 분석해 해결하여 고객 만족도를 높인다. 이러한 새로운 매장 업무 지원 형태가 등장하고 있다. 미국 소매업계에서는 퍼스트 파티 데이터(First-Party Data)를 활용해 CX(고객 경험)를 향상시키려는 시도가 진행되고 있다.

미국 전역에 2,000개 이상의 매장을 보유한 소매 체인점 트랙터 서플라이(Tractor Supply)는 농촌 지역에서 생활하는 사람들을 지원하기 위해 농기구, 비료 외에도 반려동물 사료, 가축 사료, 의료품 등 다양한 상품을 취급한다. 2018년 약 79억 달러였던 매출이, 2022년도에는 약 142억 달러로 두 배 가까이 성장했다.

이 회사의 AI 및 생성 AI 활용은 영업과 마케팅, 크리에이티브 콘텐츠, 또는 공급망에서의 활용을 시작으로, SKU(상품의 최소 관리

[자료 2-16] 헤드셋을 착용하고 업무에 임하는 직원
(출처: 반 다이지로)

단위) 수준의 재고관리 알고리즘과 물류 최적화에 접목되고 있다.

또한 직원 지원 앱으로 '헤이구라(Hey GURA)'를 개발하여 도입하고 있다. GURA는 사내 고객 서비스 창구와 같은 것으로, '인사(Greet customers)', '발견(Uncover their needs)', '제품 추천(Recommend products)', '부탁(Ask for the sale)'의 머리글자를 딴 것이다. 매장 직원들은 이 앱으로 고객 업무를 지원한다. 직원은 바로 툴에 접속할 수 있도록 업무시간 내에는 헤드셋을 장착하고 있다.

헤이구라의 도입 이후, 미국 전역의 약 2,000개 매장에서 하루에 약 15만 건의 상담이 이뤄지고 있다고 한다. 생성 AI를 활용한 지원 도구에는 지금까지 축적된 지식에 더해, 직원용 교육 자료 등 회사가 보유한 수많은 정보를 학습시켜 이를 바탕으로 답을 도출한다.

예를 들어, 고객이 "최근 닭이 낳는 알의 수가 적고 맛이 떨어진다"고 상담하면, 직원은 이를 헤드셋을 통해 헤이구라에게 물어본다. 헤이구라는 최적의 영양소가 사용된 사료와 급여 시기,

또는 추가로 질문해야 할 사항 등을 알려준다. 또한 필요하면 고객에게 단말기를 보여주면서 컨설팅 영업도 할 수 있다.

이러한 커뮤니케이션 포인트 데이터를 보유함으로써 매장 직원은 해당 지역 특유의 고민이나 고객의 과제를 파악할 수 있다. '네이버즈 클럽 프로그램'이라 불리는 로열티 프로그램 회원은 3,300만 명 이상이며, 이들이 매출의 약 75%를 차지한다. 회원 지속률과 로열티 유지율이 매우 높다고 한다.

－반 다이지로(야프리/db-lab/고객시간)

013

제품 디자인 지원 AI

패키지 디자인에 소요되는 시간을 반으로 단축

:
:
:
:

기술 성숙 레벨 | 중   2030 기대지수 | 3.5

패키지 디자인 개발에 생성 AI를 도입한 '맨담 쿨스킨 미스트 리프레시 민트'. 생성 AI를 활용한 이미지를 만드는 것으로, 1주일간 40개의 디자인 시안을 만들어 디자인 방향성 결정에 활용하고 있다. 평소의 50% 정도 단축한 스케줄로 패키지 디자인 개발을 실현하고 있다.

2024년 3월 18일 발매한 '맨담 쿨스킨 미스트 리프레시 민트'(이하 '쿨스킨 미스트'). 하늘색 기조의 산뜻한 패키지 디자인은 맨담으로부터 의뢰를 받은 리서치 및 디자인 전문 기업 플러그(PLUG)가 담당했다. 패키지 디자인 개발에는 생성 AI를 활용한 플러그의 독자적 서비스인 '크레포(Crepo) 패키지 디자인 AI'(이하 '패키지 디자인 AI') 의 파일럿판을 사용하여 패키지 디자인을 생성했다.

　생성 AI의 활용이 오리엔테이션부터 초기 디자인 제안까지의

기간을 단축하는 등, 통상보다 단기간에 패키지 디자인 개발을 실현하고 있다. 플러그의 패키지 디자인 AI는 개발 기간 단축 등을 실현할 수 있는 디자인 개발 지원 툴이다. '생성 AI'와 '평가 AI' 두 가지 메뉴가 있는데, 전자는 문장을 입력하는 것만으로 상품 디자인 시안을 생성할 수 있다. 후자는 도쿄대학교와 공동 개발한 디자인 소비자 평가를 AI가 예측하는 것으로 되어있다. 쿨스킨 미스트의 패키지 디자인 시안은 '생성 AI'를 이용해 만들었다. AI가 만든 이미지가 일본스러운 느낌이 되게끔, 패키지 디자인 AI에 디테일하게 튜닝을 하고 있다.

맨담의 기획개발 담당자, 브랜드 마케팅 2부의 이케다 노리코는 쿨스킨 미스트 패키지 디자인 개발을 "통상과 비교해 타이트한 스케줄이었다. 의뢰 후 입고까지 3개월 정도 걸리는 것이 보통의 스케줄인데, 이번에는 약 한 달 반 정도밖에 시간이 없었다"라고 말했다.

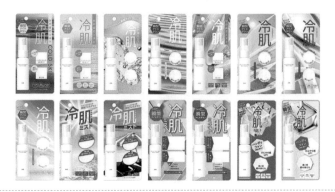

[자료 2-18] 플러그 디자이너가 생성 AI에서 만든 이미지를 사용한 디자인 시안의 일부
디자인 시안은 맨담에서 주문한 2가지 방향성에 맞춰 작성됐으며, 레이아웃은 디자이너가 보완했다. 방향성 1은 '여름에 사용했을 때의 시원함, 상쾌함을 느낄 수 있는 화장품 느낌의 세계관'. 방향성 2는 '휴대용 선풍기와 함께 사용하는 것을 알기 쉽게 표현한 캐주얼한 세계관'. 상단 7개 시안과 하단 왼쪽 1번 시안이 방향성 1, 하단 왼쪽의 2번 시안부터 오른쪽 끝의 7번 시안까지는 방향성 2안. (출처: 맨담)

플러그 디자인부의 마츠무라 히키 아트 디렉터는 "생성 AI를 이용한 이미지를 이용해 총 40개 시안을 일주일 만에 제작했다. 색감 등을 나타내는 단어를 입력하는 등 시안 생성을 여러 번 반복했다. 비슷한 색이지만, 약간의 디테일만으로도 인상은 크게 달라진다. 보통 디자인 시안은 5~10개의 안으로, 디자인하는 데 2~3주 정도 걸린다"고 말했다.

생성 AI 활용의 또 다른 장점은 디자이너가 생각하지 못한 시안을 만들 수 있다는 점이다. 이번 디자인 시안 중에서 예를 들자면, 바람의 흐름을 표현한 시안 등은 디자이너가 좀처럼 생각해내지 못하는 표현이라고 한다.

마츠무라 히키는 생성 AI를 이용해 만든 200개 이상의 시안을 40안으로 압축했다. 생성 AI는 아이디어의 양과 폭을 넓혀주기는 하지만, 좁히는 데는 능숙하지 않다. 대량 생성한 시안 중에서 선별하는 것은 디자이너의 안목이 필요한 과정이라고 한다.

생성 AI를 이용한 디자인은 현 단계에서는 패키지 그대로 사용할 수 있는 것은 아니다. 마츠무라 히키는 "저작권 등의 문제도 있고, 글자 배열 등 레이아웃의 정확도가 아직은 낮다. 패키지 디자인에 있어서는 디자이너가 더 능숙하다"고 말한다. 그러면서 "부담 없는 논의 상대와 같은 존재로, 발상으로 이어지기 위한 툴이라고 할 수 있다. 친근하게 상의할 수 있는 상대가 한 명 더 늘어난 느낌"이라고 AI의 유용성을 이야기한다. 이케다 노리코는 "생성 AI의 제안과 사람의 감성을 더하면 좋은 결과를 얻을 수 있다"며 생성 AI의 활용법을 전했다.

현재로선 생성 AI가 패키지 디자인을 자동으로 제작해 주는 것은 아니지만, 방향성을 빠르게 공유하여 개발 기간을 절반으로 단축할 수 있다는 것은 큰 장점이다.

— 히로카와 준야(편집자)

014

AI 멘토

취업 준비생에게 조언하고 지도하는 AI

. . . .

기술 성숙 레벨 | **고**   2030 기대지수 | **3.9**

챗봇이 활약하는 영역은 고객 지원이나 마케팅 지원에 그치지 않는다. 신입 채용 페이지의 주요 콘텐츠로 'AI 멘토'를 도입해 채용 지원에 활용하려는 움직임이 시작되고 있다.

취업 준비생들의 상담에 24시간 대응 가능한 'AI 멘토'를 도입한 것은 분양주택 대기업인 이이다그룹홀딩스의 핵심 계열사인 어니스트원이다. 챗GPT에 아바타를 결합한 AI 멘토는 2025년 4월 입사자 채용 활동부터 인사 담당자로 활동하고 있다. AI 멘토의 아바타는 실제 인사 담당자의 표정과 몸짓, 동작을 추적한 것을 인스톨하여 발화 타이밍에 입과 표정이 움직이는 기술을 적용하고 있다. 목소리도 음성 클론 기술을 이용해 자동 생성한다.

　AI 멘토를 이용할 때의 구체적인 단계는 다음과 같다. 먼저 취업 준비생은 AI 멘토를 만나기 전, 진단 콘텐츠 '어니스트원 진단'을

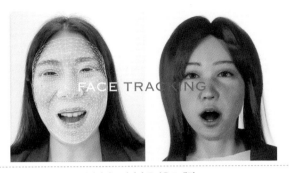

[자료 2-19] 아바타는 실제 인사 담당자의 표정이나 몸짓을 트래킹
인사 담당자의 목소리를 음성 클론 기술을 활용하여 자동 생성(출처: ULTRA CONNECTED and Guilds)

받는다. 리더십, 사고력, 커뮤니케이션, 멤버십의 4가지 능력 중 어느 쪽에 적성이 있는지 질의응답을 통해 진단받는다. 그런 다음, 결과를 AI 멘토에게 전달한다. 대화는 여기서부터 시작된다.

취업 준비생은 진단 콘텐츠 결과에 따라 제시되는 몇 가지 주제 중 하나를 선택한다. 그러면 AI 멘토가 '구체적인 에피소드를 간결하게 알려주세요'라고 물어온다. 자유 응답으로 답변하면 AI 멘토는 더 자세히 들어보려고 질문을 이어간다. 여기에는 리쿠르트 출신 커리어 컨설턴트가 고안한 상담 기술을 챗GPT와 접목해 심층적으로 파고드는 대화 시나리오로 짜 넣고 있다.

AI 멘토는 돌아온 답변에 대화를 이어가며 바꿔 말하기, 칭찬을 곁들여 에피소드를 선명하게 만들고, 거기서 얻은 교훈과 의의를 끌어낸다. 마지막으로 상담한 내용을 바탕으로 300~400자로 정리해 주기 때문에, 자신의 강점을 말로 표현할 수 있게 된다.

— 고바야시 나오키(닛케이 크로스 트렌드, AI 데이터 랩)

015

AI 컨시어지

AI가 안내하고 사회를 맡는다

:
:
:
:
:

기술 성숙 레벨 | **중**　　2030 기대지수 | **10.1**

웹사이트 등에서 사용자가 질문 텍스트를 입력하면, 그 질문에 따라 자동으로 답변하는 챗봇이다. 지금까지의 UI(유저 인터페이스)는 텍스트 기반이 기본이었다. 그러던 것이 현재는 여러 사용자와 대화하거나 이벤트 사회를 맡는, 이른바 'AI 컨시어지' 역할을 담당할 정도로 진화하고 있다.

'프로젝트 메로우'는 반다이남코 엔터테인먼트가 반다이남코 연구소의 협력하에 개발한 AI 프로젝트 '플레이 by 라이브'의 시제품 캐릭터다. '건담 메타버스 프로젝트'를 위해 개발된 완전 독립형 AI 캐릭터로, 건담에 대한 지식과 일대다 대화에 대응하는 자연 언어 처리, 음성 합성 기술이 특징이다. 건담 메타버스 프로젝트에서는 공식 안내 AI로서 여러 사용자와 대화하거나 이벤트 사회를 맡는 등의 역할이 주어진다.

메로우의 개발을 담당하고 있는 반다이남코 엔터테인먼트 CE 사업부 제2 프로덕션 1과에서 선임 스페셜리스트로 근무하고 있는 타마키 아야는 메로우와 같은 AI 캐릭터를 "진화형 AI 채팅봇이라고 해도 무방하다"고 말한다.

타마키는 "버추얼 유튜버(VTuber, 버튜버)는 스토리가 있는 게임과 달리 대화의 질이 관건이다. '그것과 비슷한 것을 AI 캐릭터로 실현할 수 없을까?'라고 생각했다. 메타버스에서는 공간 연출을 위해 테마파크 직원과 같은 안내원이나 매장 직원의 존재가 필요하다. 이러한 용도가 게임 캐릭터와는 다른, AI 캐릭터를 활용하는 길을 열었다"고 말한다.

그는 메타버스에서 AI 캐릭터의 활용 이미지로 3가지를 꼽았다. 첫 번째는 메타버스 공간의 안내원이고, 두 번째는 사람과 공감하고 행동을 보조하는 역할이다. 사람의 이야기를 듣고 대화를 나누면서 그 사람이 원하는 것을 제안하는 것이다. 세 번째는 활동 자체를 엔터테인먼트로서 제공하는 역할로, DJ 플레이나 라이브 퍼포먼스, 게임 실황의 실시간 중계 등을 하는 역할이다.

그가 강조하는 것은 '공감의 중요성'이다. "예를 들어, 쇼핑할 때 '이거 좋네요', '그렇군요. 이런 건 곤란하죠'와 같은 점원의 공감은 고객의 마음을 움직인다. 이러한 역할을 AI 챗봇이 담당할 가능성은 충분히 있다고 생각한다."

– 히라노 아야(닛케이 크로스 트렌드)

016

에지 AI

스마트폰, 카메라, 자동차 등에 AI를 탑재하여
네트워크를 통하지 않고도 이용 가능

:
:
:
:
:

기술 성숙 레벨 | **중**　　2030 기대지수 | **20.7**

현재 생성 AI는 클라우드에서 실행하는 것이 일반적이다. 하
지만 더 빠르게 실행하고 싶거나, 정보를 클라우드에 저장하
고 싶지 않거나, 데이터센터의 전력을 절감하고 싶다는 니즈
도 있다. 이런 점에서 스마트폰, 노트북, 자동차, IoT(사물인터
넷), 음향기기와 같은 에지(edge) 단말기에서도 실행시키려는
움직임이 가속화되고 있다.

미국의 모바일 반도체 대기업인 퀄컴(Qualcomm)이 에지 AI(edge AI)
플랫폼 기업으로 변모하고 있다. "지난 5년간 AI에 집중해 왔지
만, 생성 AI는 지금까지의 AI와 크게 다르다. 흥미진진한 이용
사례(use case)를 만들어 내고 시장을 크게 변화시킬 것이다". 퀄컴
의 반도체 사업 자회사인 퀄컴 테크놀로지스에서 제품 담당 수석
부사장(SVP)을 맡고 있는 지아드 아즈가는 2023년 10월의 연례행

사인 '스냅드래곤 서밋 2023(Snapdragon Summit 2023)'에서 말했다.

현재 생성 AI는 클라우드에서 실행하는 것이 일반적이다. 하지만 앞으로는 스마트폰이나 노트북, XR(확장현실) 단말기, 자동차, IoT, 음향기기와 같은 에지 단말기에서도 LLM과 같은 생성 AI를 실행하고자 하는 수요가 늘어날 것이다. 클라우드와의 통신으로 소비되는 전력 절감, 실시간성 확보, 데이터 보호 등을 위해서다.

에지 단말기의 대부분은 배터리로 구동되기 때문에, 반도체에 높은 전력 효율이 요구된다. 모바일 반도체를 주로 다뤄온 퀄컴이 잘할 수 있는 분야다. 이 기회를 놓치지 않기 위해 퀄컴은 스마트폰용과 노트북용 반도체 신제품으로 LLM을 실행할 수 있도록 했다.

스마트폰용 'Snapdragon 8 Gen 3'는 100억 개가 넘는 파라미터를, 노트북용 'Snapdragon X Elite'는 같은 130억 개의 LLM을 온디바이스(On-Device)로 처리 가능하다. 이 파라미터 수는 주요

LLM의 일반적인 수치로, 폭넓은 활용이 가능하다. 예를 들어, 미국 메타의 LLM '라마 2(Llama 2)'의 파라미터 수는 130억 개로 가장 많다.

앞으로도 에지 AI는 계속 진화할 것이다. 텍스트뿐만 아니라 음성, 동영상 등을 지원하는 멀티모달 AI도 온디바이스로 작동할 수 있게 될 것으로 본다. "멀티모달화 되면서 이용 사례는 더욱 늘어날 것이다(지아드 아즈가)".

– 네즈 사다시(닛케이 크로스 테크)

Technology 2025

3장

IT·통신

광역·고속 통신과
데이터 연계 기술의 진화

017

데이터센터의 액체 냉각

생성 AI 수요 증가에 따른 발열 문제에 대처

. . . .

기술 성숙 레벨 | **중**　2030 기대지수 | **16.5**

생성 AI의 처리에 사용하는 데이터센터(DC) 서버는 일반 서버에 비해 전력 소비와 발열량이 월등히 많다. 특히 많은 기업이 밀집해 있는 도심의 데이터센터는 더욱 심각하다. 이 문제를 해결할 수 있는 비장의 무기가 바로 서버 등 전자기기의 필수품이라 할 수 있는 '액체'이다.

"생성 AI에 대응할 수 있는 데이터센터(DC)에 주력하고 싶다. 수도권과 간사이 지역에서 수요가 높다". NTT커뮤니케이션즈(이하, NTT컴)의 마루오카 토오루 사장(당시)은 2023년 10월, 기자단 앞에서 이렇게 말했다.

　데이터센터 사업을 하고 있는 이 회사는 생성 AI의 확산에 따라, 데이터 처리에 필수적인 GPU 서버를 보관할 수 있도록 DC를 대응시켜 나갈 것이라고 한다. GPU 서버는 기존 서버에 비해

[자료 3-1] NTT컴의 마루오카 사장(당시)은 2023년 10월, 생성 AI의 수요로 인하여 이에 대응하는 데이터센터를 제공하겠다고 밝혔다.

(출처: 닛케이 비즈니스)

발열량, 소비 전력량이 월등히 많다. 그래서 GPU 서버 대응의 데이터센터에는 기존보다 더 효율적인 냉각 방식이 요구된다. 여기서 비장의 무기는 '액체'이다.

NTT컴은 2024년도에 데이터센터 내 랙에 배치된 각 서버에 직접 액체를 주입해 순환시켜 냉각하는 '액랭방식'을 도입하고, 기업에게 서버 설치 장소를 빌려주는 콜로케이션(Collocation) 서비스인 '그린 넥센터(Green Nexcenter)'를 시작한다.

이 방식에 대응하는 서버의 GPU 칩 위에는 열을 식히기 위한 금속판이 설치되어 있다. 여기에 실외 냉각설비에서 랙 외부에 설치된 냉각수 순환장치를 통해 차가운 액체가 보내져 열교환을 한다. 그리고 금속판을 식힌 후 뜨거워진 액체는 다시 실외 냉각 설비로 운반된다. 이 구조는 랙 단위로 도입이 가능하다.

[자료 3-2] KDDI, 미쓰비시중공업, NEC넷츠에스아이 3사가 함께 개발한 침수방식 랙
서버 가동 시에는 냉각액의 온도는 50도 정도로 유지된다. 이론상으론 10년간 냉각액을 보충할 필요가 없다. 필자가 냉각액을 만져보니 약간 걸쭉하지만 점도가 높지 않고, 냄새도 별로 느껴지지 않았다. (출처: 닛케이 비즈니스)

그간 데이터센터에서는 서버에 찬바람을 쐬이는 '공랭방식'이 주류를 이루었다. 효율을 조금이라도 높이기 위해 홋카이도 등 서늘한 외기 유입 활용이 용이한 지역에 데이터센터를 설치하려는 움직임도 있다. 하지만 데이터센터 수요는 많은 기업이 위치한 도시 지역에 집중되어 있다. 이러한 지역의 데이터센터를 어떻게 효율적으로 냉각하고 전력 사용량을 줄일 수 있는지가 과제였다.

NTT컴은 액랭방식이 기존의 공랭방식에 비해 소비전력을 30% 절감할 수 있을 것으로 기대하고 있다.

액체를 이용한 냉각 방식에는 수조처럼 냉각액이 채워진 랙에 서버를 통째로 담그는 '침수냉각'이라는 방식도 있다. KDDI와 미쓰비시중공업, NEC넷츠에스아이 3사가 공동으로 이 방식의

데이터센터 서비스 제공을 위해 노력하고 있다.

서버는 절연성이 있는 냉각액이 담긴 장치에 담근다. 이 액체는 휘발성이 낮은 기름으로, 약간 걸쭉하지만 점도가 높지 않다.

뜨거워진 액체는 펌프를 통해 순환 장치로 보내지고, 냉각장치인 라디에이터로 외부 공기와 접촉하여 냉각된다. 유지보수 시에는 액체에서 서버를 끌어올려야 하므로, 관리 방법도 기존 공랭식과는 전혀 다르다. 랙 하나당 40kW의 전력 소비에 대응 가능하여, 서버 냉각을 위한 전력 소비는 기존 대비 90% 이상 절감을 기대할 수 있다고 한다.

3사는 랙 하나가 들어갈 수 있는 크기의 컨테이너형 데이터센터로 제공하고 있다. 행사장 등 일시적으로 데이터 통신량이 많아지는 상황에서의 활용도 예상하고 있다. 미쓰비시중공업 담당자는 "향후 기존 (대형, 상설형) 데이터센터에서도 침수 방식의 도입이 늘어날 것으로 보고 있다. 생성 AI의 확산을 포함하여 수요에 대응해 나갈 것"이라고 전망했다. 이 회사는 액체 침수 방식과 공랭방식을 조합한 컨테이너형 데이터센터도 전개하고 있다.

NTT데이터도 미쓰비시중공업과 함께 액체 침수 냉각 방식에 대해 자사 데이터센터의 도입도 염두에 두고 검증을 진행하고 있다. 두 회사가 몰두하는 것은 각 서버의 얇은 상자와 같은 케이스 안에 냉각 액체를 침투시키는 것으로, 지하 전력실 등 기존 데이터센터의 빈 방을 중심으로 컨테이너로의 도입을 검토하고 있다고 한다. 이론상으로는 랙 당 소비전력이 100kW 정도만으로 대응이 가능할 수 있을 것으로 보고 있다.

생성 AI 활용이 확대되면서 수요가 늘어나는 GPU 서버. 액체를 이용한 신기술을 활용해 얼마나 효율적인 냉각 기술을 실현할 수 있느냐가 데이터센터의 경쟁력을 좌우할 것으로 보인다.

— 나카니시 마이코(닛케이 비즈니스)

018

데이터 연계 기반

사업자가 원하는 기밀성을 유지하면서
데이터를 공유

:
:
:
:
:

기술 성숙 레벨 | **중**　　2030 기대지수 | **20.7**

데이터 연계가 제조업에 보급될 것으로 보인다. 발단은 '유럽
배터리 규정'이다. 배터리 공급망(서플라이 체인)과 관련된 데이
터를 연계하여 관리한다. 배터리와 유사한 시스템이 향후 제
조업에 확산될 가능성이 있다.

2024년 4월 22일, 일본과 독일의 데이터 연계가 크게 진전되었
다. 우라노스 에코시스템(Ouranos Ecosystem)'의 기술 사양과 공통
서비스 제공 등을 담당하는 정보처리추진기구(IPA)가 독일 카테
나-X 오토모티브 네트워크(Catena-X Automotive Network)와 정보 공유
나 상호 인증에 관한 각서(MOU)를 체결하였다. 표준화 도구의 사
용과 개발을 위해 같은 해 12월 31일까지 연결 준비를 마친다고
한다.

　우라노스 에코시스템은 기업, 산업, 국경을 초월한 데이터 연계

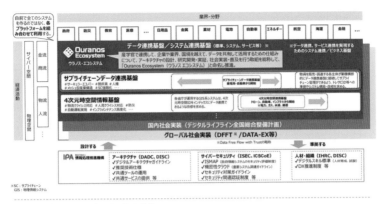

[자료 3-3] 우라노스 에코시스템의 개략
공급망 데이터 연계 기반을 통해, 공급망의 탄소 중립(온실가스 배출 실질 제로, CN)이나 경제 안보, 폐기물 손실 감소 등 사회적 문제를 해결하고자 한다. 데이터 연계 시, 각 데이터가 규격·표준에 맞추어져 있어야 한다. (출처: 경제산업성 자료, 닛케이 크로스 테크 편집 추가)

와 그 활용을 위한 산학관의 일련의 노력이다. 그중 하나가 경제산업성이 주체가 되어 구축하는 '서플라이 체인 데이터 연계 기반'이다.

"기업 입장에서는 기회로 보는 것이 좋지 않을까?" 컨설팅 회사 쿠니에의 중공업·조선, 기계·장비 산업 담당 매니저 스즈키 유이치로에 의하면, 데이터 이용은 유럽 배터리 규정 대응과 자사의 최적화를 위하는 두 가지의 축이 있다고 한다. 우라노스 에코시스템을 시작으로 데이터 연계를 기업 간 데이터 공유와 생산 및 설계 효율화 등에 활용해야 한다는 것이다.

스즈키 유이치로 매니저에 의하면, 예를 들어 가동 상황을 공개함으로써 제조의 평준화를 이룰 수 있다는 것이다. 타사 및 타 라인과의 연계를 통해 효율적인 제조가 가능해진다. 제품의 라이프 사이클 전체를 모니터링하고, 가동 상황의 균형을 맞추는 등 일

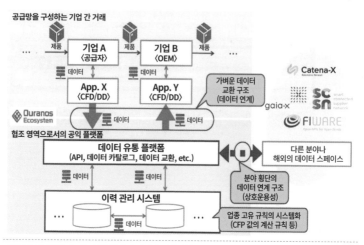

[자료 3-4] 우라노스 에코시스템과 타 데이터 기반 연계
우선, 배터리의 CFP(탄소 발자국)와 축전지에 대한 딜리전스(조사 활동)를 데이터로 취급한다. (출처: 경제산업성)

정 매출을 내는데 데이터 연계를 활용할 수 있다고 한다.

지금까지도 기업 간 데이터 교환을 통해 효율성을 높이려는 시도는 있었다. 그러나 기밀 정보의 유지와 정보 안전성 측면에서 정보 공유 방식에 대한 해결과제가 있었다. 우라노스 에코시스템은 이러한 점을 고려한 구조다.

애초에 우라노스 에코시스템의 목적은 유럽 배터리 규정에 대응하는 것만이 아니다. 경제산업성은 우라노스 에코시스템을 '기업의 경쟁력 강화로 이어지는 시스템'으로서 자리매김하고 있다. 경제산업성 담당자는 "2000년경부터 라이프 사이클 전체의 이산화탄소 배출량인 탄소발자국(CFP)에 대한 정보 교환에 대해 민관에서 논의를 거듭해 왔다"고 밝혔다.

앞으로는 배터리뿐만 아니라 다른 산업으로도 데이터 연계가 확대될 가능성이 있다. 자동차나 배터리 산업뿐만 아니라 항공, 금융, 의료 분야까지 업계를 초월한 데이터 활용이다. 야마하발동기 히다카 쇼히로 사장(자동차공업협회 부회장)은 데이터 연계에 대해 "처음에는 유럽 배터리 규정에 대응했지만, 다양한 용도에 사용할 수 있어 범용성이 높다. 모든 분야에서 데이터 연계가 필요하다"라고 말했다.

일본이 구축하는 우라노스 에코시스템에서 부품업체는 자사 데이터를 작성하고, 자동차 제조업체는 유럽 당국에 액세스 권한이 있는 데이터를 가져와 필요한 기관에 제출한다. 쿠니에의 스즈키 유이치로에 따르면, 정확한 데이터를 모으는 것이 '신규로 거래하는 기업 간 신뢰를 구축하는 하나의 무기가 될 것'이라고 한다.

경제산업성 담당자는 "기밀 데이터를 제대로 기밀로 취급해 달라는 일본의 관행에 맞춘다"며, 각 기업이 필요한 데이터를 주고받을 수 있는 기반을 구축할 것이라고 한다. 탄소발자국과 고유 데이터는 공익 플랫폼으로, 다른 사람이 들여다볼 수 없는 상태로 관리된다. "배터리 제조업체에게 '재료 배분은 비법 같은 것'이라고 말하는 일본계 배터리 제조사의 기술자가 있다. 데이터 주권을 각 사업자에게 맡긴 채 공유할 수 있는 구조를 지향한다.

오랫동안 구상 단계에 머물러 있던 데이터 협력이 드디어 실행에 옮길 수 있는 토대가 마련되었다. 일본과 유럽뿐만 아니라 미국과 유럽의 협력 체제도 갖춰지고 있다. 포드, 혼다 등 미국과 일본을 중심으로 세계 120여 개 이상의 기업이 참여하는 '모빌리티 오픈 블록체인 이니셔티브(MOBI)'는 EU 지역 내 데이터 규제의 구상을 하는 가이아-X(GAIA-X)와 손을 잡았다.

일본, 미국, 유럽에서 연계가 가속화되는 데이터 연계 기반. 앞으로 제조업의 데이터 연계는 유럽과 미국을 중심으로 전 세계적인 흐름이 될 것이다. 아울러 데이터 활용이 새로운 경쟁력이 될 것이다.

— 코구레 사키(닛케이 크로스 테크, 닛케이 모노즈쿠리)

019

선상 기지국

선박에 휴대폰 기지국을 싣고 연안을 연결

:
:
:
:
:
:
:

기술 성숙 레벨 | **고**   2030 기대지수 | **6.1**

'선상 기지국(shipboard base station)'은 선박 위에 휴대폰 기지국을 싣고 해상에서 육지로 안테나를 향해 전파를 송신해 연안 지역을 커버하는 통신 기술이나 설비다. 최대 정박지에서 반경 수 km를 커버할 수 있다.

선상 기지국(shipboard base station)이 사용되는 것은 주로 대규모 재난 발생 시이다. 육상에 있는 일반 기지국이 피해를 입어 전파가 끊긴 경우, 통신사는 이동 기지국 차량이나 이동형 기지국 등을 이용해 응급 복구를 하는 경우가 많다. 하지만 피해 지역으로 가는 도로가 끊기는 등 임시 복구에 시간이 걸리는 경우도 있다. 전파가 끊긴 지역이 해안가라면 차량형이나 이동형보다 선상 기지국을 이용하면 더 빨리 임시 복구할 가능성이 있다.

선상 기지국을 운영하려면 기본적으로 총무성에서 무선국 개설

[자료 3-5] 해저케이블 부설선 '키즈나'
(출처: NTT도코모)

허가를 받아야 한다. 다만 재해 시에는 '임기 조치'라는 특례에 따라 총무성 각 지역 종합통신국장의 권한으로 무선국 개설이나 변경 신청을 즉시 허가할 수 있다.

해저케이블 부설선이나 연습선 위에 이동 기지국 차량 같은 무선장치와 안테나 등을 설치하는 것으로 선상 기지국을 운용한다. 회선을 중계하는 인공위성과의 통신에는 12GHz~18GHz 대역의 Ku밴드(주파수 대역 중 하나로, 주로 인공위성 통신과 방송에 사용) 등을 사용한다.

선상 기지국을 운영할 때는 출항 전에 미리 창고에서 무선 장비 등을 선상으로 옮겨와 설치한다. 현지에 도착한 후 통신위성과의 접속을 확립하거나, 전파가 끊긴 지역에 휴대폰 회선의 전파가 도달하도록 안테나 방향 등을 설정하고 전파를 발사한다. 기지국 설비는 파도에 흔들리기 때문에, 대책으로 파도에 흔들리는 상황에서도 인공위성이나 해안가 휴대폰 사용자 체류 공간에 전파를 계속 조사할 수 있도록 하거나, 현지에서 미리 시뮬레이션을 통

[자료 3-6] 선상 기지국의 장치 배치도
(출처: NTT도코모)

해 조정한다.

이 밖에도 비지상계 네트워크로 위성 휴대폰 서비스, 미국 스페이스X의 저궤도 위성통신 서비스 '스타링크(Starlink)'나, 드론에 무선 중계 장치를 탑재해 상공에서 단말기에 전파를 전달하는 '유선 급전 드론 무선 중계 시스템' 등이 있다.

다만 위성 휴대폰은 사용자가 사전에 전용회선 계약과 단말기를 조달해야 할 필요가 있다. 스타링크와 드론 무선 중계는 일반 스마트폰으로 통신이 가능하지만, 통신사가 각각 대응하는 안테나와 드론 등의 설비를 피해 지역으로 가져가야 한다.

2024년 1월 1일 발생한 노토반도 지진으로 휴대전화 회선의 임시 복구 작업에서 선상 기지국이 주목받았다. 피해 지역인 이시카와현 노토 지방에서는 지진으로 인한 산사태 등으로 도로가 단절되어 육상에서 기지국 설치 장소에 작업자가 접근하지 못하는 경우가 발생했다. 도로 통행이 어렵다면 이동 기지국 차량이나

[자료 3-7] 선상 기지국에서의 작업 모습
(출처: KDDI)

이동형 기지국을 반입하여 임시 복구하는 것도 쉽지 않다.

이에 KDDI와 NTT도코모는 공동으로 선상 기지국을 투입했다. 구체적으로는 NTT도코모 그룹사가 운용하는 해저케이블 부설선 1척(키즈나)에 두 회사의 기지국 설비를 설치했다. 기지국 설치선은 거점인 나가사키현에서 현지로 이동해 1월 6일부터 선상 기지국으로 운용했다.

KDDI는 오래전부터 재해 시 선상 기지국을 투입해 왔으며, 2018년 홋카이도 이부리 동부 지진 등 최근의 대지진에서는 운용 실적이 있다. KDDI와 NTT도코모는 2020년에도 재해 시 물자 운반 등에 관한 상호 협력 협정을 체결하고 있으며, 이중 선상 기지국의 공동 운용에 대해서도 규정하고 있다. NTT도코모에 의한 선상 기지국 운용 및 양사의 공동 운용은 이번 노토반도 지진이 처음이다.

선상 기지국 사용에는 한계와 과제도 있다. 평상시 보유 및 배치 측면에서, 다른 지상계 네트워크와 달리 항구가 있는 곳에 정박해야 하기 때문에 보유 장소에 한계가 있다. 기지국을 탑재하는 선박도 현재로서는 자체 보유 선박에 국한되어 있어, 이동형이나 차량 탑재형과 같은 규모로 선상 기지국을 대량으로 준비하기 어렵다.

재난 발생 시 운용 측면에서는 해상에서 전파를 발사하기 때문에 커버 영역이 제한적이고, 선박과 해안과의 거리와 바다의 물결이 거친 정도에 따라 영향을 받는다. 운용 개시 후에도 기지국 대응 작업자는 평상시 승선하지 않기 때문에 뱃멀미, 컨디션, 식량 등에 대한 배려가 필요하다.

현재 대책으로 선상 기지국에서는 풍랑 등에 대비하여 목표 지점에 전파를 전달하는 지향성이 높은 안테나와 넓은 지역을 구제할 수 있는 지향성이 낮은 안테나를 모두 탑재하고 있다. 운용 중 고장이 발생해도 전파가 끊긴 시간을 최소화할 수 있도록 예비용을 포함해 2세트씩 준비하고 있다고 한다.

– 나가타 유다이 (닛케이 크로스 테크, 닛케이 컴퓨터)

020

인증 쿠키 도둑 대책

인증 쿠키의 유효기간 단축, 악용을 방지

:
:
:
:
:
:

기술 성숙 레벨 | **중**   2030 기대지수 | **10.8**

쿠키란 웹사이트를 방문할 때 두 번째 이후 접속을 용이하
게 하는 메커니즘을 말한다. 사용자가 올바른 아이디와 비밀
번호를 입력하여 로그인에 성공하면, 인터넷 서비스 측에서
는 세션을 유지할 수 있도록 인증용 쿠키를 발급한다. 이 인
증 쿠키가 범죄자의 표적이 될 경우, 사기 피해를 입게 된다.
이를 방지하기 위한 기술이 '디바이스 바운드 세션 자격증명
(Device Bound Session Credential, DBSC)'이다.

사용자가 올바른 아이디와 비밀번호를 입력하여 로그인에 성공
하면, 인터넷 서비스 측에서는 세션을 유지할 수 있도록 인증용
쿠키(이하, '인증 쿠키')를 발급한다. 인증 쿠키가 저장된 웹브라우저
에서 접속하면 아이디와 비밀번호를 다시 입력하지 않아도 로그
인할 수 있다. 편리한 구조이지만, 그렇기 때문에 사이버 범죄자

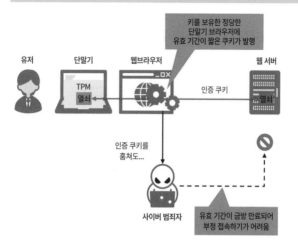

DBSC: Device Bound Session Credentials
TPM: Trusted Platform Module

[자료 3-8] DBSC는 인증 쿠키를 도난당해도 부정 접속되지 않게 한다.
(출처: 닛케이 크로스 테크)

에게도 표적이 될 수 있다. 인증 쿠키를 훔쳐내면 범죄자의 단말
기로도 그 사람으로 위장해 로그인할 수 있기 때문이다. 2단계
인증 등을 도입했더라도 인증을 마친 후 인증 쿠키를 빼앗기면
쉽게 부정 접속을 허용해 버리는 것이다.

구글이 발표한 '디바이스 바운드 세션 자격증명(Device Bound
Session Credential, DBSC)'은 이러한 정보 탈취형 악성코드에 의한 쿠
키 절도를 막는다.

대략적인 구조는 이렇다. 사용자가 로그인할 때 세션 정보와 사
용자의 단말기를 '키'로 연결한다. 그리고 키를 소유한 단말기의

웹브라우저에 기존보다 유효기간이 짧은 인증 쿠키를 발급한다. 이후 수시로 키의 존재를 확인하여 인증 쿠키를 갱신한다. 인증 쿠키의 유효기간을 짧게 하는 방법으로, 사이버 범죄자에게 악용될 가능성을 낮춘다. 범죄자 단말기에 키가 존재하지 않기 때문에, 인증 쿠키가 부정하게 갱신될 위험도 없다.

DBSC는 현재 구글 웹브라우저 크롬(Chrome) 베타 버전을 이용하는 일부 사용자를 대상으로 프로토타입이 제공되고 있다.

– 시마즈 타다츠구(닛케이 크로스 테크, 닛케이 네트워크)

021

디지털 어댑션

원활하게 앱을 사용할 수 있도록 지원

. . . .

기술 성숙 레벨 | **고**　　2030 기대지수 | **8.1**

디지털 어댑션(Digital Adoption)은 사용자가 처음부터 적절하게 앱을 사용할 수 있는 상태를 만드는 것을 말한다. '디지털 도입, 디지털 채택, 디지털 정착' 등으로 번역된다. 일반적으로 기업이 새로운 업무 애플리케이션을 도입하면 직원들이 조작에 익숙해지기까지 일정한 시간이 걸린다. 도입 초기에는 입력 실수를 하거나 담당 부서에 문의가 쇄도하는 등의 상황이 발생하기 쉽다. 이 문제를 해소해 주는 것이 디지털 어댑션이다.

사용자가 원활하게 애플리케이션을 이용할 수 있도록 지원하는 소프트웨어와 서비스가 등장했다. 최근 주목받고 있는 것은 디지털 어댑션이다. 벤더에 따라 세부적인 사양은 다르지만, 웹 기반 애플리케이션 화면 위에 가상 레이어를 하나 겹쳐서 그 위에 가이던스 화면을 표시하는 방식이 주류를 이룬다. 웹브라우저로 구동되는 업무 시스템 등에 폭넓게 대응할 수 있다.

사용자가 앱 위에 말풍선 같은 팝업 메시지를 표시해 실시간으로 조작 가이던스를 제공하거나, 입력 힌트를 제공하기도 한다. 일부 정보를 자동 입력하는 기능의 소프트웨어도 있다.

안내 화면은 기업의 시스템 관리자 등이 준비한다. 가이던스 화면을 설정한 웹 애플리케이션에 직원이 접속하면 가이던스 화면이 전달, 표시된다. 사용자의 PC 웹브라우저에 플러그인을 설치해야 하지만, 기존 웹 애플리케이션을 개조할 필요가 없어 진입 장벽이 높지 않다.

미국의 시장조사 기업 가트너는 '2025년까지 70%의 조직이 디지털 어댑션 솔루션을 사용할 것'이라고 예측한다. 가트너 재팬의 시가 카츠시 애널리스트가 2021년 9월에 일본 기업 약 400개 사를 대상으로 실시한 설문 조사에서, 이미 도입한 기업의 비율은 13.8%였다. 아직 디지털 어댑션의 인지도는 낮지만 관심은 해마다 높아지고 있어, 일본 기업도 2025년까지 70% 가까이 (채용율이) 늘 것으로 보고 있다.

일본의 조사회사 ITR도 2021년 10월, 일본 디지털 어댑션 제품 시장 규모 예측을 발표했다. 2020년도 시장 규모는 4억 엔에 그치지만, 진입 벤더의 증가에 따라 시장이 확대되어 2025년도에는 시장 규모가 40억 엔에 달할 것으로 예측한다.

— 스즈키 케이타 (닛케이 크로스 테크, 닛케이 컴퓨터)

022

소버린 클라우드

정부나 기업이 데이터 주권을 유지할 수 있는
클라우드

.
.
.
.
.
.

기술 성숙 레벨 | 중   **2030 기대지수 | 15.3**

우리가 평소에 사용하는 클라우드 서비스는 매우 편리하지
만, 갑자기 사용할 수 없게 되거나 데이터가 타인에게 공개
된다거나 하면 곤란한 일이 벌어질 수 있다. 이런 위험을 피
하기 위해 주권을 담보하는 클라우드 서비스가 바로 '소버린
클라우드(Sovereign Cloud)'다.

시장조사 기업 가트너의 자료 〈2021년도 중요기술관리체제 강화
사업(클라우드를 활용한 중요정보관리체제 강화를 위한 조사사업) 조사보고서〉
에 따르면, 소버린 클라우드(Sovereign Cloud)란 '단일 지역 내에서 제
공되는 데이터의 거주성 및 기타 법적 요건을 충족하는 클라우드
이용 형태'이며, '데이터가 외부 사법권의 지배를 받지 않는 것을
보증하고, 각국의 법률에 의해 강제된 액세스로부터의 보호를 제
공한다'라고 설명하고 있다.

클라우드상의 서비스가 갑자기 사용할 수 없게 되거나, 클라우드상의 데이터가 이용자가 의도하지 않은 곳에 공개되면 곤란한 일이 발생한다. 유출된 데이터가 정부 서비스의 국민 개인정보라면 매우 위험하다. 이를 방지하기 위해 제안되고 있는 것이 소버린 클라우드다.

한편, 현재 클라우드 서비스의 점유율을 차지하고 있는 것은 해외 기업들이다. 실제 디지털청이 2022년 10월에 발표한 '정부 클라우드 대상 클라우드 서비스'에 선정된 것은 아마존 웹서비스(AWS), 구글 클라우드(Google Cloud), 마이크로소프트 애저(Microsoft Azure), 오라클 클라우드 인프라스트럭처(Oracle Cloud Infrastructure, OCI)의 4가지다. 여기에 2023년 11월 신규 모집분으로 일본 서비스인 '사쿠라 클라우드'가 추가되었다.

소버린 클라우드의 개념이 필요한 것은 정부뿐만이 아니다. 당연히 기업이나 단체에서도 마찬가지로 데이터 주권을 확보하기 위한 목적으로 유사한 서비스를 요구하고 있다. 이러한 니즈에 대응하기 위해 일본 기업들도 움직이기 시작했다.

후지쯔는 2025년도부터 일본 내 기업 및 단체의 데이터 주권을 담보한 소버린 클라우드 구축을 위해 클라우드 서비스를 시작했다. 미국 오라클과의 협업을 통해 새로운 서비스를 전개하며, 양사는 2024년 4월 18일에 이 서비스 제공을 목적으로 한 협업을 발표했다.

새로운 서비스는 오라클의 OCI에 상응하는 서비스를 파트너 기업이 제공하는 구조인 오라클 알로이(Oracle Alloy)를 사용한다.

후지쯔는 오라클 알로이를 자사가 운영하는 국내 데이터 센터에 도입했다. 후지쯔 유밴스(Fujitsu Uvance)의 클라우드 서비스로 오라클 알로이의 기능을 고객에게 제공한다. 후지쯔가 클라우드 환경의 업데이트와 패치 적용 스케줄 등을 조정해 온프레미스 환경과 동등한 운용성을 확보하여 데이터 주권을 담보한다. 운용 컨설팅 서비스 등도 함께 시작한다.

– 오쿠하마 슌(닛케이 크로스 테크, 닛케이 컴퓨터)

023

옵저버빌리티(가관측성)

시스템 상태를 항상 '가시화'하다

:
:
:
:
:

기술 성숙 레벨 | **고**　2030 기대지수 | **15.0**

기업 활동을 지원하는 중요한 IT 시스템. 그러나 규모가 커지면 시스템의 어느 부분에서 어떤 장애가 발생할지 예측할 수 없게 되고, 기존의 모니터링만으로는 장애 대응이 어려워진다. 그에 대응하기 위한 노력이 바로 '옵저버빌리티(Observability)'다. '무슨 장애가 발생했는지'를 아는 모니터링뿐만 아니라, '왜 일어났는지'까지 파악할 수 있도록 한다.

옵저버빌리티(Observability)는 복잡한 시스템이나 애플리케이션의 상태와 움직임의 전모를 실시간으로 파악할 수 있는 것, 그리고 이를 위한 노력을 말한다. 보통 '가관측성(어떤 시스템에서 과거의 일정 시간 동안의 입출력 값을 측정하여 상태 변수의 값을 이끌어 낼 수 있는 성질)'으로 번역된다.

　기존에는 웹 서버/애플리케이션 서버/데이터베이스의 웹 3층

시스템을 채택하는 것이 주류를 이루었다. 구성이 단순했기 때문에 장애가 발생해도 원인을 추측하거나 특정하는 것이 비교적 쉬웠다. 기존의 모니터링은 예상 내의 장애에 대해 모니터링하고, 이상 발생 시 경보를 내는 구조였다.

그러나 최근에는 다수의 서브 시스템과 컴포넌트를 조합하여 하나의 서비스를 운용하는 경우가 많아지고 있다. 대규모 시스템의 어디서, 어떤 장애가 발생할지 예측할 수 없게 되면서, 기존의 모니터링만으로는 장애 대응이 어려워지고 있다. 그래서 복잡한 시스템을 횡단적으로 바라보는 모니터링의 개념으로 옵저버빌리티가 탄생했다.

옵저버빌리티를 갖춘 시스템에서는 예상치 못한 장애까지 고려해 시스템 전체가 어떻게 움직이고 있는지 상세하게 파악한다. 즉, '무슨 장애가 발생했는지'를 파악하는 모니터링에 비해, 옵저버빌리티는 '왜 일어났는지'까지 파악할 수 있도록 하는 차이가 있다.

옵저버빌리티를 실현하기 위해서는 매트릭스(Metrics), 로그(Logs), 트레이스(Traces)라는 세 가지 데이터를 갖춰야 할 필요가 있다. 이 세 가지 데이터를 통칭하여 텔레메트리(Telemetry)라고 부른다.

매트릭스는 정기적으로 수집되는 측정치의 집합이다. 기존에는 CPU 사용률, 메모리 사용량 등을 취득했지만, 최근에는 외형 감시라 불리는 요청에 대한 응답 시간 등이 추가됐다. 로그는 특정 코드를 실행할 때 생성하는 텍스트 데이터다. 언제, 무엇을 했는지 등 시스템 전체의 움직임을 확인할 수 있다.

트레이스는 독립된 컴포넌트와 같은 데이터 송수신을 가시화한 것이다. 예를 들어, 사용자가 특정 웹사이트에 접속하는 경우, 접속 요청이 어떤 컴포넌트에 도달했는지, 어떤 컴포넌트에서 데이터를 수집하여 웹페이지의 화면을 생성했는지 등을 추적을 통해 파악할 수 있다.

정보 시스템의 옵저버빌리티를 높이려면 각 컴포넌트에서 텔레메트리를 출력할 수 있는 설계와 구현이 필요하다.

– 오키나 하네쇼(닛케이 크로스 테크, 닛케이 컴퓨터)

024

SAFe(Scaled Agile Framework)

대규모 개발을 애자일로 진행 가능

:
:
:
:
:

기술 성숙 레벨 | **고**　　2030 기대지수 | **12.5**

SAFe(세이프, Scaled Agile Framework)는 대규모 조직이나 프로젝트
에서 애자일 개발을 실천하기 위한 프레임워크다. 소프트웨
어 개발뿐만 아니라 조직 활동까지 애자일 개발의 개념을 확
장한 것이 특징이다. 애자일 개발을 진행하는 방법론에서 점
차 기업이 비즈니스 민첩성을 확보하기 위한 프레임워크로
진화하고 있다.

SAFe(세이프, Scaled Agile Framework)는 대규모 조직이나 프로젝트에서
재빠른 개발을 지원하기 위한 프레임워크다. 디지털 트랜스포메
이션(DX)을 추진하는 기업이 늘어나면서 사업이나 서비스 개발을
빠르게 진행하는 방법으로 주목받고 있다.

　주로 소프트웨어 개발에 적용되는 프레임워크지만, 하드웨어
개발에도 적용할 수 있다. 최소 팀 단위는 10명 내외로, 이 규모

까지는 애자일 개발 기법인 '스크럼'과 같은 방식이다. SAFe는 여러 개의 애자일 팀이 동기를 얻어 하나의 제품을 만들 때 그 진가를 발휘한다. 애자일 팀 관리에는 '애자일 릴리즈 트레인(agile release trains, ART)'이 사용되며, 최대 10개 팀, 125명 규모까지 대응할 수 있다. 여러 개의 ART를 관리하는 구조도 있다.

SAFe가 만들어진 것은 2011년경이다. 미국 IBM에 인수된 소프트웨어 기업 래셔널소프트웨어(Rational Software)에서 수석 부사장 등을 역임한 딘 레핑웰이 창시했다. 현재는 레핑웰이 설립한 스케일드 애자일(Scaled Agile)이 SAFe 개발이나 교육 사업을 실시하고 있다. 전 세계 2만 개 이상의 기업이 도입했으며, 누적 교육 수강자 수는 100만 명을 넘어섰다고 한다. 최신판인 SAFe 6.0은 2023년 3월에 공개되어, 일본 내에서도 많은 IT 기업 등이 기업에 대한 도입을 지원하고 있다.

— 야구치 류타로(닛케이 크로스 테크, 닛케이 컴퓨터)

025

OSINT

공개 정보를 수집·분석하여 취약성을 검출

....

기술 성숙 레벨 | **중**   2030 기대지수 | **15.5**

OSINT(Open Source Intelligence)는 외부에 공개된 정보를 수집·분석하는 조사 기법이다. 사이버 보안에서의 OSINT는 일반적으로 기업의 관리하에 있는 공격 대상을 열거하고, 취약성을 찾아내는 것을 목적으로 한다. 조사 대상 정보는 기업이 관리하는 도메인 정보나 IP 주소 범위, 사용 중인 SaaS(Software as a Service, 서비스형 소프트웨어), 깃허브(GitHub), SNS 등이다.

공개 정보라 할지라도 다른 정보를 조합하거나 반복을 통해 공격의 실마리가 될 수 있다. 예를 들어, 도메인 등록자 정보인 'WHOIS 정보'를 검색하면 'netname'이라는 항목에 기업의 약칭이 등록되어 있는 경우가 많다. netname에서 동명으로 관리되고 있는 IP 주소 등을 쉽게 파악할 수 있다. 기업의 공개 자료에 기재된 이메일 주소로 명명 규칙을 추측하고, SNS에 등록된 직원의 이름과 업무를 조사하면 정교한 피싱 메일 작성도 가능하다.

OSINT는 자사의 취약성을 확인하는 데 사용되기도 하고, 보안업체가 공격자 입장에서 내부 시스템에 침투하기도 한다. 버그나 취약성을 발견한 사람에게 주는 포상금 '버그 바운티(Bug Bounty)'로 사용되기도 한다. 특히 그룹사를 거느린 대기업이나 자사 개발 환경을 가지고 있는 기업에서 활발하다.

최근에는 깃허브(GitHub)를 개발 환경에 사용하는 기업이 늘고 있지만, 프레임워크 등이 디버그 모드로 동작하는 경우가 있어 중요한 정보를 얻을 수 있는 경우가 있다. 깃허브에 실수로 액세스 키를 업로드 해 침입을 허용하는 사고도 발생하고 있다.

OSINT를 활용한 침투 서비스를 제공하는 GMO '사이버 보안 by 이에라에'에서는 다음과 같이 조사한다. 먼저 서브도메인을 찾아내어 DNS가 해결가능한 IP 주소와 WHOIS 정보를 확인한다. 일본 레지스트리 서비스(JPRS)가 관리하는 도메인 정보를 조회할 수 있는 'Whois' 등을 이용한다. 서버 인증서를 조회할 수 있는 'crt.sh'라는 사이트도 활용해 취약성을 탐색한다. OSINT에서 발견한 취약성에 대해서는 별도의 대응이 필요하다. 모든 IT 자산의 취약성 정보를 높은 빈도로 수집·대응하는 ASM(Attack Surface Management, 공격 표면 관리) 등을 결합하여 대응하는 것이 바람직하다.

침투 테스트를 포함한 OSINT의 활용은 대기업에서는 진행되고 있지만, 중소기업에서는 아직 보급되고 있다고는 말하기 어렵다.

– 고쿠지 리사코(닛케이 크로스 테크, 닛케이 컴퓨터)

026

광위성통신 (달-지구 장거리 광통신)

중계 위성에 레이저 광으로 데이터 전송

· · · · · ·
· · · · · ·
· · · · · ·
· · · · · ·
· · · · · ·
· · · · · ·

기술 성숙 레벨 | **저**　2030 기대지수 | **27.0**

향후 화성 등 심우주 진출의 발판으로, 달 표면 개발을 위한 움직임이 전 세계적으로 활발히 진행되고 있다. 그중 달과 지구 간 고속 장거리 통신을 실현할 것으로 기대되는 것이 광통신이다.

민간에 의하면, 광위성통신 중계 서비스 등의 실현을 목표로 하는 스타트업 워프 스페이스는 2024년 4월 24일, 우주항공연구개발기구(JAXA)로부터 위탁받은 달-지구 간 장거리 광통신을 위한 고감도 센서 개발을 완료했다고 발표했다.

달-지구 간 광통신으로 연결하는 수단은 여러 가지가 있지만, 지구 정지궤도(GEO)나 중궤도(MEO)에 배치한 위성과 달 궤도에 배치한 중계 위성 간에 광통신을 하고, 거기서 달 표면의 기지나 우주선 등과 광통신을 하는 것이 주류를 이룰 것으로 보인다. 그

[자료 3-9] 달-지구 간 광통신 이미지
지구의 정지궤도(GEO) 및 중궤도(MEO)에 배치된 위성과 달의 궤도에 배치된 중계 위성 간에 광통신을 통해, 그곳에서 달 표면의 기지나 우주 기기 등과 광통신을 하는 것이 주류가 될 것으로 보인다. 달 궤도에 위성 2기만 있으면, 항상 지구와 통신이 가능하다. 통신 거리가 상당히 길다는 점이 기술적 어려움과 직결된다. (출처: 워프 스페이스)

러나 광통신은 적외선 레이저를 사용하기 때문에 지구 대기나 구름의 영향을 크게 받는다. 따라서 지구와 궤도상의 위성 사이는 광대역 전파를 이용하거나 맑은 날씨 등에 한해 광통신으로 연결한다.

달-지구 간 통신을 실현하는 데 필수적인 것이 위성 포착 추적용 고감도 센서이다. 광위성통신에서는 먼저 연결을 위한 전 단계로 양측 위성을 광학 스캔을 통해 포착한다. 구체적으로는 통신 상대의 레이저 광을 수신하고, 그 방향으로 레이저 광을 다시 보내어 링크를 확립한다. 레이저 광은 전파에 비해 빔의 확산이 매우 작기 때문에, 일반적으로 광위성통신에서는 4자리수 정도 높은 수준의 지향 제어 정도가 요구된다.

또한, 지구에서 달까지의 거리가 약 38만km로 멀어 지구 주궤도까지의 통신에 비해 미세한 광신호를 감지할 수 있는 높은 수

일반적 단말 구성

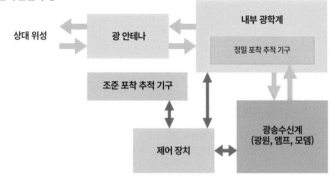

[자료 3-10] 일반적인 광위성통신 단말의 구성
주로 광 안테나, 정밀 탐지 및 추적 기구를 포함하는 내부 광학계, 레이저 광원을 포함하는 광 송수신계, 제어 장치 등으로 구성된다. (출처: 닛케이 크로스 테크)

광 감도가 요구된다.

이에 워프 스페이스는 광학 제조업체인 하마마츠 포토닉스와 공동으로 InGaAs(인듐, 갈륨, 비소) 계열의 아발란체 포토다이오드 (APD)를 기반으로 맞춤형 센서를 개발했다.

포착 추적 측에서는 상대측의 빛이 얼마나 어긋났는지 센서로 감출하여 보정할 필요가 있다. 워프 스페이스 나가타 코다이 최고 기술 책임자는 "APD 센서를 4개로 분할해 빛이 어디에 닿았는지 정보를 역산하여, 빛의 위치를 센서의 중앙으로 가져오는 제어를 할 수 있도록 했다"고 말했다. 개발한 시제품에서는 기존 센서와 동등하거나 그 이상의 검출 성능이 확인되고 있다.

그러나 미약한 광신호를 검출 대상으로 하는 이 센서는 검출해야 할 신호가 노이즈의 영향을 받기 쉬워 센서의 정확도가 떨어지게 된다. 노이즈는 열적 원인, 절연 불량, 결정 결함 등으로 인

[자료 3-11] 개발된 두 종류의 포착 및 추적용 고감도 센서
왼쪽은 소자 면적을 4분의 1로 소형화한 센서, 오른쪽은 영하 20도까지 냉각하는 기능을 추가한 센서. 두 센서 모두
기존 대비 10배로 높아졌다고 한다. (출처: 워프 스페이스)

해 빛을 비추지 않아도 흐르는 암전류에 의해 발생한다.

워프 스페이스는 이 암전류를 줄이기 위해 센서에 두 가지 기술
적 개선을 적용했다. 하나는 수광소자를 영하 20도까지 냉각하
는 기능을 추가하고, 다른 하나는 소자 면적을 4분의 1로 소형화
했다. 이를 통해 기존 센서 대비 암전류를 약 97% 감소시켜, 달-
지구 간 광통신 포착 추적을 위해 필요한 수신 전력을 약 90% 절
감하고, 감도를 10배 향상시키는 데 성공했다고 한다. 이 회사는
달-지구 간 광통신 포착 추적을 위해 요구되는 1만 분의 1도 수
준의 정확도를 달성할 수 있음을 시뮬레이션을 통해 확인했다고
한다.

워프 스페이스는 향후 이 고감도 센서를 이용한 광위성통신 시
스템 개발을 추진한다. 실용화를 위해서는 기존 지구 궤도와의
통신의 10배 이상의 거리에 맞는 시스템의 고출력화, 즉 광증폭
기의 성능 향상(대전력화) 등이 요구된다고 한다.

현재 우주 실증 계획은 정해지지 않았지만, 다음과 같은 아키텍

처를 상정하고 있다. 지구 측(GEO, MEO)에 직경 30cm의 광안테나를 가진 단말기를 탑재한 위성을, 달 궤도에 직경 10cm의 광안테나를 가진 단말기를 탑재한 위성을 배치한다.

달 궤도에 이 위성을 2기 이상 배치하면 항상 지구 측과 통신이 가능해진다. 한편, 달 남극 지역에 있는 사용자에 대해 상시 광통신 서비스를 제공하기 위해서는 달 궤도상에 4기의 위성이 필요하다. 자세한 내용은 아직 정해지지 않았지만, 지구 측과 통신하는 위성을 2기로 하고 나머지 위성과는 궤도에서 광통신 네트워크를 구성할 가능성이 있다고 한다.

나가타 코다이에 의하면, 통신 속도는 달에서 지구로 1Gbps(기가비트/초) 이상, 지구에서 달로 수십 Mbps(메가비트/초) 정도를 계획하고 있다. 달에서 고화질 영상을 실시간으로 전송하기에 충분한 속도다.

— 우치다 야스시(닛케이 크로스 테크, 닛케이 일렉트로닉스)

027

양자 오류 정정

양자 컴퓨터의 계산 과정에서 발생하는
오류를 수정

:
:
:
:
:

기술 성숙 레벨 | **저**　　2030 기대지수 | **21.2**

양자 오류 정정이란 양자컴퓨터의 계산 과정에서 발생하는
에러(오류)를 정정하는 기술을 말한다. 양자컴퓨터의 계산에
필수적인 양자비트는 미세한 온도 변화나 진동에 영향을 받
아 깨지기 쉬워 오류(에러)가 발생한다. 실용적인 양자컴퓨터
를 실현하기 위해서는 양자비트의 오류를 정정하는 양자 오
류 정정이 필수적이다.

현재 양자컴퓨터는 개발 중으로 아직 완성되지 않았다. 계산 과
정에서 오류가 발생하고 오류 정정이 불가능해 실용화가 어렵
다. 현재의 양자컴퓨터는 양자비트가 적고 오류 정정이 불가능한
'니스크(NISQ, Noisy Intermediate-Scale Quantum)'다. 니스크는 '노이즈가
있는 중소 규모 양자컴퓨터'라고 불리는 단계다. 앞으로의 목표
는 양자비트의 오류를 정정할 수 있는 'FTQC(Fault Tolerant Quantum

Computer)다. FTQC는 오류 내성이 있는 범용형 양자컴퓨터를 말한다. FTQC를 실현하는 데 있어 오류 정정 기술은 필수 불가결한 요소로 꼽힌다.

양자 오류 정정의 대표적인 접근법으로 '양자 오류 정정 부호(QECC)'라는 방식이 있다. 여러 개의 양자비트를 조합하여 하나의 논리 양자비트를 만든다. 논리 양자비트의 상태를 여러 개의 물리 양자비트에 의해 장황하게 표현함으로써, 물리 양자비트에 오류가 발생하더라도 오류가 발생하기 전에 논리 양자비트의 상태를 에러가 발생하기 전으로 복원할 수 있도록 한다.

FTQC에서는 수십만에서 수백만 개의 물리 양자비트가 필요하기 때문에, 개발 난이도가 매우 높다. 때문에 우선 FTQC의 전 단계인, 수만 개의 물리 양자비트를 탑재한 'Early-FTQC'의 개발을 목표로 하는 움직임도 있다.

― 사토 마사야(닛케이 크로스 테크),
마모토 히로코(닛케이 크로스 테크, 닛케이 컴퓨터),
미즈 타츠야(닛케이 크로스 테크, 닛케이 컴퓨터)

028

BMI(뇌·기계 인터페이스)

뇌와 컴퓨터를 연결

:
:
:
:
:

기술 성숙 레벨 | **중**   2030 기대지수 | **34.7**

"첫 번째 프로젝트명은 '텔레파시'다." 일론 머스크는 2024년
1월, X(구 트위터)에서 이렇게 선언했다. 머스크가 이끄는 스타
트업 뉴럴링크(Neuralink)가 인간의 뇌에 초소형 장치를 이식해
컴퓨터와 접속하는 임상시험을 시작했다. 피험자는 생각만
으로 마우스를 화면에서 움직일 수 있게 되었다고 한다.

"뉴럴링크의 기술은 압도적이다. 누구도 따라할 수 없는 차원이
다."

뇌·기계 인터페이스(Brain Machine Interface, BMI) 연구에 정통한 하
코스코 이사 겸 CTO인 후지이 나오타카는 놀라움을 감추지 않
는다.

뉴럴링크가 앞서가는 것은 다기능화와 소형화를 동시에 달성한
디바이스를 사용한다는 점이다. 페트병 뚜껑 정도의 크기에 배터

리와 무선 통신 등의 기능이 집약되어 있어, 이식해도 일상생활에 지장을 주지 않는다. 뇌에 장치나 칩 등을 이식해 뇌의 움직임을 보완하는 '뇌 임플란트' 방식은 지금까지 전선으로 대규모 장치에 연결되는 것이 일반적이었다. 데이터의 양과 질적인 측면에서도 우수하다. 뉴럴링크가 사용하는 전극은 1,024개로, 기존 장치의 몇 배에 달한다. 뇌의 신경세포 바로 옆에서 데이터를 취득하기 때문에 읽을 수 있는 정보도 많다. 사지마비 환자 등이 스마트폰이나 컴퓨터를 조작할 수 있는 시대가 다가오고 있다.

그러나 현재 뉴럴링크는 장애인의 기능 회복이 중심적인 사용처가 될 것으로 보이며, 비장애인에게도 널리 보급하기 위해서는 아직 넘어야 할 산이 많다. 우선 안전성이다. 임상시험 승인을 받았다고는 하지만 머리뼈를 절개하는 뇌 임플란트는 위험성이 높다. 임상시험에 대한 자세한 내용도 공개되지 않아 연구자로부터 비판의 목소리가 높다. 지속력도 문제다. 장치를 몇 년 동안 계속 사용하면 성능이 저하되지만, 뇌 임플란트는 교체가 어렵다. 프라이버시 문제도 있다. 뇌는 개인정보 덩어리이기도 한데, 뇌를 측정 대상으로 삼는 것에 심리적 저항감을 느끼는 사람도 많다.

보급의 어려움은 윤리적 과제를 안고 있는 모든 브레인테크의 공통된 과제다. 부정적인 의견도 적지 않은 가운데, 2023년 여름 애플이 에어팟 같은 이어폰으로 뇌파와 근전위 등 생체 신호를 측정하는 기술에 대해 미국 특허상표청(USPTO)에 특허를 출원한 것으로 밝혀졌다. 만약 이미 전 세계적으로 널리 보급된 에어팟의 새로운 추가 기능으로 제공된다면 보급의 벽을 넘기 쉬울 것으로 보인다. 신호의 정확도는 뇌 임플란트에 비해 훨씬 떨어지지만, 건강의 위험 없이 이용할 수 있다. 예를 들어, 자신의 집중력을 모니터링하거나, 때때로 기분에 따라 음악을 추천해 줄 수 있는 가능성이 있다. 또한 수면 모니터링이나 간질 발작 검출 등 의료·헬스케어에도 사용할 수 있는 가능성도 있다.

– 스기야마 쇼고(닛케이 비즈니스)

029

중앙은행 디지털 화폐(CBDC)

결제에 사용할 수 있는 중앙은행 발행 디지털 통화

.
.
.
.
.
.

기술 성숙 레벨 | 중   2030 기대지수 | 25.0

중앙은행 디지털 화폐(Central Bank Digital Currency, CBDC)는 중앙은행이 발행하여 결제에 사용할 수 있는 디지털 화폐를 말한다. 해당 국가의 법정화폐를 기반으로 중앙은행의 채무로 전자데이터 방식으로 발행한다. 일본 엔화나 미국 달러 등 각국에서 사용되는 법정화폐와 1대1로 연동된다. 암호자산(가상화폐)처럼 가치가 크게 변동하지 않고 상대적으로 안정적이다.

스마트폰 결제 서비스 'PayPay'나 교통IC카드인 'Suica'와 같은 민간 기업이 발행하는 전자화폐는 운영사의 한정된 경제권에서만 사용할 수 있다. 판매자는 은행 계좌를 통해 고객이 지불한 돈을 받기 때문에, 결제부터 수령까지 시간이 걸린다.

반면 CBDC는 지폐나 동전과 마찬가지로 어느 상점에서나 사용할 수 있고, 누구에게나 송금할 수 있다. 결제부터 입금까지 시간 지연도 없다. CBDC에는 두 가지 유형이 있는데, 첫 번째는 개인이나 기업 등 다양한 주체가 사용할 수 있는 '일반 이용형 CBDC'다. 두 번째는 금융기관 간 자금 이동을 목적으로 하는 '홀세일형 CBDC'다. 은행 간 결제는 중앙은행에 대한 금융기관의 당좌예금을 사용하는 경우가 많은데, 홀세일형 CBDC도 이에 가까운 용도를 상정하고 있다. 블록체인(분산형 대장) 기술 등의 적용에 기대가 모아지고 있다.

2019년 미국 페이스북이 결제에 사용할 수 있는 국제적인 디지털 통화인 '리브라(Libra, 현재는 디엠(Diem)으로 변경)' 구상을 내놓은 이후 CBDC를 둘러싼 각국의 움직임이 가속화됐다.

CBDC 발행은 신흥국이 앞서 나가고 있다. 2020년 10월, 바하마와 캄보디아 중앙은행이 CBDC를 발행했다. 신흥국은 ATM 등 금융 인프라가 잘 갖춰져 있지 않은 반면, 스마트폰 보급률은 높다. 따라서 스마트폰을 이용한 민간 송금 서비스 이용자도 많다. 그러나 민간 송금 사업자의 경영이 불안정해질 위험도 있다. 신흥국의 CBDC 발행에는 누구나 금융 서비스를 이용할 수 있도록 하는 '금융 포용'을 추진하는 배경도 있다.

중국도 적극적으로 나서고 있다. 중앙은행인 중국인민은행은 2014년 연구팀을 발족했고, 2020년에는 선전시 등 여러 도시에서 실증 실험을 실시했다. 일본은행은 2021년 4월부터 실증 실험을 시작했으며, 2단계의 개념 실증을 거쳐 2023년 4월부터 실험용 시스템을 구축하여 실용화를 목표로 한 '파일럿 실험'을 시작했다.

국제결제은행(BIS)이 2024년 6월 발표한 조사 결과에 따르면, 조사에 참여한 86개 국가·지역 중앙은행 중 약 50%가 PoC(Proof of Concept, 개념 증명), 30%가 파일럿 실험 단계라고 답했다. 프라이버시 확보와 사이버 보안, 재난 시 등 오프라인에서도 이용할 수 있는 체제 확립 등 CBDC의 과제는 산적해 있다.

— 마모토 히로코(닛케이 크로스 테크, 닛케이 컴퓨터)

030

SBOM(Software Bill of Materials)

각각의 요소와 관계를 한눈에 볼 수 있는 관리 기법

.
.
.
.
.
.
.

기술 성숙 레벨 | **고**   2030 기대지수 | **8.4**

SBOM(Software Bill of Materials, 에스봄)은 소프트웨어의 개별 요소와 요소 간의 관계성을 일목요연하게 정리하는 관리 기법이다. 예를 들어, 소프트웨어에 취약성이 발생했을 때, SBOM이 있으면 어디까지 영향을 미치는지 특정하는 시간을 단축할 수 있다. 다만, 어떤 제품의 SBOM을 작성할 때는 한 회사뿐만 아니라 공급망에 참여하는 여러 회사가 함께 작성해야 한다.

SBOM(Software Bill of Materials, 에스봄)은 패키지 소프트웨어나 디지털 기기용 임베디드 소프트웨어에 대해 개별 요소와 요소 간의 관계를 일목요연하게 정리하는 소프트웨어 관리 기법을 말한다. 소프트웨어 부품표라고도 불린다. 최근에는 소프트웨어의 취약성 등 보안 리스크를 파악하고 효율적으로 나아가는 수단으로도 주목

카테고리 명칭	개요	정의
데이터 필드	각 구성품에 대한 기본 정보를 명확화하는 것	이하의 정보를 SBOM에 포함해야 한다. – 공급업체 이름 – 컴포넌트 이름 – 컴포넌트 버전 – 기타 고유 식별자 – 의존관계 – SBOM 작성자 – 타임 스탬프
자동화 지원	SBOM 자동 생성이나 가독성 등 자동화를 지원할 것	SBOM 데이터는 기계 판독이 가능하고, 상호 운용 가능한 포맷을 사용하여 작성되고, 공유되어야 한다. 현재는 국제적인 논의를 통해 마련된 'SPDX', 'CycloneDX', 'SWID태그'를 사용해야 한다.
프랙티스와 프로세스	SBOM의 요구, 생성, 이용에 관한 운영 방법을 정의할 것	SBOM을 활용하는 조직은 다음 항목에 대한 운영 방법을 정해야 한다. – SBOM 작성 빈도 – SBOM의 상세 수준 – 알려진 및 미확인 항목 – SBOM의 공유 방식 – 접근 권한 관리 – 오류 허용 범위

[자료 3-12] 미국 상무성 통신정보관리청(NTIA)이 제시한 SBOM의 '최소 요소'의 정의
(출처: 경제산업성 〈소프트웨어 관리를 위한 SBOM(Software Bill of Materials) 도입에 관한 지침〉을 바탕으로 닛케이 크로스 테크가 작성)

받고 있다. SBOM을 도입하면 소프트웨어에 포함된 부품에 취약성이 발견됐을 때, 영향 유무와 범위 등을 특정하는 데 걸리는 시간을 단축할 수 있다.

중요한 것은 한 회사뿐만 아니라 공급망에 참여하는 여러 회사가 SBOM을 작성하는 것이다. 각 사가 담당 범위의 SBOM을 작성하고 조립하면, 완성품의 구성요소를 정확하게 파악할 수 있기 때문이다.

SBOM 도입 분위기가 고조되고 있는 것은 전 세계적인 흐름에 따른 것이다. 계기가 된 사건은 2021년 5월, 미국 바이든 대통령이 서명한 '국가 사이버 보안 개선에 관한 대통령령'이다. 이는 미국 기업의 사이버 공격 피해에 대응한 것으로, 정부 기관이 조달하는 소프트웨어를 대상으로 SBOM 작성 및 제공을 요구했다. 같은 해 7월, 미국 상무성 산하 통신정보관리청(NTIA)이 SBOM에 필요한 최소한의 요소를 공표했다. 이러한 내용이 사실상 세계 표준이 되고 있다.

2022년 9월에는 EU가 '사이버복원력법(Cyber Resilience Act, CRA)'을 공표했다. 이 법안에 대해 2023년 11월 30일 유럽의회와 유럽연합 이사회가 잠정 합의에 도달했다고 발표했다. 이 법안은 유럽 역내에서 판매되는 디지털 제품을 대상으로 SBOM 작성을 요구하고 있다. 유럽향 제품을 제조하는 기업은 SBOM을 준비해야 한다.

NTIA가 2021년 7월 공개한 문서에는 SBOM의 '최소 요소'로서 '데이터 필드, 자동화 지원, 프랙티스와 프로세스'의 세 가지 범주가 제시되어 있다. 데이터 필드에는 SBOM에 포함되어야 할 정보가 명시되어 있다. 공급업체명, 컴포넌트(부품이나 제품)명, 컴포넌트 버전, 기타 고유 식별자, 의존관계, SBOM 작성자, 타임스탬프가 포함된다.

자동화 지원에 대해서 SBOM 데이터는 기계 판독이 가능하고 상호 운용 가능한 포맷을 사용하여 작성, 공유하도록 규정하고 있다. 데이터 형식은 SPDX, 사이클론DX(CycloneDX), SWID 태그가 지정되어 있다.

프랙티스와 프로세스에서는 SBOM을 사용하는 조직에 대해 다음 항목에 관한 운영 방법을 정하도록 제시했다. SBOM의 작성 빈도, 소프트웨어 부품에 관한 계층 구조의 깊이, 컴포넌트의 의존 관계를 알 수 없는 경우에는 '알 수 없음'과 '확인된 것'으로 명시할 것, SBOM의 공유, 접근 관리, 그리고 오류 허용이 포함된다.

— 모리오카 레이(닛케이 크로스 테크, 닛케이 컴퓨터)

Technology 2025

4장

의료·건강·식농

의사와 환자의 부담을
줄여주는 기술이 발전

031

위암용 내시경 AI

영상 분석으로 조기 위암 가능성을 지적,
진단을 보조

．
．
．
．
．
．

기술 성숙 레벨 | **고**   2030 기대지수 | **14.7**

위암용 내시경 AI는 위내시경 영상을 기반으로 병변을 검출
해, 의사의 진단을 돕기 위해 개발된 소프트웨어다. 의사의
내시경 검사 중 촬영된 영상을 분석해, 의심스러운 병변의
위치를 특정해 의사에게 통지한다. AI는 발견이 어려운 조기
위암 판정에 특화되어 있다.

일본의 의료 스타트업 'AI 메디컬 서비스(AIM)'는 위내시경 영상
에서 조기 위암의 가능성이 있는 부위를 표시하는 내시경 영상
진단 지원 소프트웨어 '가스트로AI−모델 G(gastroAI−model G)'를 개
발했다. 이 소프트웨어는 AI가 내시경 영상에서 조기 위암이 의
심되는 병변 위치를 특정해 의사에게 통지한다.

　의사는 평소처럼 내시경을 이용한 검사를 진행한다. 의사가 위
암으로 의심되는 병변을 발견한 경우, 내시경 기기에 장착된 '프

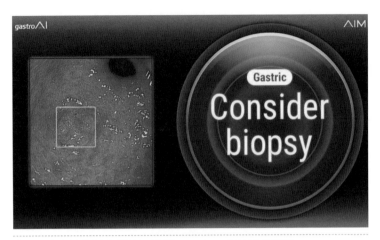

[자료 4-1] 내시경 화상진단 지원 소프트웨어 'gastroAI-model G'의 표시 화면
내시경 이미지를 분석하여 병변이 의심되는 부위를 사각형으로 표시한다. (출처: AI 메디컬 서비스)

리즈 버튼'을 누른다. 그러면 내시경 캡처 이미지가 컴퓨터로 전송되고, AI는 전송된 이미지를 진단한다. 위암으로 의심되는 병변이 있는 경우에는 'Consider biopsy(생검을 고려하라)'라고 표시하고, 병변 후보 위치를 사각형 테두리로 표시한다.

AIM은 100개 이상의 공동 연구기관과 연구 체제를 구축해, 접근하기 어려운 조기 위암 이미지를 확보할 수 있었다. 이를 통해 방대한 수의 조기 위암 이미지를 학습시켜 AI 모델의 정밀도를 향상시켰다.

가스트로AI-모델 G는 의사가 최종적으로 진단할 때 보조 도구로 사용한다. 의사의 검사 행위에 개입하지 않도록 AI의 분석 결과는 의사가 검사 중 보는 화면과는 다른 화면에 표시한다.

이 소프트웨어는 2023년 12월 후생노동성으로부터 의료기기 제조판매 승인(약사 승인)을 취득하고, 2024년 3월부터 일본 판매를 시작했다. 향후 해외 진출도 염두에 두고 있으며, 검사 대상 기관을 대장이나 식도로 확대할 계획이다.

— 미즈 타츠야(닛케이 크로스 테크, 닛케이 컴퓨터)

032

배양육

소나 닭 등의 세포를 배양하여 만든 식용 고기

:
:
:
:
:
:

기술 성숙 레벨 | 중   2030 기대지수 | 20.2

동물의 세포를 꺼내어 생물 반응기(바이오리액터)에서 세포를 증
식시켜 만든 배양육. 일본에서는 현재 배양육의 제조 판매를
위한 규제 정비가 진행 중으로, 아직 일본에서의 판매는 이
루어지지 않고 있다. 그러나 해외에서는 소고기, 메추라기
고기 등 허가받은 배양육이 속속 등장하고 있다.

이스라엘의 식품 기술 스타트업인 알레프 팜스(Aleph Farms)는 2024
년 1월 18일까지 자사가 개발 제조한 배양육 스테이크에 대해 이
스라엘 보건부로부터 판매 허가를 취득했다고 발표했다. 세계에
서 배양육 승인은 미국의 식품 기술 기업 잇저스트(Eat Just)의 배양
닭고기, 미국의 업사이드푸드(UPSIDE Foods)의 배양 닭고기에 이어
알레프 팜스가 세 번째다. 배양 소고기로서는 세계 최초로 허가
를 받은 것이다.

알레프 팜스의 배양 소고기는 고급 소인 앵거스에서 얻은 종자 세포와 콩과 밀에서 추출한 식물성 단백질을 이용한 간질 유사 조직을 사용해 스테이크 모양의 구조를 재현한 것이라고 한다. 알레프 컷(Aleph Cuts)이라는 브랜드명이 붙어 있다.

알레프 팜스는 자사의 배양육 스테이크가 소 태아 혈청 등 종자 세포 이외의 동물성 성분이나 항균제를 사용하지 않아 지속가능성이 높은 새로운 육류라고 설명한다. 아울러 이스라엘 외에도 스위스, 영국에서도 인가를 신청하고 있다. 일본에서의 사업 전개도 염두에 두고 있으며, 2021년 미쓰비시상사와 구운 고기 공급에 관한 협업 각서를 체결했다고 발표하기도 했다.

배양육으로 인가된 네 번째 품목은 호주 배양육 스타트업 바우(Vow)가 2024년 4월 4일 발표한 배양 메추라기 고기다. 싱가포르 식품청(SFA)으로부터 판매 허가를 받았다. 이 회사의 배양 메추라

[자료 4-2] 이스라엘의 알레프 팜스가 승인받은 배양 소고기 '알레프 컷'
(출처: 알레프 팜스)

기 고기는 메추라기 배아 섬유아세포를 배양해 60%는 배양 메추라기 세포, 나머지 40%는 양파와 마늘 등 채소, 버터 등 조미료를 섞어 만든 것이다. 프랑스어로 '파르페'라는 조리법으로 가공한 것으로, 파테에 가깝다. '포지드 파르페(Forged Parfait)'라는 제품명으로 판매된다.

바우(VoW)는 2019년 설립된 세포성 식품 스타트업으로, 2023년 3월에는 멸종된 케나가 매머드의 DNA 배열을 양의 세포에 삽입해 배양한 '매머드 미트볼'을 만들었다고 발표했다. 이 회사는 싱가포르 외에 호주에서도 포지드 파르페의 인가를 신청한 상태이며, 2024년 중으로 허가를 받을 것으로 예상된다고 한다. 이 외에도 2024년 7월 10일에는 영국의 스타트업 미틀리(Meatly)가 배양 닭고기를 사용한 반려동물 사료에 대해 영국 당국의 허가를 취득했다고 발표했다.

— 기쿠치 유키코(닛케이 바이오테크)

033

DNA 피부 진단

DNA 정보를 활용해 피부 관리와 생활 습관을 조언

.
.
.
.
.
.
.

기술 성숙 레벨 | **고**   2030 기대지수 | **5.7**

시세이도는 DNA 검사 서비스 '뷰티 DNA 프로그램'을 제공하고 있다. 사람마다 다른 DNA 정보를 바탕으로 스킨케어와 생활 습관을 조언하는 개인 맞춤형 서비스다.

코로나19 사태로 경영에 직격탄을 맞은 시세이도는 매점매석형 사업에서 LTV(Customer Lifetime Value, 고객 생애 가치) 중시 경영으로 전환했다. 경영 개혁의 핵심인 마케팅 DX(디지털 트랜스포메이션)의 키워드 중 하나가 '개인화'이다. 시세이도는 2023년 7월, DNA라는 궁극의 개인 정보를 활용한 새로운 서비스 '뷰티 DNA 프로그램'을 시작했다. 고객의 DNA 정보를 바탕으로 개인에게 맞는 스킨케어와 생활 습관 조언을 제공한다.

서비스를 이용하는 고객은 먼저 집으로 배송된 검사 키트로 검체를 채취한다. 채취한 검체를 보내고 약 3주 후 분석 결과를 이

[자료 4-3] 시세이도가 DNA 진단 서비스를 시작했다.
서비스를 신청하려면 시세이도의 회원제도인 'Beauty Key'에 등록해야 한다. 이용료는 세금 포함 1만 2,000엔이
다. (출처: 시세이도)

메일로 받아볼 수 있다. 진단은 고객의 타고난 피부 특성을 27개 항목에 걸쳐 분석해, 지표별 차트로 보여준다. 이 회사의 DNA 연구, 피부과학 연구 데이터와 AI 기술을 적용해 개발한 검사법에서 도출한 것이다. 고객은 이 결과를 바탕으로 '퍼스널 뷰티 파트너(PBP)'라고 불리는 직원으로부터 온라인을 통해 검사 결과에 대한 자세한 설명을 들을 수 있다.

PBP에 의한 설명은 일대일 개인 세션 형식이다. PBP는 검사 결과에 대한 자세한 설명과 함께 결과에 맞는 스킨케어 포인트, 생활 습관, 식습관 등 라이프 스타일까지 세세하게 조언해 준다.

시세이도는 고객 한 명 한 명에게 적합한 상품과 미용법을 제공함으로써 평생 건강미를 실현하는 '퍼스널 뷰티 웰니스 기업'을

미래상으로 삼고 있다. 고객과 긴밀한 관계를 맺음으로써, 판매형 비즈니스에서는 실현하기 어려웠던 고객과의 지속 가능한 관계 구축을 목표로 하고 있다. 뷰티 DNA 프로그램은 그 실현을 위한 첫 번째 걸음이 되는 중요한 정책 중 하나가 될 것이다.

– 가와무라 유(닛케이 크로스 트렌드)

iPS 세포 배양 상층액에서 추출한 미용 에센스

iPS 세포 배양 상층액에서 추출한 유효 성분으로 미용 에센스와 화장수를 제조

⋮

기술 성숙 레벨 | 중   2030 기대지수 | 6.4

교토대학교 야마나카 신야 교수 연구팀이 세계 최초로 제작에 성공한 iPS 세포. 거의 무한히 증식할 수 있는 능력을 가진 '유도만능 줄기세포(induced Pluripotent Stem Cell)'를 말한다. 만능 세포로 기대를 모으며 연구가 계속되고 있지만, 제작에 소요되는 기간과 비용 등의 문제가 있다. 현재 iPS 세포를 활용한 미용 상품 개발이 진행되고 있다.

일본 화장품 기업 코세(KOSE)는 2024년 5월 8일, iPS 세포를 이용한 개인 맞춤형 미용 상품 개발을 목표로 미국 생명공학 기업 아이피스(I Peace) 및 리주(Reju)와 기술제휴를 맺는다고 발표했다. 2024년 내 실증 실험을 시작해 2026년까지 상품 제공, 조기에 수백 명의 고객 확보를 목표로 하고 있다.

 이번에 개발하는 제품은 iPS 세포 배양 상층액에서 추출한 성분

'iPSF'를 배합한 미용 에센스다. 의료기관에서 고객의 혈액을 채취해 아이피스가 혈액세포에서 iPS 세포를 만든 후, 리주 기술로 iPSF를 정제한다. 이후 다시 의료기관에서 iPSF와 미용액을 조제하여 의사의 관리하에 고객에게 제공된다. 아이피스가 고객의 체세포로부터 iPS 세포를 생성 및 관리하고, 리주가 iPSF의 정제와 제공을 담당하며, 코세가 화장품 제제의 제조와 판매를 담당한다.

아이피스는 세계 최초로 인간 iPS 세포 수립 성공을 보고한 논문의 제2 저자인 다나베 타케시에 의해 2015년에 설립된 스타트업이다. iPS 세포 뱅킹 서비스를 제공하며, iPS 세포 기술의 사회구현을 목표로 하고 있다. iPS 세포 제조공정 자동화 작업을 진행해 왔으며, "1년에 20억 엔(약 183억 원)을 들여 한 사람분의 iPS 세포만 만들 수 있었지만, 우리 기술로는 1년에 5,000명분, 1인당 300만 엔(약 2,800만 원)으로 iPS 세포를 만들 수 있게 되었다"라

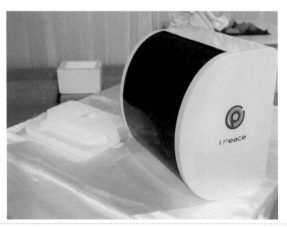

[자료 4-4] 아이피스가 개발한 iPS 세포를 제작하는 기계와 iPSF 바이알
(출처: 닛케이 바이오테크)

고 다나베 CEO는 말한다. 이어서 그는 "지금과 같은 사업을 통해 현재 사람들에게 조금은 먼 존재인 iPS 세포 기술이 이제 가까운 곳에 왔다는 것을 느낄 수 있게 하고 싶다. 또한, iPS 세포 뱅킹을 활성화함으로써 의료의 미래로 (iPS 세포 기술을 활용하는 것을) 생각해 볼 수 있는 기회로 삼고 싶다"고 말했다.

코세는 이미 화장품 제제에 iPSF를 조합한 샘플에 대한 안정성 시험을 진행했으며, 상온 보관 제제 내에서 iPSF의 안정성을 확인한 상태라고 한다. 2024년부터 약 2년의 실증 실험을 거쳐 2026년 본격 가동을 검토할 예정이다.

— 야마치 키카(닛케이 바이오테크)

035

디지털 테라퓨틱스(DTx)

스마트폰 앱 등 IT로 질병을 치료

:
:
:
:
:

| 기술 성숙 레벨 │ **고** | 2030 기대지수 │ **27.0** |

'디지털 테라퓨틱스(Digital Therapeutics, DTx)'는 스마트폰 앱이나 웹사이트, 웨어러블 기기 등 디지털 기술을 활용해 질병을 치료하는 의료 기법이다. 최근 진단과 치료 등을 지원하는 의료용 소프트웨어 개발에 나서는 기업이 늘고 있다.

디지털 기술을 의료에 적용하는 이른바 '디지털 헬스' 중 근거와 약사 승인이 필요하고 의료에 해당하는 것을 '소프트웨어 의료기기(Software as a Medical Device, SaMD, 삼디)', 의료가 아닌 건강 증진 등을 목적으로 하고 근거와 약사 승인이 필요 없는 것을 'non-SaMD(논삼디)'라고 한다. SaMD 중 질환 치료를 목적으로 하는 것을 '디지털 테라퓨틱스(Digital Therapeutics, DTx)'라고 한다.

최근 진단과 치료 등을 지원하는 의료용 소프트웨어, SaMD 개발에 나서는 기업이 늘고 있다. 스마트폰에서 작동하는 질병 치료용 앱으로 일본 최초 약사 승인을 받은 것은 2020년 등장한 금연 치료용 앱이다. 또한 2022년에 고혈압 치료용 앱이 개발되어 보험이 적용되는 등 의료업계 외의 진입도 활발해지고 있다. NTT와 NTT도코모는 2024년 1월 15일, 지질이상증(혈중 지방 수치가 비정상적으로 높은 상태) 환자를 대상으로 한 치료용 앱의 시제품을 개발했다고 발표했다. 도코모는 이 치료용 앱을 의료기기로써 약사 승인을 목표로 하고 있다.

생활습관병은 스마트폰 사용과도 친화력이 높다는 점, 고혈압이나 당뇨병에 대해서는 다른 기업들도 치료용 앱 개발에 착수한 점 등 지질이상증을 대상으로 삼기로 했다. 2022년 2월에 도코모는 제2종 의료기기 제조판매업 허가를 취득했다.

앱의 사용으로 지향하는 것은 운동과 식습관 개선이다. 예를 들어 운동의 경우, 가장 친숙한 운동인 걷기에 주목해 '이 사람이 평소보다 더 많이 걷는 것'을 자연스러운 형태로 실현할 수 있도록 유도한다. NTT가 연구개발 중인 '행동 변화 지원 기술'을 탑재하여, 앱 이용자가 걸을 수 있을 것으로 예상되는 걸음 수를 1시간 단위로 예측해 표시하는 '걸음 수 예측' 등을 실시한다. AI 기술을 이용해 과거 걸음 수와 걸음 수를 늘리기 쉬운 시간대 등의 경향, 날씨, 그날의 일정, 기분, 컨디션을 고려해 예측치가 설정된다. 예측을 넘으려는 인간의 심리를 바탕으로 이용자의 걸음 수를 늘리도록 유도한다고 한다.

― 구로하라 유키(닛케이 바이오테크)

036

전기 미각

식기에 흘린 미약한 전류로 음식의 맛을 변화시킴

.
.
.
.
.
.

기술 성숙 레벨 | **고**　　2030 기대지수 | **6.2**

전기 미각은 인간의 혀와 구강 내에 무수히 존재하는 '미뢰'
라는 미각을 감지하는 기관에 직접 전기를 공급하여 맛을 착
각하게 만드는 원리이다. 전기 미각 자체는 200년 전부터 알
려진 현상으로, 현재까지 다양한 연구가 존재한다. 전기 미
각에서는 짠맛, 단맛, 쓴맛, 신맛, 감칠맛으로 구성된 기본
5가지 맛이 섞인 듯한 맛을 느낀다.

메이지대학교 종합수리학부의 미야시타 요시아키 교수 등은 미
약한 전류를 흐르게 하여 빨대나 젓가락, 포크를 사용하여 음식
맛을 변화(미각을 확장)시키는 연구를 진행했다. 2023년 9월에는 이
색적인 과학 연구 등에 수여하는 '이그노벨상'의 '영양학상'을 수
상하였다.
　이 수상한 연구 논문은 2011년에 발표한 논문이다. 이후에도

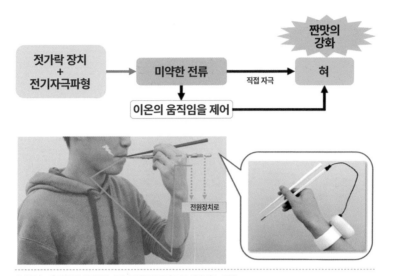

[자료 4-5] 짠맛을 강화하는 젓가락형 디바이스를 사용하는 모습
기린 홀딩스와 메이지대학교는 미약한 전기로 짠맛을 강화하는 젓가락형 장치와 전기자극파형을 개발했다. (출처:
기린 홀딩스, 그림은 닛케이 크로스 테크가 작성)

미야시타 교수 등은 연구를 계속하여 산업계에서의 실용화에도
연결하고 있다. 2022년 4월에는 기린홀딩스(HD)와의 공동연구를
통해 저염 식품의 짠맛을 증강시키는 '젓가락형 장치'와 '전기자
극파형'을 개발했다고 발표했다. 전기로 미뢰를 직접 자극할 뿐
만 아니라, 음식에 포함된 이온의 움직임까지 제어함으로써 짠맛
이 약 1.5배 강화되는 효과를 확인했다.

젓가락형 장치는 전도성이 있으며, 후단이 전원장치의 전극
에 연결돼 있다. 전원장치의 다른 한쪽 전극은 팔에 착용하여
피부에 접촉하도록 되어 있다. 젓가락 모양의 장치를 이용해 음
식을 입에 넣으면, 전기 회로가 형성되어 미약한 전기가 흐르는
구조다.

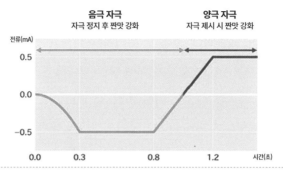

[자료 4-6] 개발한 전기자극파형
젓가락형 장치가 음극 또는 양극이 되도록 전류 흐름의 방향을 전환한다. 전류의 세기와 전류를 가하는 시간을 여러 차례 시도하여 최적의 파형을 찾아냈다. (출처: 기린홀딩스)

[자료 4-7] 전기의 힘으로 저염식의 짠맛을 약 1.5배로 강화하는 숟가락 및 그릇형 장치
음식을 입에 넣었을 때, 전기적으로 나트륨 이온을 혀에 많이 모아 짠맛을 1.5배 강하게 느낄 수 있도록 한다. 적은 양의 염분으로도 만족할 수 있다. (출처: 기린홀딩스)

짠맛이 강화된 것처럼 느끼게 하기 위해 2가지 작용을 결합하고 있다. 하나는 음식에 포함된 나트륨 이온(Na+)의 움직임을 제어해 느끼는 방법을 바꾸는 작용이며, 다른 하나는 전기로 직접 혀의 미각세포에 자극을 줘서 짠맛에 가까운 맛으로 느끼게 하는 것이다.

나트륨 이온의 움직임을 제어하면 짠맛이 증강되는 것은 다음과 같은 이유 때문이다. 염분을 구성하는 나트륨 이온은 입안에 분산되어 존재하며, 그 일부가 혀에 닿아 짠맛을 느끼게 된다. 저염식에서는 나트륨 이온이 적어 혀에 닿을 확률도 낮다. 여기에 젓가락형 장치가 음극이 되도록 전기를 흘려보낸다. 그러면 젓가락형 장치가 나트륨 이온(양이온)을 끌어당긴다. 이후 전류의 방향을 바꿔 젓가락형 장치가 양극이 되도록 하면, 나트륨 이온은 젓가락형 장치로부터 멀어진다. 이때 나트륨 이온이 혀에 닿을 확률이 높아져 짠맛이 증폭된 것처럼 느껴진다고 한다. 이를 '음극자극'이라고 한다.

반면, 혀의 미각세포에 전기로 직접 자극을 주는 작용을 '양극자극'이라고 한다. 젓가락 모양의 장치가 양극이 되도록 전기를 흘려보냄으로써 발생한다. 혀에 전기를 흘리면 맛을 느끼는 현상은 오래전부터 알려져 왔다. 이 현상을 응용해 미각의 기능을 알아보는 검사가 실용화되었으며, 미각 장애 등의 진단에도 이용되고 있다. 이후 포크 등의 식기를 전극으로 하여 전기를 흘려보내 맛을 증강하는 연구가 2010년대에 발표되는 등 다양한 연구가 진행되어 왔다.

기린홀딩스와 메이지대학교는 이 2가지 작용을 묶어 짠맛을 증강시키는 전기 자극 파형을 설계했다. 음극 및 양극이 될 때의 최대 전류는 0.5mA다. 음극일 때는 0.5초 정도 최대 전류를 유지하다가 0.4초 만에 양극의 최댓값으로 전환된다.

이러한 연구를 거쳐 2024년 5월에는 기린홀딩스가 전기의 힘으로 저염 식품의 짠맛과 감칠맛을 강화하는 '일렉트로 솔트 스푼'을 한정 판매하기 시작했다.

－다카하시 아츠키(닛케이 바이오테크),
나가타 유다이(닛케이 크로스 테크, 닛케이 컴퓨터)

037

자가 증식형 mRNA 백신

기존 백신보다 적은 접종량으로
높은 중화항체가 지속됨

⋮

기술 성숙 레벨 | 고   2030 기대지수 | 16.7

자가 증식형 mRNA백신은 mRNA 백신과 동등한 수준의 안전성을 가지며, mRNA 백신보다 적은 양으로 동등한 효과를 얻을 수 있다. 더 나아가 지속시간이 mRNA 백신보다 더 길어질 가능성이 있다. 메이지세이카파마(Meiji Seika Pharma)는 2024년 여름에 유행주를 기반으로 한 신종 코로나 백신의 일부 변경 승인 신청을 할 예정이며, 가을과 겨울 시즌에 공급할 계획이다.

메이지세이카파마(Meiji Seika Pharma)는 2023년 11월, 일본에서 신종 코로나 바이러스 감염증에 대한 자가 증식형 mRNA 백신인 '코스타이베'(기원주를 이용한 1가 백신)의 승인을 취득했다. 또한, 2024년 3월에는 '코스타이베'(기원주와 오미크론 BA. 4-5주를 기반으로 한 2가 백신)를 추가 접종하는 일본 제3상 임상시험 중간 분석에서 기승인된 mRNA 백신(2가 백신)에 대한 면역원성의 비열성을 확인했다고 발표했다.

코스타이베는 미국 제약회사 아크투루스 테라퓨틱스(Arcturus Therapeutics)의 기술을 기반으로 만들어진 자가 증식형 mRNA 백신이다. 일본의 제3상 임상시험을 통해 면역원성과 안전성을 평가했다. 대상은 기승인된 mRNA 백신을 3~5회 접종하고, 최종 접종 후 3개월 이상 경과한 18세 이상 건강한 성인이다.

"이번 중간 분석 결과에 따르면, 신종 코로나 바이러스(SARS-CoV-2)에 새로운 변이주가 나타났으며, 백신의 기반이 되는 제조주를 변경해도 '높은 면역원성과 안전성을 재현할 수 있음'이 확인됐다. 이를 통해 코스타이베 플랫폼이 확립 가능했다고 생각한다."

메이지세이카파마의 고바야시 다이지로 대표이사는 설명했다. 홍보 담당자에 따르면, '유행주가 크게 변이된 경우나 병원성이 크게 변한 경우에도 코스타이베 플랫폼으로 대응할 수 있을 것으로 기대하고 있다'고 한다.

메이지세이카파마는 임상시험 결과를 바탕으로 2024년 가을-겨울 시즌을 목표로 세계보건기구(WHO)와 후생노동성, 국립감염병연구소가 추진하는 백신주(유행주)의 선정에 따라 제조주를 결정하고, 코스타이베의 일부 변경 승인 신청을 할 방침이다. 고바야시 대표는 "2024년 가을 이후 접종할 수 있도록 새로운 유행주를 기반으로 한 백신을 공급해 갈 것이다. 2023년 가을부터 시작된 접종으로 일본 내 약 2,800만 명이 접종한 것을 감안하여, 앞으로도 매년 3,000만 명 정도가 접종할 것으로 예상한다"고 말했다.

이 회사는 2024년 가을-겨울 시즌에 400만 도즈 규모의 코스타이베를 제조 및 공급할 계획이다. 접종 장소와 병원까지는 냉동으로 관리하고, 이후 장소나 병원에서는 냉장 관리로 전환하는 것을 예상하고 있다. 약제 가격에 대해서도, 후생노동성의 예상 가격에 맞는 가격을 검토하고 있다.

- 쿠보타 후미오(닛케이 바이오테크)

038

엑소좀 치료법

세포가 방출하는 소포를 임상 응용하는
연구가 진행 중

:
:
:
:

기술 성숙 레벨 | 저   2030 기대지수 | 13.7

엑소좀은 생체 내 세포나 배양 중인 세포가 생성, 방출하는
직경 100nm 전후의 '세포외소포(Extracellular Vesicles, EVs)'의 일
종이다. 최근에는 엑소좀과 같은 EVs를 임상 응용하려는 노
력이 확산되고 있다.

엑소좀 등 세포외소포(Extracellular Vesicles, EVs)의 임상 응용에 대한
기대가 높아지고 있다. 재생 의료 분야에서의 응용이 오랫동안
유력하게 여겨졌던 중간엽 줄기세포(MSC)의 많은 기능이 MSC가
분비하는 EVs에 의한 것임이 밝혀지고 있다. 따라서 MSC 유래
EVs를 분리·정제하여 투여하면 조직을 복구하거나 과도한 면역
반응을 억제할 수 있지 않을까 생각되고 있다.

그러나 현재 재생의료 등 제품이나 의약품으로 승인된 엑소좀
제제는 존재하지 않는다. 기업이 세포 유래 성분이나 그 안에 포

함된 EVs를 '시약'으로 판매하여 의료기관이 자유 진료의 틀에서 투여하고 있는 것이 현실이다. 이에 대해 EVs 연구자들과 후생노동성은 EVs 제품의 품질 및 리스크 관리와 의약품으로 오인되지 않도록 하는 판매 방식을 촉구하고 있다.

일본재생의료학회는 2024년 4월 30일까지 EVs를 임상에 적용하기 위해, EVs 치료를 하는 의료기관을 대상으로 품질 관리 등의 지침을 작성했다. 임상 응용이 진행되고 있는 MSC 유래로 변형이나 약물 탑재 없이 이루어지는 EVs 요법에 대해, 이를 시행하는 의료기관을 대상으로 ①제품의 리스크를 검증할 필요성과 그 방법, ②제조공정과 품질 관리의 기본 개념, ③EVs의 품질을 검증할 때 일반적으로 조사해야 할 항목에 대해 서술했다.

또한, 후생노동성 의약국 감시 지도·마약대책과는 2024년 7월 31일, 〈엑소좀 시약에 관한 감시 지도에 대하여〉라는 제목의 공문을 발송했다. 의약품적 효과를 표방하거나 암시하는 EVs 제품을 판매하는 기업에 대해 '무승인 및 무허가 의약품에 해당한다'며 주의를 환기시켰다. 후생노동성은 이 공문에서 EVs를 '시약이라고 하는 제제로 의료기관을 대상으로 광고 및 판매하는 사례가 발견되고 있다'고 지적했다. 의약품으로 오인하게 하는 EVs 시약이나 의약품과 유사한 효능 효과를 표방하거나 암시하는 EVs 시약에 대해서는 무승인 무허가 의약품으로, 의약품의료기기등법에 근거한 지도 및 단속을 철저히 할 것을 촉구했다.

자유 진료로의 EVs 투여에 대한 주의 환기가 이어지는 한편, EVs의 재생의료 제품과 의약품으로 개발하기 위한 기준을 세우는 것도 진행되고 있다. 2022~2024년도 일본 의료연구개발기구 (AMED) 의약품 등 규제 조화·평가연구사업 〈엑소좀 제제의 품질 관리 전략구축에 관한 연구〉에서 제품에 관한 EVs의 함유량과 순도, 인체에 미치는 생리적 작용 등을 구체적으로 측정하고 규격화하기 위해 사용할 수 있는 수단을 검토하고 있다.

— 키쿠치 유키코(닛케이 바이오테크)

039

입위·좌위 CT

선 채로 촬영이 가능한 컴퓨터단층촬영장치(CT)

:
:
:
:
:
:

기술 성숙 레벨 | **중**　　2030 기대지수 | **5.1**

캐논 산하의 의료기기 전문 기업 캐논 메디컬시스템즈는 세계 최초로 서 있거나 앉은 상태에서 촬영이 가능한 컴퓨터단층촬영장치(CT)를 개발하여 임상시험을 진행하고 있다. 기존의 누워서 촬영하는 CT로는 어려웠던 환자를 쉽게 진찰할 수 있을 뿐 아니라, 검사 시간을 단축해 건강검진의 효율화를 기대할 수 있다고 한다.

캐논 메디컬시스템즈는 게이오기주쿠대학교 의학부 진자키 마사히로 교수와 공동으로 입위·좌위 CT(이하, '입위 CT')를 개발했다. 환자는 장비 중앙에 서거나 전용 의자에 앉은 채로 CT 촬영을 할 수 있다. 이 상태에서 전신을 스캔할 수 있는 CT는 세계 최초이다. 2023년 가을에는 하네다 공항에 인접한 후지타 의과대학의 의료 연구 시설과 아자부다이 힐스에 있는 게이오기주쿠대학

[자료 4-8] CT 데모의 내부 모습
위에서 장비가 내려올 때 '편도'로 고속 촬영을 한다. 환자가 서서 실제로 촬영할 때는 지지대 역할을 하는 막대 한 개를 바닥에 수직으로 설치하여, 환자가 허리를 꼿꼿이 세워 등을 기대어 몸의 흔들림을 방지한다. (출처: 츠즈키 마사토)

교 의료 거점에 설치되어 있다.

일반적인 CT는 환자가 누워있는 검사대가 움직이는 구조다. 누운 상태에서 촬영하기 때문에 척추나 무릎 관절염, 탈장과 같이 서있을 때 통증이 발생하는 질환 등의 진찰이 어려웠다. 그러나 이번에 개발된 입위 CT라면 이런 환자도 쉽게 진찰할 수 있다. 또한 배뇨나 보행 등의 기능 장애가 있는 경우에도 더 쉽게 상태를 파악할 수 있다. 진자키 교수는 "지금까지 (증상의) 원인을 몰라 포기했던 사람에게도 적절한 진단과 치료를 할 수 있게 된다. 건강수명이나 삶의 질을 유지하고 향상하는데 도움이 될 것"이라고 기대했다.

다리가 불편한 환자는 휠체어에 앉은 상태에서도 촬영이 가능하다. 검진 시간은 기존의 누워서 하는 CT에 비해 40% 정도 단축할 수 있다고 한다. 건강검진에 활용하면 같은 시간에 1.6배의 건수를 검사할 수 있어 효율성도 향상된다. 또한 병원 직원과 환자의 접촉을 줄일 수 있어, 감염 위험을 줄일 수 있다는 장점도 있다.

입위 CT는 최근 중국 의료기기 업체인 시노비전 등 다른 업체도 앞다퉈 도입하고 있다. 시장을 선도하고 있는 캐논 메디컬의 담당자는 "앞으로 전 세계적으로도 추종하는 움직임이 나타날 수 있다"고 말했다.

— 나카니시 마이코(닛케이 비즈니스),
하라다 네네(닛케이 굿데이, 닛케이 비즈니스)

040

레카네맙

알츠하이머로 인한 경미한 인지장애나
치매 진행 억제

⋮
⋮
⋮

기술 성숙 레벨 | 고   2030 기대지수 | 31.9

레카네맙은 알츠하이머(AD)의 신규 치료약이다. 일본 에자이
(Eisai)와 미국 바이오젠(Biogen)이 공동 개발해 2023년 12월 20
일 출시했다. 체중이 50kg인 환자의 경우, 연간 약값은 약
298만 엔(약 2,700만 원)이다.

레카네맙(상품명 '레켐비')은 일본 에자이(Eisai)와 미국 바이오젠(Biogen)
이 공동 개발한 알츠하이머 치료제다. 알츠하이머의 원인 중 하
나인 아밀로이드 베타(Aβ) 응집체에 선택적으로 결합하는 단일클
론항체로, 알츠하이머의 진행을 억제하는 효과를 인정받고 있다.
레켐비의 출시는 미국에 이어 두 번째다.

　알츠하이머는 발생 기전이 밝혀지지 않아 가설에 근거해 연구
가 진행되고 있다. 유력한 것은 뇌 내 단백질이 분해된 아밀로이
드 베타가 수년에 걸쳐 축적되고, 응집체가 뇌세포를 사멸시켜

알츠하이머를 유발한다는 '아밀로이드 베타 가설'이다. 레카네맙은 이 가설을 바탕으로 개발이 진행되었다. 2023년 1월 미국 식품의약국(FDA)의 신속 승인을 받았고, 일본에서는 같은 해 9월 25일 승인되었다.

레카네맙의 효능 및 효과는 '알츠하이머로 인한 경증 인지장애 및 경증 치매의 진행 억제'로 되어 있다. 중등도 이후의 알츠하이머로 인한 치매 환자나, 무증상이지만 아밀로이드 베타 병리를 시사하는 소견만 확인된 환자에게는 투여하지 않도록 되어 있다.

레카네맙 최초 투여 후 6개월까지는 알츠하이머 진료 관련 학회의 전문의가 여러 명 재직 중인 의료기관에서 투여하도록 하고 있다. 또한 검사 체제로서 MRI 검사와 아밀로이드 PET 검사 또는 뇌척수액 검사를 할 수 있는 환경을 갖출 필요가 있다.

— 안도 료(닛케이 헬스케어),
사토 레이나(닛케이 드럭 인포메이션)

041

의사 비상주 진료소

의사가 상주하지 않고
온라인 진료를 제공하는 진료소

⋮
⋮
⋮

기술 성숙 레벨 | **중**　2030 기대지수 | **31.7**

'의사가 상주하지 않는 온라인 진료를 위한 진료소'가 외곽 지역 등에 국한되지 않고 도시 지역을 포함해 개설할 수 있게 됐다. 원래 후생노동성은 디지털 기기에 익숙하지 않은 환자들에게 의료 제공을 확보하는 관점에서 외곽 지역에만 개설을 허용했었다. 이러한 조건을 폐지함으로써 도시 지역에서도 환자들이 진료를 받을 수 있는 기회가 늘어날 것으로 보인다.

후생노동성은 2024년 1월 16일, '의사가 상주하지 않는 온라인 진료를 위한 진료소'를 도서산간 지역 등에 한정하지 않고, 도시 지역을 포함한 개설을 인정하는 통지를 발송했다. 의사가 상주하지 않는 진료소를 개설하는 경우, 해당 진료소의 관리자는 진료소 직원과 상시 연락할 수 있는 체제를 확보하는 등 의료법에 규정된 관리자로서의 책무를 확실히 이행할 수 있어야 한다. 또한, 관리자가 소속된 의료기관은 환자의 급변 시 대면으로 대응하기 위해 사전에 합의한 의료기관과 연계할 수 있는 지역에 있어야 한다.

도도부현(각 광역지방자치단체) 지사는 의사가 상주하지 않는 진료소를 개설할 필요성을 확인하기 위해, 주민의 진료 기회가 부족한 이유에 대한 의견 제출을 요구할 수가 있다. 또한 '온라인 진료의 적절한 실시에 관한 지침'을 준수할 수 있는 체제가 갖추어져 있는지에 대해 현지 조사하는 한편, 관리자에게 '온라인 진료의 적절한 실시에 관한 지침 체크 리스트'와 급변 시 대면 대응이 가능한 의료기관명을 제출하도록 요구하고 있다. 마지막으로, 대략 1년마다 지침을 준수할 수 있는 체제를 갖추고 있는지 여부와 온라인 진료 실시 건수에 대한 보고를 요구한다.

통지 발송에 맞춰, 해당 지침에 관한 Q&A도 개정되었다. 온라인 진료는 원칙적으로 환자의 자택에서 진료하는 것이 원칙이지만, 그 밖에 환자가 온라인 진료를 받을 수 있는 장소로 '직장'을 꼽고 있다. 환자가 요양 생활을 하는 장소로 장시간 머무를 경우, 통원 요양 서비스 기관이나 학교에서도 온라인 진료를 받을 수 있도록 하는 방침도 제시했다. 단, 이용자의 오해를 피하기 위해 통원 요양사업소 등이 ①스스로 의료 제공을 하지 않는다는 점, ②진료소에 부과되는 의료법의 각종 규제(청결 유지, 의료사고 보고, 보고 징수 등)의 대상이 되지 않는다는 점을 이용자에게 설명할 필요가 있다. 그리고 통원요양사업소 등의 직원이 기기 조작을 지원하는 것은 가능하다고 규정하고 있다.

통원 요양사업소 등이 스스로 의료행위를 하는 경우, 그리고 온라인 진료 시 진료의 보조행위나 의료기기의 사용 등이 이루어지는 경우에는 진료소 개설이 필요하게 된다. 예를 들어, 온라인 진료 시 간호사가 채혈을 하는 경우 등은 진료 보조행위에 해당하므로 진료소 개설이 필요하지만, 앞서 언급한 바와 같이 필요성이 인정되면 의사 비상주 형태로 개설이 가능해질 것으로 생각된다.

－ 안도 료(닛케이 헬스케어)

042

드론 의약품 배송

외딴 지역과 피해 지역에 드론으로 의약품을 배송

.
.
.
.
.
.

기술 성숙 레벨 | **중**　　　2030 기대지수 | **23.6**

2024년 1월 1일 발생한 노토반도 지진의 피해 지역인 이시카와현 와지마시에서 고립된 지역에 드론을 이용한 의약품 배송이 진행되었다. 배송을 총괄하는 일본UAS산업진흥협의회(JUIDA)에 따르면, 재난 시 드론을 활용해 피해 지역에 물품을 전달하는 시도는 일본에서 최초였다고 한다.

노토반도 지진 피해 지역에서는 도로의 단절 등으로 육로 통행이 어려워져 고립된 지역이 다수 발생했다. 와지마시의 요청에 따라 드론 등 무인항공기(UAS) 산업 진흥에 힘쓰고 있는 JUIDA의 총괄 아래, 에어로넥스트(도쿄도 시부야구), 넥스트 딜리버리(야마나시현 고스게무라), ACSL(도쿄도 에도가와구), 드론 오퍼레이션(도쿄도 치요다구)이 합동으로 와지마시에 드론을 이용한 의약품 배송을 실시했다. 사용된 기체는 에어로넥스트와 ACSL이 공동 개발한 물류 전용 드론

[자료 4-9] 의약품을 탑재하고 이륙하는 드론
에어로넥스트와 ACSL이 공동 개발한 물류 전용 드론 '에어 트럭' (출처: JUIDA, 넥스트 딜리버리)

[자료 4-10] 드론에 의약품 등을 싣는 모습
도서 지역이나 피해 지역에 의약품을 전달한다.(출처: JUIDA, 넥스트 딜리버리)

'에어 트럭(AirTruck)'이다.

피해 지역에서 활동하는 재난 파견 의료팀(DMAT)과 와지마시 내의 의료기관 및 약국이 연계해, 고립 지역 대피소에 있는 환자들의 과거 처방 기록 등을 바탕으로 의료용 의약품을 수배했다. 와지마시 중심부에 위치한 와지마시문화회관에서 드론에 의약품을 탑재하고, 대피소를 향해 드론을 비행시켜 환자에게 의약품을 전달했다.

2024년 1월 8~11일간 와지마시문화회관에서 약 3km 떨어진 고립 지역에 있는 피난처인 쿠구스초등학교까지 지병약 등 의약품을 6차례에 걸쳐 수송했다. 수송에 소요된 시간은 왕복 20분 정도였다. 1월 11일 이후에는 와지마시문화회관에서 약 9km 떨어진 대피소인 세이보공민관까지 운송했다. 소요 시간은 왕복 40분 정도였다.

　드론을 이용한 의약품 배송은 섬이나 산간 지역 등 접근이 불편한 지역에 의약품을 배송하는 수단으로 주목받고 있으며, 각지에서 실증 실험이 진행되고 있다. 이러한 실증 실험을 통해 드러난 과제 등을 바탕으로, 2023년 3월에는 드론을 이용한 의약품 배송 사업화를 염두에 둔 개정판 〈드론에 의한 의약품 배송에 관한 가이드라인〉이 공개되었다(2024년 4월에도 일부 개정).

— 안도 료(닛케이 헬스케어)

043

비침습적 혈당 측정

바늘을 찌르지 않고,
손가락을 대는 것만으로 혈당 측정

:
:
:
:
:

기술 성숙 레벨 | **중**　　2030 기대지수 | **11.6**

환자의 신체를 상하게 하거나 부담을 주는 것을 '침습'이라고
한다. 이 침습 없이 혈당을 측정할 수 있는 비침습적 혈당 센
서의 개발이 진행되고 있다. 센서 부분에 5초간 손가락을 갖
다 대는 것만으로 측정이 가능하기 때문에, 잦은 혈당 측정
이 필요한 제1형 당뇨병뿐만 아니라 주로 식후 과혈당이 문
제가 되는 초기 제2형 당뇨병 혹은 내당능 이상자 등 다양한
대상자에게 사용이 가능할 것으로 보인다.

일본의 라이트터치테크놀로지는 비침습적 혈당 센서를 개발하고
있다. 이 기기는 포도당 분자의 중적외선 영역에서의 빛 흡수를
측정한다. 지금까지 연구된 근적외선 영역의 측정 방식은 혈중
다른 성분의 흡수와 포도당의 흡수를 정확하게 구별하지 못해 실
용화에 이르지 못했다. 이에 비해 중적외선 영역의 흡수 스펙트

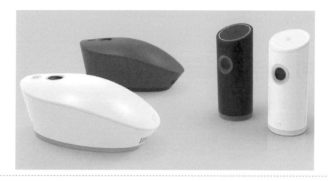

럼은 분자 구조에 따라 큰 차이가 있으며, 포도당에 특이적인 파
장을 선택함으로써 공존하는 다른 물질의 영향을 받지 않고 측정
할 수 있다. 다만 기존의 중적외선 광원은 밝기가 낮아 사용할 수
없었다. 그래서 야마카와 코이치 대표이사는 중적외선 영역에서
발진 가능한 레이저를 이용해, 기존 광원보다 10억 배의 밝기를
가진 광원을 개발했다.

　측정 방법은 간단하다. 센서 부분에 손가락을 대고 레이저를 5
초 동안 비추기만 하면 된다. 측정된 혈당 수치는 클라우드에 저
장되어 컴퓨터나 전용 앱을 설치한 스마트폰 화면에 즉시 표시된
다. 예를 들어, 클라우드에 접속하면 멀리 떨어진 의료기관에서
의사가 데이터를 확인할 수 있다. 본체를 더 소형화하면 현재 사
용하는 지속적인 포도당 모니터링(CGM) 기기와 동등한 수준의 연
속 측정도 가능하다고 한다. 정상인을 대상으로 한 검토에서 상
한이 200mg/dL 정도 범위에서 자가혈당측정(SMBG) 기기로 측정

한 값과의 상관관계가 높아 국제표준화기구(ISO)가 요구하는 측정 정확도를 충족하는 것으로 확인되었다.

현재 개발 중인 기기는 AC 100V 전압을 사용하는 고정형과 배터리를 사용하는 원통형의 모바일형 2가지다. 개발이 선행된 고정형은 2024년 중에도 비임상시험을 거치고, 이어 임상시험을 거친 뒤 의료기기로 국가 승인을 받아 몇 년 후 출시를 목표로 하고 있다.

– 타카시 마사히로(닛케이 메디컬)

044

간병 로봇

감지, 판단, 동작이 가능한 간병용 기기

⋮

기술 성숙 레벨 | **중**　　2030 기대지수 | **58.2**

소프트뱅크그룹의 휴머노이드 로봇 '페퍼(Pepper)'는 탄생한 지
올해로 10년이 되어 예전보다 거리에서 보기 힘들어졌지만,
요양시설에서 '제2의 인생'을 살고 있다. 2024년 2월, 요양시
설용 페퍼에 챗GPT가 새롭게 탑재되어 요양시설 이용자의
좋은 말벗이 되어주고 있다.

"페퍼는 마치 손자 같은 존재입니다. 언제든 내가 좋아하는 것을
말하면 대답해 줘요."

　고령자 시설과 장애인 시설을 운영하는 사회복지법인 녹양회의
시설 이용자는 챗GPT와 연계한 요양시설용 페퍼와의 대화를 즐
기고 있다. 예를 들어, 군마현의 대표적인 향토 음식인 '코시네지
루' 등 지역 특산물에 대한 이야기를 다루면 반응이 좋다고 한다.
이 시설에서는 요양시설용 페퍼와 챗GPT를 연계한 상업용 전개

에 앞서 실증 테스트를 진행하고 있었다.

본부 사무국의 와타나베 타카히로는 "챗GPT가 탑재되면서 페퍼와의 대화가 끊이지 않게 되었다. 시설 이용자가 페퍼와 대화하는 동안, 직원들이 진료 기록 카드나 간병 일지를 작성하는 시간을 확보할 수 있도록 개선됐다"고 말했다. 직원 입장에서도 장점이 있음을 알 수 있다.

요양시설용 페퍼는 2020년부터 상용화를 시작했다. 게임이나 노래, 체조 등 레크리에이션과 함께 언어 훈련, 상지 훈련 등 재활 보조 기능을 갖추고 있다. 녹양회에서는 이러한 애플리케이션에 대한 기대와 로봇의 희소성으로 인해 '이용자가 활기를 얻었으면' 하는 마음으로 페퍼를 도입했다. 이 시설에서는 매일 오후 레크리에이션을 하고 있는데, 현재 주 2회 정도를 페퍼가 담당하고 있다고 한다.

페퍼를 판매하는 소프트뱅크로보틱스의 휴머노이드 사업부 스즈키 슌이치 요양 채널 책임자는 "요양시설에서는 두뇌 활성화를 위해 한 시간 정도 이용자가 직원과 함께 게임이나 노래, 체조를 하고 있다. 시설 직원은 매일 새로운 주제를 고민하고 직접 시연해야 하지만, 페퍼가 있다면 영상을 함께 재생하며 자동으로 진행할 수 있는 장점이 있다"고 말한다.

하드웨어로서의 페퍼는 현재 생산이 중단된 상태다. 소프트웨어를 버전업하거나 대여처의 요구에 맞게 커스터마이즈하는 방식으로 페퍼 관련 사업을 지속하고 있다.

최근 요양업계의 인력난이 심각하다. 2000년부터 20년간 요양

[자료 4-12] 요양시설용 페퍼가 챗GPT와 연동되어 시설 이용자와의 대화가 더욱 원활해졌다.
(출처: 녹양회)

분야 종사자 수는 약 3.9배 증가했다. 그러나 유효 구인 배율은 2005년 약 1.4배에서 2021년 약 3.6배로 상승하고 있다. 한편, 2000년부터 20년간 간병과 돌봄이 필요한 사람의 수는 약 3배 증가하여, 수요와 공급의 불일치가 확대되고 있다. 이 추세는 더욱 가속화될 것으로 보인다. 약 800만 명의 베이비붐 세대가 75세 이상 후기고령자가 되는 2025년 이후, 인구의 약 18%가 후기고령자가 될 것으로 예상되기 때문이다.

이런 인력 부족에 의한 현장의 부담을 줄이는 접근법의 하나로서 로봇이 주목받고 있다. 페퍼와 같은 커뮤니케이션에 도움이 되는 로봇 외에도 이동 보조, 이동 지원, 배변 지원, 목욕 지원, 간병 업무 지원을 하는 간병 로봇이 속속 등장하고 있다.

그러나 현재로서는 로봇 도입에 필요한 고가의 비용이 걸림돌로 작용해 충분히 보급되지 못하고 있는 실정이다. 요양시설용 페퍼도 가격적인 부담을 덜어주는 것을 의식했다고 한다. 스즈키 순이치 요양 채널 책임자는 "요양시설용 페퍼는 기능을 축소하여 저렴하게 가격을 책정했다"고 말한다. 이번에 새롭게 기존 요양 시설용 페퍼에 챗GPT 기능을 탑재한 대화 애플리케이션을 무료로 배포한다. 대화 횟수에 따라 별도의 월정액 요금제를 제공하는 형태다. 현재 매월 4,000회 분량의 대화를 무료로 이용할 수 있다.

소니그룹도 돌봄 로봇의 발전에 올라타고 있다. '하나모 플로르(HANAMO FLOR)'이라는 친근한 모습의 어린이형 돌봄 로봇이다. 이 로봇은 대화를 나누거나 레크리에이션을 할 수 있다. 느린 움직임과 말투가 특징이며, 이용자에게 안정감을 준다.

리서치 기업 아스타뮤제에 따르면, 간병 및 생활 지원 로봇의 세계 시장 규모는 2023년 추정 126억 달러(약 17조 3,000억 원)에서 2030년에는 749억 달러(약 102조 7,000억 원)로 성장할 것으로 예상된다. 로봇의 활용을 통해 간병의 질을 유지하고 향상시키는 것과 함께 현장에서의 부담을 줄여줄 것으로 기대된다.

― 하라다 네네(닛케이 굿데이, 닛케이 비즈니스)

Technology 2025

5장

에너지

핵융합의 실현,
클린 에너지에 기대

045

고체산화물 수전해기(SOEC)

약 700도의 고온 환경에서
물을 산소와 수소로 전기분해

⋮
⋮
⋮

기술 성숙 레벨 | 중   2030 기대지수 | 6.9

SOEC(Solid Oxide Electroly Cell, 고체산화물 수전해기)는 약 700도의 고온 환경에서 물을 산소와 수소로 전기분해하는 장치다. 탄소 중립으로 이어지는 기술 중 하나다.

덴소는 2030년 실용화를 목표로 고효율의 수전기 분해장치인 'SOEC(고체산화물 수전해기)' 개발에 박차를 가하고 있다. 2023년 7월에는 히로세 제작소에서 실증 실험을 시작했다.

히로세 제작소에서는 SOEC를 이용해 제조한 수소를 파워카드의 시제품 라인에서 활용한다. 파워카드는 전동차의 모터를 제어하는 인버터의 핵심 부품이다. 2025년 이후에는 SOEC를 구동하는 전력으로 제작소 내에 설치하는 태양광 발전 장치를 사용할 예정이다.

SOEC는 약 700도의 고온 환경에서 물을 산소와 수소로 전기

[자료 5-1] 덴소가 목표로 하는 탄소 중립 공장
전력을 수소로 변환하는 SOEC(고체산화물 수전해기)와, 수소로 전력을 생산하는 SOFC(고체산화물 연료전지) 등
을 조합한다. 2035년까지 실현을 목표로 한다. (출처: 닛케이 오토모티브)

분해하는 장치다. 물은 고온일수록 낮은 전압으로 분해할 수 있
는 성질이 있기 때문에, 저온에서 작동하는 다른 수전해 장치에
비해 전력 소비를 줄이기 쉽다. 고온에 견딜 수 있는 세라믹 막을
쌓은 '셀 스택'을 단열재로 덮인 '핫 모듈'에 넣고, 수증기를 넣어
전기분해한다.

덴소는 전력 소비를 줄이기 위해 차량용 부품 기술을 적용했다.
예를 들어, 핫 모듈은 방열량을 줄이기 위해 장치 내 배기열을 회
수하고 있다. 여기에는 차량용 에어컨의 배기열과 순환, 열 교환
이라는 열 유체 기술을 활용했다. 처음에는 수증기를 약 700도로
만들기 위해 에너지가 필요하지만, 이후에는 적은 에너지로 700
도를 유지할 수 있다고 한다. 또한, 차량용 냉동기의 이젝터 기술
을 이용하여, 미반응 수증기도 회수해 재사용하고 있다. 이젝터는
고압의 유체로 인해 저압의 유체를 흡입하여 배출하는 장치이다.

지금까지 수증기가 아닌 약 60도 정도의 물을 전기분해 해 수

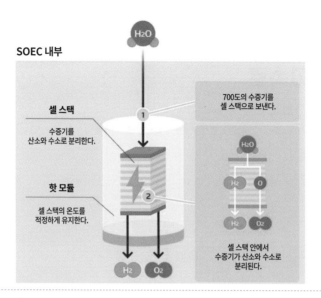

 영역 내 텍스트:

SOEC 내부

셀 스택
수증기를
산소와 수소로 분리한다.

핫 모듈
셀 스택의 온도를
적정하게 유지한다.

700도의 수증기를
셀 스택으로 보낸다.

셀 스택 안에서
수증기가 산소와 수소로
분리된다.

[자료 5-2] SOEC의 구조
일반적으로 물은 고온일수록 더 낮은 전압으로 분해할 수 있기 때문에, 약 700도에서 작동하는 SOEC는 전력 소비를 억제하기 쉽다. (출처: 덴소)

소를 제조하는 'PEM형 수전해 장치'를 도입한 사례는 이미 있었다. 다만 이번 SOEC는 PEM형에 비해 전기분해에 필요한 전력을 줄이기 쉽다는 장점을 가지고 있다.

— 코구레 사키(닛케이 크로스 테크, 닛케이 오토모티브)

046

고속로

핵연료의 유효 이용이나 핵폐기물 감소를 기대하는
차세대 원자로

:
:
:
:
:

기술 성숙 레벨 | **중**   2030 기대지수 | **19.7**

고속로는 빠르게 움직이는 중성자를 이용해 핵분열 반응을
일으키는 원자로 방식이다. 원자력 발전소에서 주류인 경수
로에 비해 핵연료를 효율적으로 이용할 수 있고, 고준위 방
사성 폐기물을 쉽게 줄일 수 있다. 일본 정부는 2040년대에
실증로 가동을 시작할 계획을 세우고 있다.

핵연료는 크게 가연성 우라늄과 불연성 우라늄으로 구성된다. 경
수로는 주로 연소하기 쉬운 우라늄을 사용하기 때문에, 자원 이
용 효율이 1%에 불과하다. 반면 고속로는 연소하기 어려운 우라
늄을 연소하기 쉬운 플루토늄으로 바꾸면서 가동할 수 있어, 이
용 효율을 90% 정도로 높일 수 있다. 이를 실현하면 앞으로 100
년 정도면 고갈될 것으로 예상되는 우라늄 자원을 효율적으로 활
용할 수 있다.

188 • 세계를 바꿀 테크놀로지 2025

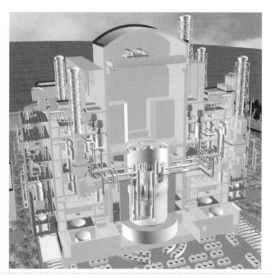

[자료 5-3] 일본 정부가 개발하고 있는 나트륨(Natrium) 냉각 탱크형 고속로의 이미지
경제산업성 위탁 사업 연구 성과를 포함한다. (출처: 미쓰비시중공업)

핵 쓰레기로 불리는 고준위 방사성 폐기물을 줄일 수 있는 가능성도 있다. 현재 기술로는 사용한 연료를 처리한 후 방사능 수준이 천연 우라늄 수준으로 감소하는 데 8,000년이 걸린다고 한다. 그러나 고속로라면 300년 정도로 단축할 수 있을 것으로 기대되고 있다.

일본 정부는 2024년 실증로 개념 설계를 시작으로 계획을 세웠으며, 2040년대 운전 개시를 목표로 하고 있다. 개발의 중심은 미쓰비시중공업으로, 실증로는 상용화에 한발 앞서서 원자로에서 기술 검증과 경제성 전망을 얻는 것이 목적이다.

고속로 개발에 해당하는 미쓰비시중공업과 일본원자력연구개발기구(JAEA)는 2022년부터 미국의 고속로 기업 테라파워(Terra

Power)와 협력 관계를 맺고 있다. 테라파워는 2030년경 자사의 고속로 '나트륨(Natrium)'을 미국에 건설할 계획을 세우고 있다.

핵분열 반응에서 발생하는 중성자는 감속하기 어려워, 고속로의 냉각재로는 고속으로 이용할 수 있는 나트륨을 사용한다. 하지만 나트륨은 다루기 어렵다. 물에 닿으면 폭발하는 특성이 있기 때문이다. 게다가 나트륨의 융점(녹는점)은 약 98도로 높아 상온에서는 고체 상태다. 고속로 내부에서 유체로 이용하려면 전열선으로 플랜트를 가열하는 등의 방법이 필요하다. 게다가 나트륨은 수은처럼 불투명한 물질이기 때문에, 나트륨 속 기기의 모습은 육안으로 관찰할 수 없다. 원격으로 연료를 교환하는 기술이 더욱 중요해질 것이다.

— 사이토 소우지(닛케이 크로스 테크, 닛케이 모노즈쿠리)

047

페로브스카이트 태양전지

저비용으로 제조, 접어 구부릴 수 있음

:
:
:
:
:

기술 성숙 레벨 | **고**　　2030 기대지수 | **24.6**

페로브스카이트 태양전지(perovskite solar cell)는 '페로브스카이트'라는 결정 구조의 재료를 사용한 태양전지다. 기판 위에 얇은 막을 형성하는 박막형 태양전지의 일종이다. 필름을 기판으로 사용하면 유연하고 가볍게 만들 수 있어, 고효율, 경량, 저비용이라는 장점이 있다. 내구성 문제도 해결되고 있어 차세대 태양전지의 유력 후보로 주목받고 있다.

차세대 태양전지의 유력 후보로 페로브스카이트 태양전지(perovskite solar cell)가 주목받고 있다. 2019년경까지만 해도 양자점형, 염료증감형 등과 함께 차세대 태양전지의 한 축에 불과했다. 그러나 지금은 주류인 결정형 실리콘(Si) 태양전지와 비슷한 효율과 비용을 실현할 가능성이 높아지면서 일본 민관이 합심하여 보급에 힘쓰고 있다.

[자료 5-4] 차세대 태양전지의 유력 후보

페로브스카이트 태양전지의 사례 (출처: 세키스이 화학공업)

[자료 5-5] 파나소닉홀딩스가 모델하우스에서 실증 실험을 진행

유리 건축자재 일체형 페로브스카이트 태양전지를 발코니에 설치한 파나소닉홀딩스의 모델하우스 (출처: 파나소닉)

[자료 5-6] 세키스이 화학공업의 신오사카 본사의 외벽에 설치

세키스이 화학공업 신오사카 본사의 완성 이미지. 리뉴얼하는 오사카 본사 외벽에 페로브스카이트 태양전지를 장착한다. (출처: 세키스이 화학공업)

일본 대기업들은 페로브스카이트 태양전지에 대해 연구개발부터 제품화까지 앞다퉈 뛰어들고 있다. 예를 들어, 파나소닉홀딩스는 가나가와현 후지사와시의 모델하우스에 페로브스카이트 태양전지를 탑재하여 실증시험을 진행하고 있다. 2023년 9월부터

[자료 5-7] 스타트업도 참여
스타트업인 에네코트 테크놀로지도 페로브스카이트 태양전지의 제품화를 목표로 한다. (출처: 에네코트 테크놀로지)

1년 이상 장기간에 걸쳐 진행되고 있으며, 2029년까지 제품화를 목표로 하고 있다.

세키스이 화학공업은 2025년 4월에 준공 예정인 오사카 본사의 외벽에 자사의 페로브스카이트 태양전지를 설치한다. 완공되면 건물 외벽에 페로브스카이트 태양전지를 상설한 일본 최초의 사례가 될 것이다.

페로브스카이트 태양전지는 이름 그대로 '페로브스카이트'라고 불리는 결정 구조의 재료를 사용한 태양전지다. 기판 위에 얇은 막을 형성하는 박막형 태양전지의 일종으로, 필름을 기판으로 사용하면 유연하고 가볍게 만들 수 있다. 반면, 현재 주류인 결정형 실리콘 태양전지는 결정 실리콘 덩어리(잉곳)를 슬라이스하여 제작한 기판 위에 전극을 형성한다. 따라서 유연성이 떨어지고 경량화에 한계가 있다.

페로브스카이트 구조의 소재를 세계 최초로 태양전지에 응용해 발전에 성공한 사람은 도인요코하마대학교의 미야자카 리키 교수로, 2009년에 논문을 발표했다. 페로브스카이트 구조 소재는 잠재적 변환 효율이 높아 차세대 태양전지의 유망주로 주목받으며 연구자가 늘어났다.

변환 효율로 실험실 수준의 셀(발전소자)에서 25%, 모듈에서 20%에 가깝게 달성한 성과도 나왔다. 즉, 결정형 실리콘 태양전지에 버금가는 변환 효율이 가시권에 들어왔다. 기존 박막형 태양전지는 결정 실리콘형에 비해 효율이 낮다는 문제점이 있었지만, 페로브스카이트 태양전지는 그 과제를 극복할 수 있는 가능성이 높아지고 있다. 또한 롤투롤(roll to roll)이라는 인쇄 기술을 이용한 제법으로 효율적으로 양산할 수 있다면 제조 비용이 크게 낮아진다.

이처럼 고효율, 경량, 저비용이라는 강점을 갖추기 시작하면서 태양광 발전 시장의 게임체인저가 될 수 있다는 인식이 높아져 세계적으로 개발 경쟁이 활발하다. 일본에서는 파나소닉, 세키스이 화학공업 외에도, 도시바, 카네카, 샤프 등 대기업과 에네코트 테크놀로지(Enecoat Technology) 등의 스타트업이 연구 성과를 발표하

[자료 5-8] 화력발전소에서도 실증 실험
세키스이 화학공업은 JERA 요코스카 화력발전소 부지 내에서 페로브스카이트 태양전지의 옥외 실증을 진행하고 있다. (출처: 세키스이 화학공업)

고 제품화를 목표로 하고 있다.

한편, 낮은 내구성은 페로브스카이트 태양전지의 오랜 숙제다. 실험실에서 시제품을 만든 직후부터 열화가 시작된다고 오래전부터 알려져 왔다. 발전 성능을 유지할 수 있는 기간은 약 5년 정도였다. 구조상 수분과 산소, 자외선에 약해 야외에서 실증할 수 없는 상황이었다. 이대로는 최소 10년 이상 가동이 요구되는 발전 사업에 채택할 수 없다.

그러나 이러한 상황을 타개하려는 움직임이 나타나고 있다. 예를 들어, 세키스이 화학공업은 2025년 사업화를 목표로, 변환 효율보다 내구성에 중점을 두고 연구개발에 매진하고 있다. 이미 롤투롤로 제작한 페로브스카이트 태양전지에서 약 10년의 내구성을 확보했다고 한다. 현재 역사나 하수처리장, 화력발전소 등 공공시설에서 야외 실증을 시작했다.

– 가네코 켄지(닛케이BP 종합연구소 클린테크연구소)

048

차세대 연료전지 시스템

제조 비용 절감과 내구성 및
저온성 향상을 동시에 이룸

⋮

기술 성숙 레벨 | **고**　　2030 기대지수 | **23.8**

혼다는 미국 GM과 공동으로 차세대 연료전지 시스템을 개
발했다. 2024년 7월에 SUV 'CR-V'에 탑재하여, 연료전지
차(FCV)로 일본에서 출시했다. 생산성을 개선해 FCV '클라리
티퓨얼셀'의 2019년형 모델에 탑재된 시스템과 비교하여, 비
용을 3분의 1로 낮춘 것이 특징이다. 이와 함께 내구성과 저
온성도 향상됐다.

혼다 수소사업개발부 상품기술기획과의 시미즈 키요시 수석 엔
지니어는 "비용을 3분의 1로 줄일 수 있었던 가장 큰 이유는 생
산성을 높였기 때문"이라고 말한다. 연료전지 셀 자체의 구조를
단순화함으로써 가공에 드는 비용을 절감할 수 있었다. 이를 통
해 제조 측면에서 비용을 절감할 수 있었다고 한다. 구체적으로
는 셀 사이에 끼워 넣는 분리막을 고안했다. 분리막은 수소(H_2)

[자료 5-9] 차세대 연료전지 시스템
생산성 개선을 통해 비용을 절감했다. (출처: 닛케이 오토모티브)

와 산소(O_2)의 유로를 갖춘 판 모양의 부품이다. MEA(Membrane Electrode Assembly, 막전극접합체)의 재료를 변경해 백금(Pt)의 양을 줄인 것도 비용 절감에 효과가 있었다.

내구성은 클라리티퓨얼셀보다 2배 이상 향상되었다. 큰 요인은 소프트웨어 제어의 변경이다. 연료전지는 수소와 산소를 화학 반응시켜 전기를 발생시키는 구조다. 출력 요구가 크면 화학 반응 시 시스템에 큰 부하가 걸려 내구성에 영향을 미친다. 그래서 "전지를 잘 사용하면서 연료전지의 부하를 줄이는 제어로 변경했다"고 시미즈 키요시 수석 엔지니어는 말한다. 이와 함께 촉매를 포함한 화학반응 관련 소재도 내구성이 더 높은 것으로 변경했다.

저온 내성도 개선됐다. 연료전지는 화학 반응을 하는 과정에서 열이 발생한다. 그 열을 얼마나 잘 활용하면서 시스템을 따뜻하게 하는지가 저온 내성 향상의 핵심이다. 화학 반응을 할 때 나오는 물이 얼지 않도록 물을 내보내는 방식도 중요하다. 영하 30도 같은 저온 환경에서 한꺼번에 많은 물을 배출하면 그 과정에서 물이 얼어버린다. 그래서 연료전지의 출력을 서서히 높이면서 얼지 않은 물을 배출하면서, 화학 반응의 열로 시스템을 따뜻하게 하는 균형 잡힌 제어를 하고 있다고 한다.

– 후시키 미키타로(닛케이 크로스 테크, 닛케이 오토모티브)

049

건식 전극

전극의 건조 공정을 없애고,
리튬이온 배터리의 설비 투자 비용을 절감

⋮
⋮

기술 성숙 레벨 | **고**　　2030 기대지수 | **4.6**

'건식 전극'은 리튬이온 배터리의 새로운 제조 기술이다. 지금까지 필요했던 전극 건조 공정을 없앨 수 있다는 것이 가장 큰 특징이다. 리튬이온 배터리의 과제인 막대한 설비 투자와 제조 비용을 절감할 수 있는 비장의 무기가 될 수 있다. 전기자동차(EV)용 배터리에 적용하기 위해 세계 자동차 업체와 배터리 업체들이 개발에 집중하고 있다.

일반적인 리튬이온 배터리의 전극 제조공정은 다음과 같다. 먼저 양극재와 음극재, 바인더(접착제) 등을 유기용매에 섞어 슬러리(slurry)라는 유동성 있는 페이스트로 만든다. 다음으로 슬러리를 집전체가 되는 금속박에 도포하고, 건조로에서 열을 가해 용매를 제거한다. 건조된 것을 프레스하여 소정의 두께로 가공하여 롤 형태의 전극으로 만든다. 이중 건조로는 길이가 50~100m에 달

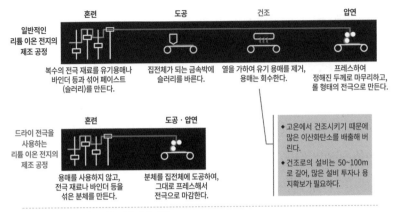

혼련　　　　　　도공　　　　　　건조　　　　　　압연

일반적인
리튬 이온 전지의
제조 공정

복수의 전극 재료를 유기용매나
바인더 등과 섞어 페이스트
(슬러리)를 만든다.

집전체가 되는 금속박에
슬러리를 바른다.

열을 가하여 유기 용매를 제거,
용매는 회수한다.

프레스하여
정해진 두께로 마무리하고,
롤 형태의 전극으로 만든다.

혼련　　　　　　도공·압연

드라이 전극을
사용하는
리튬 이온 전지의
제조 공정

용매를 사용하지 않고,
전극 재료나 바인더 등을
섞은 분체를 만든다.

분체를 집전체에 도공하여,
그대로 프레스해서
전극으로 마감한다.

◆ 고온에서 건조시키기 때문에
많은 이산화탄소를 배출해 버린다.
◆ 건조로의 설비는 50~100m
로 길어, 많은 설비 투자나 용지확보가 필요하다.

[자료 5-10] '건조' 공정을 없앤 건식 전극
리튬이온 배터리의 전극 제조에서는 건조 공정에서 많은 에너지를 소비하며, 이때 이산화탄소를 배출하고 있다. (출처: 폭스바겐의 자료를 바탕으로 닛케이 오토모티브가 작성)

하는 거대한 장치로, 제조 비용이 막대하고 이산화탄소 배출량이 많아지는 주요 원인이었다. 독일 폭스바겐에 따르면, 배터리 제조 공정 전체에서 소비하는 에너지의 약 30%를 건조 공정이 차지했다고 한다.

이 문제를 대면한 것이 바로 '건식 전극'이다. '드라이 코팅'이나 '드라이 프로세스' 등으로도 불리는 이 기술은 전극 제조 공정에서 건조 공정을 생략한 기술이다. 유기용매를 사용한 슬러리 대신 분말 형태의 전극 재료를 금속박 위에 도포하는 방식이다.

방법은 여러 가지가 있다. 타사보다 먼저 건식 전극을 실용화한 미국 테슬라는 소량의 바인더 분말을 사용하는 것으로 보인다. 전극 재료와 바인더 분말을 섞어 가열된 롤러 위에서 집전체와 전극 재료를 밀착시켜, 단시간에 바인더를 녹여 도포한다는 견해가 있다.

[자료 5-11] 폭스바겐 그룹이 개발한 건식 전극
인쇄 기술을 사용해 전극 재료를 얇고 균일하게 필름으로 형성했다. (출처: 폭스바겐)

테슬라는 미국 텍사스주의 '기가 텍사스'에서 만드는 신형 배터리 '4680'에 건식 전극을 적용했다. 실용화에는 앞섰지만, 미국 언론 보도에 따르면 생산 속도가 빨라지지 않아 4680 배터리를 탑재한 신형 EV '사이버 트럭(Cyber truck)' 양산에 걸림돌로 작용하고 있다.

지속 가능하고 저렴한 배터리를 제조하는 데 있어 '게임체인저'가 될 기술인 건식 전극을 포지셔닝하는 것은 폭스바겐이다. 2024년 말까지 기술 개발을 완료하고, 2026~2027년 유럽과 북미 배터리 공장에 도입할 계획이다. 건조로를 없앰으로써 에너지 소비 30% 절감, 공장 바닥면적 15% 감소 등을 목표로 한다. 이를 통해 연간 수억 유로의 전기료를 절감할 수 있을 것으로 추산했다.

개발은 동일 그룹의 배터리 회사인 파워코(PowerCo)가 담당한다. 인쇄기 제조업체인 독일 코닉앤바우어(Koenig & Bauer)와 공동으로 건식 전극 제조 기술을 완성할 예정이다. 폭스바겐에 따르면, 분말 형태의 배터리 재료를 집전체에 도포하여, 머리카락 정도의 얇은 층으로 만든다고 한다.

각 배터리 업체도 실용화를 서두르고 있다. 전고체 배터리 양산 계획이 늦어지고 있는 것이 배경이다. '차세대 배터리의 유력 후보'는 개발은 활발하지만, 양산 장벽이 높다. 이 때문에 당분간은 기존 리튬이온 배터리가 전기차 배터리의 주류가 될 것이라는 전망이 강하다. 건식 전극을 사용해 비용과 이산화탄소 배출량, 공장 면적 등을 줄일 수 있다면 경쟁력에 직결된다.

중국 CATL과 한국 LG에너지솔루션 등을 시작으로 하여 각 배터리 업체가 뛰어들고 있는 가운데, AESC그룹은 이바라키 공장(이바라키현 이바라키마치)에 건식 전극 제조라인을 구축할 예정이다. AESC 그룹 임원의 말에 따르면, 2026년에 양산을 시작할 것이라고 한다.

— 쿠메 히데나오(닛케이 크로스 테크, 닛케이 오토모티브)

050

고체산화물 연료전지(SOFC)

고정형 발전 시스템으로서
제조 현장의 탈탄소화에 기대

:
:
:
:
:

기술 성숙 레벨 | **고**   2030 기대지수 | **9.6**

닛산자동차는 2016년에 SOFC(Solid Oxide Fuel Cell, 고체산화물 연료전지)를 이용한 연료전지차(FCV)를 공도에서 주행한 적이 있다. 이 시스템을 베이스로 발전시킨 것이 SOFC를 이용한 고정형 발전 시스템이다. 연료 개질 기술을 개선해 질소산화물(NOx)과 탄화수소(HC), 일산화탄소(CO) 배출량을 거의 제로에 가깝게 만들었다.

닛산은 '2050년까지 사업 활동을 포함한 자동차의 라이프 사이클 전체에 걸쳐 탄소 중립(온실가스 배출량 실질 제로, CN)을 실현한다'는 목표를 세우고 있다. 바이오에탄올을 이용한 SOFC(Solid Oxide Fuel Cell, 고체산화물 연료전지) 발전 시스템의 본격 운용은 닛산의 이러한 노력의 일환이다.

첫 단계로 2024년 2월 28일, 닛산의 도치기 공장에서 SOFC

[자료 5-12] SOFC 발전 시스템. 2024년 2월, 도치기 공장에서 시험 운용을 시작했다.
(출처: 닛케이 오토모티브)

발전 시스템의 시험 운전을 시작했다. 현재 출력은 3kW이지만, 2027년도까지 5kW, 2029년도까지 20kW로 출력을 높인다. 이후 국내외 공장에 SOFC 발전 시스템을 도입하여, 2050년에는 공장에서 사용하는 전력의 약 30%를 SOFC 발전으로 충당할 계획이다.

연료전지에는 고체고분자형 연료전지(PEFC)도 있지만, 닛산은 SOFC를 선택했다. 고체고분자를 전해질로 사용하는 PEFC의 작동 온도는 70~90도이며, 연료로는 수소 가스를 사용한다. 이에 비해 세라믹을 전해질로 사용하는 SOFC의 작동 온도는 600~800도로 높다. 연료를 개질(改質, 촉매를 이용해 수소 가스를 발생시키는 것)하여 사용할 수 있으며, 에탄올이나 액화천연가스(LNG), 액화석유가스(LPG) 등의 액체 연료를 사용할 수 있다.

또한 SOFC는 고온에서 작동하기 때문에 촉매 활성이 높아, 닛산의 SOFC는 70%의 발전 효율을 실현할 수 있다. 닛산 측에 따르면, PEFC의 발전 효율은 60%라고 한다. 다양한 연료를 사용할 수 있고 발전 효율이 PEFC보다 높다는 이유로 닛산은 SOFC를 선택했다.

발전용 액체 연료는 바이넥스와 공동 개발하는, 수수를 원료로 하는 바이오에탄올을 이용한다. 2050년에는 바이오에탄올 사용량이 연간 30만㎘에 달할 것으로 예상되며, 30만㎘의 바이오에탄올을 생산하기 위해서는 5만ha(500km2)의 수수 농장이 필요하지만, 호주에서 확보할 수 있을 전망이다.

— 타카다 타카시(닛케이 크로스 테크, 닛케이 오토모티브)

051

암모니아 전소

발전용 연료로 암모니아만 사용

.
.
.
.
.
.

기술 성숙 레벨 | **중**   2030 기대지수 | **14.2**

연소시켜도 이산화탄소를 배출하지 않는 암모니아가 차세대
에너지로 주목받고 있다. 마쓰다는 자사 공장 내 석탄화력발
전 설비의 연료를 암모니아로 대체하기로 결정했다. 마쓰다
의 공장과 사업소에서 배출되는 이산화탄소 중, 발전 설비에
서의 배출량은 약 56%이다. 발전용 연료를 암모니아로 대체
하는 것은 탄소 중립(온실가스 배출량 실질 제로)을 실현하는 데 크
게 기여한다.

일본의 자동차 기업 마쓰다는 공장 내 석탄화력발전 설비의 연료
를 '암모니아 전소'로 대체하기로 결정했다. 암모니아 전소란 발
전용 연료로 암모니아만을 사용하는 것을 말한다. 암모니아 전소
발전 설비는 우선 본사 공장 우지지구에 2030년경 가동할 계획
이다.

마쓰다 경영전략본부 탄소 중립·자원순환전략부의 키노시타 히로시 부장은 2023년 12월에 온라인으로 개최한 탄소 중립에 관한 설명회에서 "2035년까지 방후 공장에도 도입할 것"이라고 밝혔다.

사용하는 암모니아로는 '그린 암모니아'와 '블루 암모니아'를 계획하고 있다. 전자는 재생가능에너지를 이용해 생산된 수소(그린 수소)를 원료로 한 암모니아를 말한다. 후자는 제조 시 배출되는 이산화탄소를 회수 및 저장한 수소(블루 수소)를 원료로 하는 암모니아를 말한다.

마쓰다의 공장이나 사업소에서 배출되는 이산화탄소 중 발전 설비에서 배출되는 양이 약 56%를 차지한다. 발전용 연료를 이들 암모니아로 대체하는 것은 탄소 중립 실현에 크게 기여한다. "현재로서는 실용화에 많은 기술적 과제가 있지만, 암모니아 전

[자료 5-13] 마쓰다 본사 공장
석탄 화력 발전 설비의 연료를 2030년에도 암모니아 전소로 대체할 계획이다. (출처: 마쓰다)

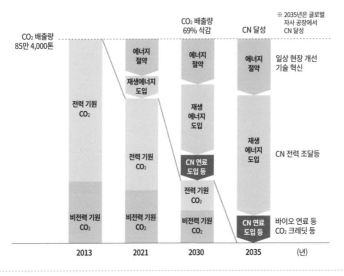

[자료 5-14] 탄소 중립 실현을 위한 마쓰다의 로드맵

3대 중점 과제를 추진하여, 2030년까지 2013년 대비 69%의 감축을 목표로 한다. (출처: 마쓰다의 자료를 바탕으로 닛케이 오토모티브가 작성)

소 실현에 도전할 것"이라고 키노시타 부장은 강조한다.

그린 암모니아나 블루 암모니아는 우선 내항선을 이용해 나미카타 터미널의 클린 에너지 공급 거점에서 마쓰다 본사 공장까지 수송할 계획이다. 이를 실현하기 위해 나미카타터미널, 시코쿠전력, 타이요석유, 다이요닛폰산소, 미쓰비시상사, 미쓰비시상사 클린 에너지, 스미토모화학과 협력한다.

마쓰다는 2050년 공급망 전체의 탄소 중립을 위해, 2035년 세계 자사 공장에서의 탄소 중립 실현을 목표로 하고 있다. 2023년 12월 설명회에서는 중간목표로써 2030년까지 세계 자사공장으로부터 이산화탄소 배출량 감축 목표치를 제시했다. 구체적으로는 2013년 대비 69% 감축을 목표로 하고 있다.

목표 달성을 위해 ①에너지 효율화, ②재생 가능 에너지 도입, ③탄소 중립 연료 이용이라는 3가지 축으로 접근한다. 첫 번째 축으로는 예를 들어, 내부 탄소 가격제(Internal Carbon Pricing, ICP)의 도입으로 설비 투자를 가속화한다. 암모니아 전소는 두 번째 축의 대표적인 예이다. 지역과 연계한 코퍼레이트 PPA(전력 구입 계약)도 추진한다. 세 번째 축은 사내 운송용 차량의 연료(경유)를 차세대 바이오 연료로 전환하는 것 등을 추진한다.

이번 발표는 탄소 중립의 '스코프 1', '스코프 2'를 대상으로 한 노력이었지만, 2050년 공급망 전체에서 탄소 중립을 실현하기 위해서는 '스코프 3'의 노력도 요구된다. 이 점에 대해 키노시타 부장은 "단기와 중장기적으로 나누어 대응한다"고 말한다. 단기적인 대응으로는, 거래처의 부품 기업에 걸쳐 에너지 절약형 설비나 재생 에너지의 도입을 지원한다. 중장기적으로는 소재 제조 시 이산화탄소 배출량을 줄인 그린 철강재를 자동차 차체 골격에 사용하는 것 등을 검토하고 있다.

— 타카다 타카시(닛케이 크로스 테크, 닛케이 오토모티브)

052

밀푀유 구조 MEA

고가의 희소 금속 사용량을 줄이는
수전해 장치용 기술

:
:
:
:
:

기술 성숙 레벨 | 중 　　2030 기대지수 | **6.6**

이산화탄소를 배출하지 않는 에너지로 기대되는 수소. 전
기를 이용하여 물을 산소와 수소로 분해하여 수소를 추출하
기 위해 사용하는 수전해 장치 중 하나가 'PEM(Proton Exchange
Membrane, 고분자 전해질)형 수전해 장치'다. PEM형 수전해 장치
는 금속 이리듐(Ir)을 촉매로 사용한다. 희소성 있는 이리듐의
함량을 90% 절감하는 기술이 바로 밀푀유 구조의 막전극접
합체(Membrance Electrode Assembly, MEA)이다.

금속섬유로 구성된 부직포 제조업체인 벨기에 베카르트(Bekaert)는
독일에서 개최된 산업 전시회 하노버 메쎄 2024에 도시바에너지
시스템즈(도시바ESS)와 공동 개발한 PEM(Proron Exchange Membrane)형
수전해 장치용 막전극접합체(Membrance Electrode Assembly, MEA)를 선
보였다.

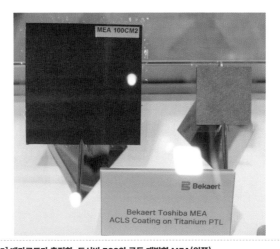

[자료 5-15] 베카르트가 출전한, 도시바 ESS와 공동 개발한 MEA(왼쪽).
면적은 100cm²이며, 베카르트의 Ti-PTL 위에 도시바 ESS의 밀폐유 구조의 IrO_2를 성막했다고 한다. ACLS는
'Alternating Catalyst Layer Structure'의 약자다. (출처: 닛케이 크로스 테크)

수전해 장치의 MEA는 산소를 발생시키는 산소극(캐소드)에서
의 반응을 전체적으로 빠르게 속도를 높이는 것이 과제다. 특히
PEM 형태에서는 산소극의 촉매로 희소 금속인 고가의 이리듐(Ir)
을 이용한다. 게다가 이리듐 가격은 2020년 급등한 이후, 고공
행진을 이어가며 PEM형 MEA의 제조원가를 크게 높이는 요인
이 되고 있다. 수전해 장치에서 생산하는 수소(그린 수소)가 천연가
스 또는 천연가스 유래 수소(그레이 수소) 등과 가격 경쟁력이 의심
받고 있는 가운데, 이러한 제조 비용 상승은 PEM형 수전해 장치
의 보급에 큰 문제가 된다.

이러한 가운데, 도시바ESS는 이리듐의 이용량을 1/10로 줄
여도 수전해 성능이 저하되지 않는 MEA를 개발했다고 2022년
10월 발표했다. 티타늄(Ti) 기반의 다공성 수송층(Porous Transport

Layers, PTL) 위에 스퍼터링 장비로 산화이리듐(IrO₂)의 매우 얇은 층을 수십 층 형성하여 전극을 제작했다. 도시바ESS는 이 층 구조를 '밀푀유 구조' 또는 'Alternating Catalyst Layer Structure (ACLS) Coating'이라고 부른다.

베카르트는 티타늄-PTL의 선두 주자로, 이미 5,000cm² 이상의 대면적 티타늄-PTL도 '큐렌토(Currento)'라는 제품명으로 양산, 출하하고 있다.

— 노자와 테츠오(닛케이 크로스 테크, 닛케이 일렉트로닉스)

053

리튬 메탈 이차전지

리튬 음극을 사용해도 안전한 전지 기술을 추구

기술 성숙 레벨 | **중**   2030 기대지수 | **12.0**

리튬(Li) 메탈 이차전지는 음극에 리튬 금속을 사용하는 차세대 배터리다. 음극을 얇게 만들 수 있기 때문에, 에너지 밀도는 기존 액상 리튬이온전지(LIB)에 비해 약 2배 정도 높일 수 있을 것으로 보인다. 다만, 폭넓은 용도로 실용화하기에는 배터리 수명이 짧다는 것이 가장 큰 문제로 지적됐다. 최근 수명 개선에 기여할 수 있는 연구 성과가 속속 발표되고 있다.

미국 하버드대학교 존 A. 폴슨 공학 및 응용과학대학원(SEAS) 연구팀이 6,000회 충방전 후에도 80%의 용량을 유지할 수 있는 리튬 메탈 이차전지(우표 크기의 적층형)를 개발했다. 고체 전해질을 사용하는 전고체 리튬 메탈 전지라고 한다.

리튬 메탈 이차전지의 수명을 단축시키는 가장 큰 요인은 리튬의 덴드라이트(나뭇가지 모양의 결정) 현상이다. 충전 시 리튬 이온이 양극에서 음극으로 이동해 도금처럼 음극 표면에 달라붙는 현상이다. 연구팀에 따르면, 치아의 치석처럼 울퉁불퉁한 불균일한 표면을 형성한다. 그리고 방전 시에는 반대로 이 도금을 벗겨내는 과정을 거치게 되는데, 표면이 고르지 않을수록 벗겨내는 과정에 시간이 오래 걸리고, 다음 충전 시 더 고르지 않은 표면을 형성하는 원인이 되는 포트홀(구멍)을 발생시킬 가능성이 있다. 이러한 불균일성으로 인해 덴드라이트가 성장하여 전지 용량을 감소시키거나, 경우에 따라서는 전지를 단락시킬 수 있다고 한다.

연구팀은 음극에 미크론 크기의 실리콘(Si) 입자를 분산시켰다. 이를 통해 실리콘의 리튬화 반응을 억제하면서, 음극에 두껍고 균일한 리튬 금속 도금층 생성을 촉진시켜 리튬 덴드라이트 형성을 방지했다.

한편, 독자적인 분리막 'X-SEPA(3DOM 세퍼레이터)'와의 조합으로 리튬 메탈 이차전지의 수명을 연장하기 위해 연구개발을 진행하고 있는 곳이 도쿄도립대학의 스타트업 3DOM얼라이언스다. X-SEPA는 직경이 100~200nm 정도로 매우 작은 공극이 육각 밀집 구조처럼 규칙적으로 배열되어 있으며, 공극률이 최대 74%로 높은 분리막이다. 기판에는 내열성이 약 400도 정도로 높은 폴리이미드(PI)를 사용한다. 주목할 만한 장점 중 하나는 리튬 덴드라이트의 발생 및 성장을 억제할 수 있다는 것이다.

X-SEPA에서는 공극이 보다 균일하게 분포되어 있다. 충방전 반응이 전극면 내에서 균일하게 진행되기 때문에 부위에 따른 반응의 강약에 큰 편차가 생기지 않으며, 이에 따라 부하 특성과 출

력 특성을 개선할 수 있고, 덴드라이트가 발생하기 어려워진다. 또한, X–SEPA의 내부 공극은 육각 밀집 구조, 즉 지그재그로 배열되어 있다. 이러한 지그재그 구조가 발생한 덴드라이트의 성장 억제 역할을 한다.

X–SEPA와 결합함으로써 내열성 전해액을 사용할 수 있게 될 뿐만 아니라, 덴드라이트의 발생과 성장을 억제할 수 있다. 또한, 충방전 사이클 1회당 사용할 수 없게 되는 리튬 금속의 양을 일반적인 폴리올레핀계 범용 분리막의 경우 약 5%에서 약 0.5%로 줄일 수 있다. 시험 결과, 500회 충방전 사이클의 용량 유지율은 80% 이상이었다고 한다.

리튬 이온 전도성을 가진 공극 없는 신개발 폴리머 막으로 음극 표면을 보호하면, 리튬 금속을 음극으로 사용하는 배터리의 수명 개선을 기대할 수 있다고 2024년 3월, 일본의 첨단소재 기업 도

[자료 5-16] 음극에 리튬 금속을 사용하는 전고체 배터리의 파일럿 생산 공장
닛산자동차가 2025년 3월 가동을 목표로 건설을 진행 중이다. 이 배터리의 실용화 목표는 2028년도이다. (출처: 닛산자동차)

최근 연구 성과의 예		
미국 하버드대학교	리튬 금속 음극에 실리콘 입자 분산	충방전 사이클 6,000회, 용량 유지율은 80%
3DOM 얼라이언스	독자 세퍼레이터 [X-SEPA(3DOM 세퍼레이터)]로 덴드라이트 억제	충방전 사이클 500회의 용량 유지율은 80% 이상
도레이	리튬 이온 전도성을 가진 구멍이 없는 폴리머로 Li 금속 음극에 보호막	충방전 사이클 100회의 용량 유지율은 90% 이상
물질·재료 연구 기구	강도 높은 고분자 겔 전해질로 리튬 금속 음극에 보호 피막	충방전 사이클 100회에도 용량의 급격한 저하 없음

[자료 5-17] 리튬 메탈 이차전지의 수명 개선에 기여할 수 있는 연구 성과의 예
(출처: 닛케이 오토모티브)

레이(Toray Industries)가 발표했다.

일반적인 양극, 전해질, 분리막으로 구성된 액상형 리튬 메탈 이차전지를 이용해 도레이가 실시한 평가에서는, 해당 폴리머 막을 적용하지 않았을 경우 약 40회의 충방전 사이클에서 단락이 발생한반면, 적용했을 경우 100회의 충방전 사이클에서 90% 이상의 용량 유지율을 확인할 수 있었다.

이 폴리머 막에는 공극이 없다. 그럼에도 불구하고 리튬 이온이 전도되는 것은, 폴리머 내부에 배열된 리튬 이온이 마치 구슬치기처럼 튕기듯이 차례차례로 밀려나가는 '호핑 전도'라는 현상과 관련이 있기 때문이다. 도레이에 따르면, 이 폴리머 막은 방향족 폴리아미드(아라미드)의 분자 설계 기술을 활용하여 실현된 것이다. 폴리머 분자에 리튬 이온에 대한 친화성을 가진 기(친화성기)를 도입함으로써, 폴리머 내부에 리튬 이온을 저장할 수 있는 자리를 다수 만들어냈다.

강도가 높은 고분자 겔 전해질을 사용하여, 리튬 금속 음극에 대해 인위적인 보호 피막을 형성하면 리튬 메탈 이차전지의 사이클 특성을 대폭 향상시킬 수 있다. 이러한 연구 결과를 2023년 4월에 발표한 곳이 일본 물질재료연구기구(NIMS)이다.

NIMS가 리튬 대칭 셀(리튬 양극과 음극을 대칭적으로 배치한 셀로, 리튬의 용해 및 침전에 따른 안정성과 용해 및 침전 형태에 대해 자세히 조사할 수 있는 장치)을 사용하여 실시한 리튬의 용해 및 침전 사이클 시험에서는, 해당 보호 피막을 도입함으로써 1,000시간 이상의 장기 사이클에 견딜 수 있었다. 이 보호 피막을 도입하지 않은 경우는 약 200시간 정도에서 단락(쇼트) 현상이 발생했다.

NIMS가 보호 피막에 사용한 것은 고농도의 리튬 염을 포함하는 유기용매와 수소 결합성이 높은 고분자로 구성된 겔 전해질이다. 겔 전해질을 구성하는 고분자의 구조뿐만 아니라, 고분자를 팽윤시키는 전해액의 조성을 최적화함으로써, 고분자 겔 전해질 중에서도 파격적으로 높은 강도와 신축성을 가진 고분자 겔 전해질을 얻을 수 있었다고 NIMS는 설명하고 있다.

– 토미오카 츠네노리(닛케이 크로스 테크, 닛케이 오토모티브)

054

핵융합

중수소 등을 융합하여 고에너지를 생성

:
:
:
:
:
:

기술 성숙 레벨 | **중**　　2030 기대지수 | **37.3**

핵융합은 중수소와 삼중수소 등 가벼운 원자핵을 융합해 더 무거운 원자핵으로 바꾸는 과정에서 발생하는 막대한 에너지를 이용한다. 그 방식에는 여러 가지가 검토되고 있으며, 그중에서도 '선진 연료 핵융합'이라 불리는 방사선 위험이 없는 안전한 핵융합에 기대가 모이고 있다.

핵융합을 통한 안전한 에너지 공급을 위해 새로운 기업이 뛰어들었다. 2023년 9월 창업한 리니아 이노베이션(LINEA Innovations)은 독자적 방식의 핵융합 기술을 개발한다. 방사선 위험이 없는 이 회사의 기술은 차세대 에너지원으로 기대를 모으고 있다.

리니아 이노베이션은 니혼대학교와 츠쿠바대학교에서 탄생한 핵융합 에너지 스타트업이다. 두 대학교가 쌓아온 핵융합 기술을 가져와 각각의 장점을 살린 핵융합로를 개발한다. 발전에 활용할 수 있는 상업용 핵융합로의 실현을 위해 2030년대 전반에도 핵융합을 통한 발전 실증을 목표로 하고 있다.

리니아 이노베이션의 기술은 니혼대학교의 자기장 반전 배위 (FRC)형 가둠 방식과 츠쿠바대학교의 자기 거울(탠덤 미러)형 가둠 방식의 원리를 결합한 것이다. 두 방식 모두 자기장으로 플라스마를 가두어, 그 안에서 핵융합을 일으킨다. 두 방식을 결합하면 플라스마 밀폐 효율을 높일 수 있어, 점화가 어려운 특수한 핵융합을 일으킬 수 있을 것으로 기대된다.

FRC형 밀폐 방식은 원통형 용기 내에서 자기장에 의해 타원형의 플라스마를 형성하고, 양 끝에 있는 두 개의 플라스마 덩어리(플라스모이드)를 용기 중앙부에서 고속 충돌시켜 고온·고밀도의 플라스마를 생성한다. 그 후 중심부에 빔을 주입해 플라스마를 과

[자료 5-18] 리니아 이노베이션은 니혼대학교(왼쪽)와 츠쿠바대학교(오른쪽)의 핵융합 연구 성과를 결합하여, 새로운 방식의 핵융합 실현을 목표로 하고 있다.
(출처: 니혼대학교, 츠쿠바대학교)

핵융합 방식 비교				
방식	FRC	탠덤 미러	토카막/헬리컬	레이저
특징	높은 밀폐 효율을 가진 플라스마를 형성할 수 있다. 압축 가열이나 빔 구동으로 핵융합을 일으킨다.	동축 상에 배치 된 코일에 의해 미러 자기장을 형성하여, 플라스마를 가둔다. 열이나 전위로 축방향의 손실을 억제한다.	초전도 코일로 도넛 모양의 강한 자기장을 형성해 플라스마를 가두어, 빔 가열로 핵융합을 일으킨다.	레이저로 고체연료를 폭발시켜, 관성 포획에 의한 단발의 핵융합을 일으킨다.
장점	저자기장에서 고압력의 플라스마를 가두는게 가능하다. 화로의 소형화에 맞춰, 유지관리성이 높다. 선진 연료를 사용하면 중성자를 방출하지 않는다.	개방형 자기장으로 직접 에너지 변환이 가능하다. 구조가 비교적 단순하여 플라스마에 대한 접근성이 좋고, 유지관리가 용이하다.	연구 실적이 많아, 기술적인 축적이 있다. 플라스마 밀폐 성능이 높고, 연속 핵융합(자기점화)이나 정상운전 성능이 우수하다.	투입하는 연료의 양에 따라 출력을 조절할 수 있어, 소형화가 가능하다. 레이저 기술을 다른 산업용도로 전환할 수 있다.
단점	현재로서는 가두는 성능이 좋지 않다. 플라스마의 제어가 어렵다.	플라스마의 가두는 성능의 향상 (고밀도화)이 과제다.	블랭킷 재료의 개발이 과제다. 유지관리성과 밀폐 효율이 낮다.	레이저의 정밀 제어와 연속 조사가 과제다. 레이저의 변환 효율이 낮다.
조직	니혼대학교, TAE 테크놀로지스	츠쿠바대학교, 미국 위스콘신대학교	ITER, 양자과학기술연구개발기구(QST) 등 다수	EX-Fusion, 미국 NIF

[자료 5-19] 핵융합에는 다양한 방식이 있어, 용도나 환경에 따라 사용이 구분된다.
(출처: 니혼대학교 자료를 바탕으로 닛케이 크로스 테크가 작성)

열시켜 핵융합을 일으키기 쉽게 만든다. 그러나 플라스마의 안정적인 제어가 어렵다는 과제가 있다.

탠덤 미러형 가둠 방식은 직선형 자기장 구조를 이용하는 것으로, 플라스마를 자기장과 정전기장으로 중앙에 가두는 방식이다. 플라스마를 구성하는 이온과 전자가 양 끝의 자기장에서 튕겨 나오는 모습이 마치 거울로 빛을 반사하는 것과 비슷해 '미러형'이라고 부른다. 양쪽 끝에서 발생하는 플라스마 손실을 줄일수 있는 장점이 있지만, 플라스마의 고밀도화 등의 과제가 남아있다.

[자료 5-20] 니혼대학교의 아사이 씨(왼쪽)와 츠쿠바대학교의 사카모토 씨(오른쪽)는 두 대학교의 강점을 살린 핵융합 기술을 개발한다.
(출처: 니혼대학교, 츠쿠바대학교)

두 방식을 조합하면 고밀도 타겟 형성(FRC형의 장점)과 고에너지 이온의 가둠(미러형의 장점)을 동시에 실현할 수 있다. 이미 각각의 방식이 핵융합 실증 등의 실적이 있기 때문에, 두 방식을 결합한 리니아 이노베이션의 새로운 방식은 "기술적 우위와 실현 가능성을 갖추고 있다"고 츠쿠바대학교 수리물질계 교수이자 플라스마 연구센터장이며, 이 기업의 대표이사인 사카모토 미즈키는 말한다.

핵융합에는 여러 가지 방식이 있으며, 각각 장단점이 있다. 예를 들어, 자기장 가두기 방식 중 하나인 토카막형이나 이와 유사한 헬리컬형은 도넛 모양의 플라스마를 장시간 유지하여 연속적으로 핵융합을 일으킬 수 있기 때문에 정상 운전이 가능하다. 반면 설비가 대형화, 복잡해지고 유지관리가 어렵다는 문제점이 있다. 반면, 레이저로 연료를 압축해 핵융합을 일으키는 레이저 핵융합 방식은 작은 핵융합 반응을 연속적으로 일으켜 수요에 맞는 발전이 가능하다. 그러나 레이저 개발의 기술적 장벽이 높아 플레이어가 제한적이다.

많은 조직이 실증을 목표로 하는 핵융합은 중수소(D)와 삼중수소(T)를 사용하는 DT 핵융합이다. 점화가 용이하다는 장점이 있지만, 연료로 방사선 위험이 있는 삼중수소를 사용하는데다 반응 중에 방사선의 일종인 중성자선을 방출하기 때문에 안전 대책이 필요하다.

한편, 리니아 이노베이션이 목표로 하는 것은 '선진 연료 핵융합'이라고 불리는 방사선 위험 없는 안전한 핵융합이다. 헬륨 3(3He)이나 붕소11(11B)과 같은 선진 연료를 사용하면, 중성자가 거의 없는 핵융합을 실현할 수 있다. 특히 수소 원자(양성자, p)와 붕소11을 반응시키는 4세대 연료(p11B)는 천연자원으로 쉽게 조달할 수 있다.

이처럼 안전성이 높은 선진 핵융합이지만, DT 핵융합과 비교해 점화가 매우 어렵다. 수억~10억도 이상의 고온 환경, 높은 자기장 가둠 효율(고베타) 등 다양한 조건을 충족해야 한다. 리니아 이노베이션은 플라스마에 고에너지 빔을 조사하여, 기존보다 더 낮은 온도에서도 점화가 가능하도록 하는 등의 개선을 도입하고 있다.

미국의 핵융합 스타트업 TAE 테크놀로지(TAE Technologies)도 FRC형 핵융합에서 빔을 사용하는 유사한 연구를 진행하고 있다. 선진 연료 핵융합은 하전 입자를 생성하기 때문에 증기 터빈을 사용하지 않고도 발생한 에너지를 직접 전력으로 변환할 수 있다.

이를 통해 대형 발전 설비가 필요 없어지는 것은 물론, 발전 효율을 높일 수 있다. TAE는 실증 시설을 조기에 구축해 2030년대 초반에도 직접 에너지 변환을 통한 발전을 실증할 계획이다.

– 사토 마사야(닛케이 크로스 테크)

055

합성연료(e-fuel)

재생 가능 에너지 유래 수소와
이산화탄소로 만든 연료

:
:
:
:

기술 성숙 레벨 | **고**   2030 기대지수 | **27.5**

합성연료(e-fuel)는 태양광이나 풍력 등 재생가능에너지를 이
용해 공기 중의 이산화탄소(CO_2)와 물(H_2O)을 반응시켜 합성
하는 탄화수소 연료다. 현재로서는 제조비용이 높아, 합성
연료로만 달리는 자동차가 대중화되기는 쉽지 않다. 그러나
PHEV(플러그인 하이브리드 자동차)의 경우 실용성이 높아 기대되
고 있다.

EU 이사회가 2035년 엔진 차량의 신차 판매 금지 방침을 철회하
고, 탄소 중립 연료만 사용하는 차량이면 판매를 용인하는 것을
결정했다. 탄소 중립 연료란 재생 가능 에너지를 이용해 제조되
는 합성연료(e-fuel)를 말한다.

 합성연료는 태양광이나 풍력 등 재생 가능 에너지를 이용해 공
기 중의 이산화탄소(CO_2)와 물(H_2O)을 반응시켜 합성하는 탄화수

소 연료다. 일반적인 제법은 재생 가능 에너지 유래 전력으로 먼저 물(H_2O)을 전기 분해하여 산소(O_2)와 수소(H_2)를 얻는다. 이 수소(H_2)를 600도 이상의 고온에서 이산화탄소(CO_2)와 반응시켜 일산화탄소(CO)를 얻는다(역 시프트 반응). 그리고 이 일산화탄소(CO)와 수소(H_2)를 250도 정도에서 반응시켜 탄화수소 연료를 얻는 과정이다.

합성연료의 제조 비용은 현재 1300~1400엔/L로 알려져 있다. 저비용화가 진행되더라도 200~700엔/L(신에너지·산업기술종합연구기구 추산)이다. 또한 합성연료는 제조에 에너지가 필요하기 때문에, 태양광이나 풍력으로 발전한 전력으로 직접 전기차(EV)를 운행하는 것에 비해 종합적인 에너지 효율은 크게 낮다.

EU에서 엔진 자동차의 존속이 인정됨에 따라, 향후 주목도가 높아질 것으로 예상되는 것은 PHEV(플러그인 하이브리드 자동차)이다. 예를 들어, 토요타자동차의 신형 프리우스 PHEV 모델은 13.6kWh의 배터리를 탑재한 17인치 타이어 장착 차량으로, 105km(WLTC 모드)의 EV 주행이 가능하다. 항속 거리가 100km일 경우, 일본 내에서는 일상 주행의 약 80%를 커버할 수 있다(국토교통성 유틸리티 팩터에 따른 추산). 연료를 보충하는 빈도가 낮기 때문에 연료비 부담은 그리 큰 문제가 되지 않는다.

합성연료라는 옵션을 활용하면 에너지 소비량이나 환경 부담을 최소화하면서, 사용자의 편의성을 해치지 않는 범위 내에서 선택지가 넓어진다. 덧붙여 일본은 국내 에너지 수요를 재생 가능 에너지만으로 충당하는 것은 불가능하기 때문에, 해외에서 생산된 재생 가능 에너지를 어떤 형태로든 수입할 필요가 있다. 재생 가능 에너지의 수입 형태로서도 합성연료가 유력한 후보로 떠오를 것이다.

— 츠루하라 요시로(오토 인사이트)

056

그린 콘크리트

이산화탄소를 흡수 또는 고정할 수 있음

⋮

기술 성숙 레벨 | 고   2030 기대지수 | 23.9

제조 시 이산화탄소를 흡수, 고정할 수 있는 콘크리트를 말한다. 저탄소·탈탄소 콘크리트라고도 한다. 개발 방법으로는 시멘트의 일부 또는 전부를 산업 부산물인 고로슬래그(Blast Furnace Slag, 철 이외의 성분에 석회석이나 코크스 회분이 섞인 것)나 플라이애시(Fly ash, 석탄을 연소할 때 발생하는 미세한 입자의 부산물)로 대체하는 방법, 골재나 분말에 이산화탄소(CO_2)를 고정하여 혼합하는 방법, 이산화탄소와 반응하는 물질을 배합하여 콘크리트 제조 시 이산화탄소를 흡수하여 탄산칼슘($CaCO_3$)으로 고정하는 방법 등이 있다. 2050년 탄소 중립 달성을 위해 기술 개발뿐만 아니라 시장 형성을 위한 노력도 진행되고 있다.

일본콘크리트공학회(JCI)는 2024년, 탈탄소 콘크리트의 JIS(일본산업규격)화를 추진하여 활용 확대의 토대를 마련한다. 한편, 환경성

탈탄소 콘크리트

CO₂-SUICOM: 가고시마 등
T-eConcrete/Carbon-Recycle : 타이세이 건설
클린클린N: 오바야시구미
바이오 숯 콘크리트: 기요미즈 건설

공장 배기가스나 대기에 포함된 이산화탄소 (CO_2)를 탄산칼슘($CaCO_3$) 등으로서 콘크리트 내에 고정한다.

카본풀 (CP) 콘크리트: 안도 하자마

현장에서 사용하지 않은 '잔여 콘크리트', '반환 콘크리트'나 철거로 생긴 콘크리트 덩어리 등에 이산화탄소를 고정시켜 재사용한다.

저탄소 콘크리트

ECM콘크리트: 다케나카 공무점 등
T-eConcrete: 타이세이건설
클린클린: 오바야시구미
서스틴크리트: 미쓰이 스미토모 건설
슬래그리트: 니시마츠건설, 토다건설

시멘트의 일부 또는 전부를 고로슬래그미 분말이나 플라이애시 등으로 대체한다.

[자료 5-21] 탈탄소 콘크리트나 저탄소 콘크리트의 예
(출처: 취재를 바탕으로 닛케이 크로스 테크가 작성)

은 콘크리트 내부 등에 고정시킨 이산화탄소(CO_2)를 국내 이산화탄소 총 배출량에서 공제하는 이산화탄소 회수·유효 이용(CCU) 제도 도입에 대한 논의를 본격화하고, 2024년도에 관련 정부령 개정할 예정이다.

이러한 노력으로 이산화탄소 배출권에 가격을 매겨 거래하는 '탄소 크레딧' 등 에코 시스템에 탈탄소 콘크리트를 쉽게 통합할 수 있게 된다. 이는 활용에 대한 인센티브로 이어져 보급을 촉진할 것으로 보인다.

대형 건설 회사들이 탈탄소 콘크리트의 이용 실적을 쌓기 시작했다. 가시마건설은 2023년 5월 'CO₂-SUICOM(스위콤)'을 매립

형 거푸집으로 고속도로 교각 공사에 처음 적용했다. 타이세이
건설은 같은 해 8월, '카본 리사이클 콘크리트(T−eConcrete/Carbon−
Recycle)'를 자사 시설 내 인도교 기초에 사용했다고 발표했다. 시
미즈건설과 오바야시구미도 자체 개발한 탈탄소 콘크리트를 실
제 공사에 사용했다.

또한 환경성은 2024년 4월, 유엔기후변화협약(UNFCCC) 사무국
에 보고하는 국내 온실가스 배출·흡수량(GHG 인벤토리)에 탈탄소
콘크리트로 인한 이산화탄소 배출량의 감소 효과를 처음으로 반
영했다. 이는 전 세계적으로도 전례가 없다. 탈탄소 콘크리트로
보고하는 데이터는 2022년도 데이터로, 보고되는 양은 몇 톤 정
도로 미미한 수준이다. 그러나 지금까지 시멘트 제조 시 배출량
이 많다는 이유로 '악당' 취급을 받아온 콘크리트의 이산화탄소

CO₂-SUICOM
매설형 틀

[자료 5-22] 가고시마가 한신고속도로 회사 현장에서, CO₂-SUICOM을 교각의 매설 형틀로 처음 도입
했다.
(출처: 가고시마)

GX의 선행투자	**GX의 시장 창조**
• 카본 리사이클 제조의 기술 개발이나 설비 투자 • 서멀 리사이클 기술에의 설비 투자 투자 촉진책 • CO₂를 이용한 콘크리트 제조 기술의 개발 (GI 기금) • 설비 투자 보조 • 에너지 절약 보조금 등 • GX-ETS(배출량거래제도)를 통한 감축 목표 달성에 대한 약속 • 폐콘크리트의 회수, 유통을 위한 환경 정비	STEP1: GX 가치의 가시화 • GX가치(탄소발자국 등)의 산정·표시 규칙의 형성 • 주요 수요처의 주요 부재·소재 제조에 따른 배출량 감축 목표 공개 촉진 STEP2: 인센티브 설계 • 공공 조달에서의 GX 가치 평가 촉진 • 건축자재 대형 수요처 등에 대한 수요 환기책의 도입 STEP3: 규제 및 제도 도입 • STEP2까지의 진전을 밟아, 대형 수요처를 대상으로 한 규제 도입의 검토

[자료 5-23] 시멘트 분야의 투자 전략
(출처: 내각부)

흡수·고정량이 국제적으로 인정받는다면 큰 진전이 될 것이다.

탈탄소 콘크리트는 이산화탄소(CO_2)를 탄산칼슘($CaCO_3$)으로 고정하는 유형이 일반적이다. 그러나 콘크리트에 천연 탄산칼슘을 섞으면 공기 중 이산화탄소를 흡수한 것처럼 보이게 하는 것도 가능했다. 이와 관련하여 JIS(일본산업표준)화를 위한 검토의 일환으로, 도쿄대학교 대학원의 마루야마 잇페이 교수와 나고야대학교 미나미 마사요 교수 연구팀은 2023년 11월, 대기 중에서 콘크리트 내부에 탄산칼슘으로 고정된 이산화탄소를 구별하는 방법을 개발했다. JIS 규정데 따른 부정 방지를 통해, 탈탄소 콘크리트의 신뢰성 향상에 기여할 것이다.

그 외에도 시멘트 제조 시 배출되는 이산화탄소를 회수하는 기술과 현장에서 타설되지 않은 잔여 콘크리트를 재활용하는 기술이 개발되고 있다. 신에너지·산업기술종합개발기구(NEDO)가 그린 이노베이션(GI) 기금 사업으로 2021년도부터 이를 지원하고 있다.

　정부는 이러한 기술에 대해 민간 투자를 유도하고, 중장기적으로 시장을 창출할 계획이다. 2023년 말, 시멘트 분야 등 탈탄소 기술에 대한 투자의 마중물이 될 '선행 5개년 액션 플랜'을 마련했다. 탈탄소 효과를 측정하는 규칙을 마련하고, 도입을 위한 인센티브 부여 방법 등에 대한 본격적인 검토를 시작할 예정이다.

　향후 10년간 1조 엔(약 9조 1천억 원) 규모의 민관 투자를 유치하여 시멘트·콘크리트의 탈탄소 시장을 형성할 계획이다.

－ 나츠메 타카유키(닛케이 크로스 테크, 닛케이 건설)

057

우주 태양광 발전

우주에서 생산한 전력을 지상에서 이용

:
:
:
:
:

기술 성숙 레벨 | **저**   2030 기대지수 | **33.4**

'꿈의 발전'으로 불리는 우주 태양광 발전(Space Solar Power Systems, SSPS). 최근 몇 년 동안 유럽과 미국 등에서 1억 달러(약 1,400억 원) 규모의 예산을 투입한 대규모 연구개발 프로젝트가 여러 개 시작되고 있다. 실현 목표 시기를 2050년경으로 잡고 있는 프로젝트가 많다.

우주 태양광 발전(Space Solar Power Systems, SSPS)은 우주공간에 거대한 태양전지를 배치해 발전한 전력을 마이크로파 또는 레이저 빛으로 변환해 지상으로 보내고, 지상에서 전력으로 재변환해 에너지로 이용한다. 고도 3만 6,000km의 정지궤도에 거대한 태양전지를 탑재한 위성을 배치하면, 위성에서 볼 때 태양이 지구의 그림자에 거의 가려지지 않기 때문에 밤낮을 가리지 않고 발전할 수 있다. 또한 대기에 의한 감쇠가 없기 때문에 단위 면적당 지상의

232 • 세계를 바꿀 테크놀로지 2025

[자료 5-24] SSPS의 이미지. 우주공간에서 발전한 전력을 해상 등에 설치한 지상국에서 수신하여 이용한다.
(출처: JAXA)

약 10배에 달하는 태양광 에너지를 이용할 수 있다는 점이 가장 큰 특징이다.

레이저 송전의 경우, 이용하는 근적외선 영역의 광선이 대기에 의한 흡수나 구름에 의한 산란으로 인해 큰 영향을 받기 때문에 세계에서는 마이크로파에 의한 송전 연구가 주류를 이루고 있다. 예를 들어, 지상에서 원자력 발전 1기 분량인 1GW(100만kW)의 전력을 얻기 위해서는 가로세로 2~3km 크기의 대형 태양전지를 탑재한 위성을 정지궤도에 쏘아 올려 2GW를 발전한다. 위성의 무게는 약 3만 톤에 달한다.

그렇게 얻은 직류(DC) 전력을 반도체(GaN)에서 마이크로파로 변환해, 송전 안테나를 통해 지상으로 보낸다. 마이크로파 주파수는 대기의 영향을 받지 않는 '전파의 창(1G~10GHz)'인 5.8GHz 등을 사용한다. 지상(해상 포함)에는 직경 2km의 거대한 수신 안테나(안테나와 정류 회로를 일체화한 렉테나)를 배치해, 마이크로파를 직류 전력으로 변환한다. 이를 다시 교류(AC) 전력으로 변환하여 상용 전력망에 전송한다.

SSPS는 미국의 피터 글레이저 박사가 1968년 처음 제창한 것을 시작으로 연구 역사가 긴 기술이다. 너무 거대한 구상이라 아직까지도 회의적인 목소리가 많다. 그렇다면 왜 최근 몇 년 사이 유럽과 미국, 중국 등에서 연구 프로젝트가 속속 등장하고 있는 것일까? 배경에는 크게 세 가지 요인이 있다. ①우주로의 운송 비용 대폭 절감, ②전 세계 여러 국가와 지역이 환경 목표로 내세우는 '2050년 탄소 중립(온실가스 배출량 실질 제로)', ③달과 우주공간으로의 에너지 공급 등 기술 파생 전개(스핀오프)에 대한 수요의 증가다.

①은 매우 큰 원동력이다. 운송 비용의 저가화를 선도해 온 미국 스페이스X는 현재 개발 중인 초대형 로켓 '스타십(Starship)'의 발사 비용을 1회당 약 100만 달러(약 14억 원)를 목표로 하고 있다. 실현되면 비용이 현재 로켓의 약 1/100 수준으로 낮아진다. 이는 수만 톤의 거대한 구조물을 우주로 쏘아 올려야 하는 SSPS에 있어 '신의 한 수'가 될 것이다.

②의 탄소 중립 실현 공약 또한 주요 원동력 중 하나다. 환경 대책에서 세계를 선도하는 EU는 현재의 방식으로는 목표 달성이 어렵다고 밝혔으며, 이를 실현하기 위한 새로운 기술의 선택지

중 하나로 SSPS를 주목하고 있다.

③의 달 표면이나 우주공간에서의 에너지 이용은 SSPS 기술의 파생 전개로써 전 세계적으로 유망한 분야로 주목받고 있다. 일본 우주시스템개발이용추진기구(Japan Space Systems, J-space systems) 위성관측사업본부 기술개발부의 야나가와 유키는 "달 개발이 큰 트리거가 되고 있다. SSPS의 경우, 발전소가 40년 정도 가동되어야 채산성이 맞는다. 하지만 현재 태양전지는 지상에서도 그렇게 오래 버틸 수 없다. 달 표면 등 우주공간에서 SSPS에 대한 수요가 높아지면, 높은 내구성과 긴 수명의 디바이스가 개발되어, 향후 발전소에서 사용할 수 있게 될지도 모른다"고 말했다.

—우치다 야스시(닛케이 크로스 테크, 닛케이 일렉트로닉스)

Technology 2025

6장

전자·기계·소재

고효율화로 이어지는
반도체 기술과 소재 등장

058

철강 탈탄소

전기로에서 철스크랩(고철)을 고급 철강으로 만들어
이산화탄소 배출량을 대폭 삭감

⋮

기술 성숙 레벨 | **고**　　2030 기대지수 | **18.4**

대형 철강업체가 주로 사용하는 것이 철광석에서 철강재를
뽑아내는 '고로'다. 탄소 중립(온실가스 배출량 실질 제로)이 요구되
는 흐름 속에서, 온실가스 배출량이 많은 고로를 보유한 업
체는 골머리를 앓고 있는 것이 현실이다. 반면, '전기로'는 철
스크랩(고철)을 재활용해 철강재를 생산한다. 대형 철강업체
를 등에 업고 탈탄소화에서 우위를 점하려 하고 있다.

대형 철강업체(이하, '고로 대기업')는 탄소 중립의 흐름에 따라 고로의
탈탄소화나 전기로의 전환을 강요받고 있다. 반면 이를 기회로
보고 사업에 박차를 가하고 있는 곳이 전기로 대기업인 도쿄제철
이다.

　전기로를 이용해 고철을 녹여 새로운 철강재를 만드는 기술은
바로 도쿄제철의 장기이다. 고로에서 철광석을 환원하는 과정을

[자료 6-1] 전기로 대기업인 도쿄제철이 고로 대기업에 공세를 펼친다.
(출처: 도쿄제철)

거치지 않기 때문에, 이산화탄소 배출량을 크게 줄일 수 있다. 지금까지는 주로 건설용으로 제공해 온 전기로 소재였지만, 향후 자동차용 고급강에도 진출해 2025년까지 양산과 공급을 목표로 하고 있다.

이를 위한 발판으로 2022년 6월 '그린 EV 강판 사업 준비실'을 발족했다. 개발한 전기로 소재가 토요타자동차의 경주용 차량 일부 부품에 채용됐다. 이어 2023년 11월에는 전기차(EV) 벤처기업 FOMM과 손잡고 차체에 사용되는 강재의 약 70%에 전기로 소재를 채용한 EV 콘셉트카 '업사이클카'를 완성시켰다. 건설 폐자재 등으로 이뤄진 저급 철스크랩을 유효하게 활용하며, 고로 대기업과는 다른 접근법으로 공세를 펼친다.

도쿄제철 등 전기로 제조업체가 철강재의 원료로 사용하고 있는 철스크랩은 현재 건물들이 향후 철거되어 철스크랩으로 전환되는 것을 감안하면, 일본 내에는 약 14억 톤이 잠자고 있는 것으로 추정된다. 연간 4,000만 톤 정도가 배출되지만, 일본에서는 이를 활용하지 못하고 700만 톤 정도를 수출하고 있는 실정이다. 이를 유효하게 활용해 새로운 철로 자원순환을 시키겠다는 것이 도쿄제철의 진정한 목표다.

우려되는 점은 전기로를 가동하기 위한 전기료 폭등이다. 도쿄 제철은 타와라 공장에서 300톤급 대형 전기로를 보유하고 있다. 이를 가동하기 위한 생명선은 전기이기 때문에, 전기료가 오르면 당연히 제조 원가에도 영향을 미칠 수밖에 없다. 향후 이산화탄소 배출량을 더욱 억제하기 위해 재생 가능 에너지의 활용 등도 검토하고 있다. 운영 비용의 절감도 앞으로의 과제가 될 것으로 보인다.

−나가바 케이코(닛케이 크로스 테크, 닛케이 모노즈쿠리)

059

기가캐스트

복잡한 대형 부품을
알루미늄 다이캐스트 기계로 일체 성형

:
:
:
:

기술 성숙 레벨 | 중   2030 기대지수 | 7.1

'기가캐스트(기가캐스팅)'는 금형 조임력이 큰 다이캐스트 기계를 이용해 금속 부품을 성형하는 기술이다. 명확한 정의는 없지만, 금형 조임력이 6,000tf(약 58.8MN)를 초과하는 대형 다이캐스트 기계를 사용해 성형하는 경우를 가리킨다(1tf(톤포스)는 1톤의 중력으로 작용하는 힘의 단위). 성형에 사용되는 재료는 주로 알루미늄 합금이다. 즉, 알루미늄 다이캐스트로 대형 부품을 제작하기 위해 개발된 가공 기술이다.

기가캐스트(기가캐스팅) 개발에 힘을 실어준 것은 테슬라의 CEO 일론 머스크다. 그는 전기차 '모델 3'의 차체 일부를 구성하는 언더바디의 복잡한 제작 방식이 문제라고 생각했다. 100개가 넘는 판금 부품을 용접하는 복잡한 방식으로 제조되고 있었기 때문이다. 그래서 현행보다 훨씬 큰 다이캐스트 기계로 성형하는 방법을 생각해 냈다.

이 숙제를 해결해 준 것은 이탈리아 IDRA(이드라)였다. 이드라는 6,000tf의 고압 다이캐스트 기계를 개발해 테슬라에 제공했다. 테슬라는 2020년부터 '모델 Y'의 리어 언더바디를 제조하기 시작했다.

기가캐스트는 알루미늄 합금 잉곳(재료)을 가열해 용탕으로 만든 후, 금형에 고속·고압으로 주입하는 방식이다. 이 용탕이 냉각되어 고체화된 후 금형을 열어 꺼내면 대형 일체 성형품을 얻을 수 있는 구조다. 성형품으로는 전기차의 언더바디 등 차체 부품 외에 이차전지 케이스나 전동 액슬 케이스 등이 예상되고 있다.

장점은 복잡한 형상의 대형 부품을 한 번에 성형할 수 있다는 점이다. 즉, 공정 수를 대폭 줄일 수 있다. 실용화에 앞선 테슬라는 모델 Y의 리어 언더바디에 이어 프론트 언더바디 성형까지 기가캐스트로 전환하여, 기존 모델 3에서 171개에 달하던 부품 수를 단 2개로 줄였다. 마찬가지로, 토요타자동차도 리어 언더바디

[자료 6-2] 대형 다이캐스트 머신 '기가프레스'
왼쪽 위가 이탈리아 IDRA, 왼쪽 아래가 UBE Machinery, 오른쪽 위가 스위스 Buhler, 오른쪽 아래가 LK Technology Holdings(LK)의 제품이다. (출처: IDRA, UBE Machinery, Buhler, LK)

부품을 86개에서 1개로, 프론트 언더바디를 91개에서 1개로 줄이는 것을 목표로 하고 있다. 또한, 일체 성형으로 마감함으로써 강도와 강성도 높아진다는 장점도 있다. 이 특징을 활용하면 차체의 주행 성능을 끌어올리는 것도 가능하다.

테슬라는 기가프레스를 1대 도입하면 용접용 로봇을 300대 줄일 수 있고, 그만큼 공장도 소형화할 수 있다고 설명한다. 제조 비용 절감에 관해서는 여러 가지 정보를 종합하면 '20~40% 절감' 정도라고 한다.

다만, 기가캐스트가 그 장점을 발휘할 수 있는지는 조건에 따라 달라질 수 있다. 조건은 우선 ①제품의 종류(차종)가 적어야 한다. 그리고 ②기존 제조 설비(자산)를 가지고 있지 않아야 한다.

①의 제품 종류가 적다는 조건은 금형 수를 줄이기 위해 필요하다. 금형 비용은 금형 조임력이 6,500tf에 달하는 다이캐스트 기계용으로 수억 엔(수십억 원)에 달하며, 질량은 약 120톤이나 된다. 이렇게 비싸고 무거운 금형을 다품종으로 준비하여 교체하면서 제품을 성형하는 것은 제조 비용 측면에서도, 공장 공간 측면에서도, 그리고 현장 운영 측면에서도 현실적이지 않다. 따라서 제품의 종류를 줄여야 할 필요가 있다.

②의 기존 자산을 보유하고 있지 않다는 조건은, 현재 판금 부품을 조합하여 만드는 프레스기나 용접용 로봇과 같은 제조 설비를 소유하고 있지 않다는 것을 의미한다. 만약 이미 소유하고 있다면, 비용 절감 측면에서 기가캐스트의 우위성을 얻을 수 없다. 기가캐스트를 도입하면 확실히 공정 수를 크게 줄일 수 있다. 하

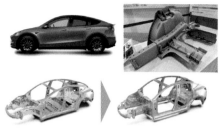

171점 　　　　　　　　　　 2점

[자료 6-3] 기가캐스트 도입에 따른 부품 수 감소
테슬라는 모델 Y(왼쪽 위)에서 프론트 언더바디 및 리어 언더바디(오른쪽 위)의 성형에 기가캐스트를 채택했다. 이를 통해, 모델 3(왼쪽 아래)에서는 171개였던 부품 수를, 모델 Y에서는 2개로 줄였다(오른쪽 아래). (출처: 테슬라의 자료를 바탕으로 닛케이 크로스 테크가 작성. 왼쪽 상단의 모델 Y의 일러스트는 아키야마 사토미, 오른쪽 상단의 리어 언더바디 사진은 닛케이 크로스 테크)

지만 소재 비용은 강판에서 알루미늄 합금으로 바뀌기 때문에 더 높아진다. 거기에 실제 제품을 성형하기 위해서는 기가프레스 본체를 구입하는 것만으로는 부족하다. 용해로, 이형제를 분사하는 스프레이, 이송용 로봇, 금형 온도 조절기 등 주변 장비가 필요하다. 게다가 120톤에 달하는 금형을 기가프레스에 설치하거나 탈착하기 위해서는 매우 견고한 천장 크레인도 준비해야 한다. 이러한 장비들을 갖추는 데만 수십억 엔(수백억 원)을 훌쩍 넘는 초기 투자 비용이 소요된다.

또한, 이를 제대로 활용하기 위해서는 그에 상응하는 노하우의 축적도 필요하다. 예를 들어, 다이캐스트는 주조 결함인 '기공(기포)'이 생기기 쉽다는 문제가 있다. 이는 성형 시 공기가 들어가 생기는 것이다. 용탕의 알루미늄 합금이 수축하여 굳어질 때 구멍(공극)이 형성되는데, 이를 기공이라고 부른다. 당연히 성형품에 기공이 있으면, 강도나 강성 등 성능이 부족해 불량품이 된다.

기공은 대형 성형품일수록 증가하는 경향이 있다. 또한, 부피와 수축률을 곱하여 결정되는 변형의 영향도 대형 성형품일수록 커지게 된다. 즉, 대형 성형품일수록 불량품이 발생하기 쉽다는 것이다. 대형 성형품은 제조 원가(단가)가 비싸기 때문에, 불량품을 만들었을 때 받는 손해 역시 크다.

　작업 인력 확보나 교육도 간단하지 않다. 금형 조임력이 6,500tf인 다이캐스트 기계의 경우, 작업 데크의 길이가 20m, 폭과 높이도 7m가 넘는다. 이렇게 거대한 생산설비를 매일 효율적으로 운영하고 유지 보수하는 것은 결코 쉬운 일이 아니다. 안전성을 확보하는 것도 큰일이다.

　이러한 과제를 고려하면, 기존 자산을 보유한 일본 자동차 제조사의 경우, 기가캐스트를 도입하는 것보다 현재의 제조 방식으로 차체를 제작하는 것이 더 저비용으로 제조할 수 있다는 것을 의미한다.

— 치카오카 유타카(닛케이 크로스 테크)

060

PDCE 피뢰침

음전하를 발생시켜 번개를 멀리 떨어뜨린다

. . . .

기술 성숙 레벨 | 고   2030 기대지수 | 2.7

기상청 보고에 따르면, 2005~2017년 낙뢰 피해 건수는 1,540건에 달한다. 이 낙뢰를 막는 수단이 피뢰침이다. 기존의 피뢰침은 바늘 모양의 끝부분에 번개를 유도해 지면에 방출하는 구조를 채용하고 있다. 이에 반해, 최근 증가하고 있는 것이 버섯 모양의 PDCE 피뢰침이다. 음전하를 발생시켜 번개를 멀리 떨어뜨리는 원리다.

낙뢰를 방지하는 수단으로 가장 유명한 것은 피뢰침이다. 미국 건국의 아버지 중 한 명으로 불리는 벤저민 프랭클린이 1750년대 중반에 발명한 것으로, 바늘 모양의 끝부분에 번개를 유도해 지면에 방출하는 구조를 채용한다. 일본에서는 20m 이상의 건축물에 설치가 의무화되어 있어, 건물 꼭대기에서 피뢰침을 본 적이 있는 사람도 많을 것이다.

기존 피뢰침을 대신해 최근 증가하고 있는 것이 버섯형 PDCE 피뢰침이다. PDCE는 스페인어 'Pararrayos Desionnizador Carge Electrostatica'의 약자로, 소이온 용량형 피뢰침을 말한다. 기존 피뢰침이 번개를 불러들이는 반면, PDCE 피뢰침은 음전하를 발생시켜 번개를 밀어내는 원리다. 번개를 피한다는 의미에서는 피뢰침의 정의에 더 가깝다. 이는 유럽의 안도라 공국에서 발명된 것으로, 2010년부터 낙뢰 서지 시스템즈(이하 LSS)가 일본 낙뢰 특성에 맞춰 개선한 사양으로 개량한 PDCE 피뢰침의 일본 내 생산 및 판매에 착수했다. 일본 전역에서 수천 대 규모로 납품된 실적이 있다. 낙뢰 방지 확률이 99.9%에 달하는 제품이다.

이 새로운 피뢰침의 도입 효과는 크다. 예를 들어, 교토대학 방재연구소는 거듭된 낙뢰 피해에 시달렸다. 2010년대 초반에는 분전반 기판 교체를 포함하여 300만 엔이 넘는 복구 비용이 들었다. 게다가 2012년에는 컴퓨터 내 데이터가 손상되는 피해도 입었다. 하지만 2015년 PDCE 피뢰침 도입한 이후로는 단 한 번도 낙뢰 피해가 없었다고 한다.

도입된 시설에서도 비슷한 목소리가 잇따르고 있다. 최초 납품처인 이바라키현의 우시쿠 대불을 시작으로, 코이와이 농장, JRA(일본중앙경마회)의 릿토 트레이닝 센터, 오다큐 전철, 후지 사파리 파크 등에서 낙뢰 피해가 없어졌다는 의견이 이어지고 있다.

교토대학교 가쓰라 캠퍼스에 본사를 둔 일본감재연구소는 LSS의 PDCE 피뢰침 제품의 판매 총대리점 역할을 하고 있다. PDCE 피뢰침 외에도, 한층 더 강화를 시도한 OEM 제품을 독자적으로 제조 및 판매한다. 이 회사가 개량한 제품은 국가가 권장하는 국토강화 대상 제품으로, 하이엔드 제품인 'PDCE-MG'이다. 일반 PDCE 피뢰침의 낙뢰 보호 영역이 최대 반경 100m, 설계 수명이 10년인데 비해, PDCE-MG의 보호 반경은 200m에 달하고 설계 수명이 30년으로 성능을 비약적으로 향상되었다.

– 코구치 마사타카(스풀)

061

화성 위성 탐사

화성 위성에 착륙하여 샘플을 채취

.
.
.
.
.
.

기술 성숙 레벨 | **중**　　2030 기대지수 | **11.5**

달 탐사에 이어 새로운 프론티어가 될 화성권을 목표로 하는 장대한 우주 탐사 프로젝트 계획이 시작됐다. 일본우주항공연구개발기구(JAXA)는 2026년도에 화성의 위성 궤도를 향해 탐사선을 발사할 계획이다. 퇴적물이나 암석 등의 샘플을 채취해 지구로 가져와 분석함으로써, 화성의 기원과 생명체 탄생 가능성을 밝혀낼 수 있을 것으로 보인다.

세계 최초로 화성권을 왕복하고, 화성의 위성에서 샘플 채취를 목표로 하는 우주 탐사 미션이 2026년도에 시작된다. 이 프로젝트는 일본우주항공연구개발기구(JAXA)가 주도하는 'MMX(Martian Moons eXploration, 화성 위성 탐사)'이다. 소행성 '류구'에서 샘플 채취에 성공해 2020년 지구로 귀환했던 '하야부사 2'에 이어, 이번에도 세계 최초로 화성권에서의 샘플 귀환을 목표로 하고 있다.

[자료 6-4] 화성 위성 탐사 미션 'MMX'의 이미지
화성 위성 '포보스'에 착륙한 MMX 탐사선. 뒤쪽에 보이는 것은 화성. (출처: JAXA)

MMX는 5년에 걸친 장기 미션이다. 2026년도에 'H3' 로켓으로 탐사선을 발사한 후, 약 1년여에 걸쳐 화성 궤도에 도달한다. 화성에서 고도 약 6,000km 궤도를 도는 화성 위성 '포보스'에 착륙해 샘플을 채취한 후, 이륙하여 또 다른 화성 위성 '데이모스'를 관측한다. 이후 화성권을 떠나 약 1년여에 걸쳐 지구로 귀환한다.

포보스는 직경 20km 정도의 작은 천체지만, 유인 화성 탐사의 중요한 거점으로 여겨지고 있다. 표면에는 화성에서 온 것으로 추정되는 물질이 운석 충돌에 의해 쌓여 있으며, 채취하는 샘플의 0.1%는 화성에서 날아온 것으로 추정되고 있다. 이 분석을 통해 화성 위성의 기원을 밝히는 동시에, 태양계 내에서 물과 유기물이 어떻게 행성에 공급되고, 생명체가 탄생하고 거주할 수

[자료 6-5] MMX 탐사기가 포보스를 관측하는 모습
현재 이미지 대조 항법에 사용할 수 있는 고해상도의 포보스 표면 이미지는 존재하지 않는다. MMX에서는 약 1년에 걸쳐 포보스를 원격 관측해, 안전한 착륙에 필요한 정보를 확보할 예정이다. (출처: JAXA)

있는 환경이 어떻게 조성되었는지를 규명할 수 있을 것으로 보인다.

MMX의 미션 개요는 다음과 같다. ①2026년도에 H3 로켓으로 탐사선 발사, ②2027년 여름경 화성권에 도달, ③포보스를 1년 정도 자세히 관측, ④포보스 위에 로버를 배치하여 표면 특성이나 환경을 측정, ⑤탐사선이 포보스에 착륙하여 샘플을 채취하고 이륙(이를 2회 실시), ⑥데이모스를 관측, ⑦메인 스러스터(엔진)를 분사하여 화성권을 이탈, ⑧2031년 지구로 귀환하여 샘플을 담은 캡슐을 분리하여 호주에서 회수한다.

포보스로의 착륙에서는 달 착륙 실증기 '슬림(SLIM)'에서 활용했던 '화상 조합 항법'을 이용하여 ±10m라는 높은 정확도를 목표로 한다. 탐사선의 항법 카메라로 지상을 촬영하고, 미리 촬영한 화상과 정보를 조합해 정확한 자기 위치를 추정한다. 포보스의 고해상도 화상은 현재 존재하지 않기 때문에, 1년 정도에 걸쳐 상세히 관측할 계획이다.

또한, 탐사선이 착륙하기 전 고도 40~50m 부근에서 로버를 분리해 포보스 표면에 전개한다. 이 로버로 포보스의 표면 특성이나 환경을 측정해, 탐사선의 안전한 착륙 등에 유용한 정보를 수집한다. 포보스에 태양광이 비치는 낮 3시간 반내에 착륙하여, 탐사선의 로봇 팔을 이용해 샘플을 채취할 예정이다.

화성권까지는 달의 수백 배 이상의 거리가 있고, 지구의 3분의 1 정도의 중력을 가진 화성 궤도로 진입 및 이탈, 그리고 포보스 착륙과 이륙에는 많은 연료가 소모된다. 이 때문에 탐사선의 발사 중량은 약 4,200kg으로 대형이며, 이 중 연료가 3분의 2를 차지한다고 한다.

탐사선은 진입·귀환·탐사 모듈의 3단 구성으로 이루어져 있다. 연료를 효율적으로 사용하기 위해 필요한 기능을 다 쓰고 나면 분리하여 질량을 줄일 수 있도록 3단 구조로 되어 있다.

구체적으로는 화성권에 진입하면 진입 모듈을 분리하고, 총 11개의 과학 임무 기기를 탑재한 탐사 모듈과 귀환 모듈로 포보스에 착륙한다. 탐사선의 로봇 팔로 샘플을 채취한다. 포보스를 이륙하고 탐사 모듈의 로봇 팔에서 샘플을 귀환 모듈의 캡슐로 옮긴다. 화성 궤도를 벗어나기 전에 탐사 모듈을 분리하고, 귀환 모듈만으로 지구로 귀환한다. 탐사선은 JAXA의 위탁을 받아 미쓰비시전기가 개발을 진행하고 있다.

MMX에는 여러 가지 난관이 기다리고 있다. 우선, 화성권까지의 통신에는 편도 20분이나 걸린다. 이는 지상에서 보는 영상이 20분 전의 상태라는 것을 의미한다. 중요한 순간에 지상에서 대응을 할 수 없기 때문에, 탐사선에는 높은 자율성이 요구된다. 또한, 화성 궤도 진입과 이탈, 포보스로의 착륙도 어렵다. 포보스의 중력은 지구의 약 1,000분의 1로 매우 작아서, 착륙 시 속도가 너무 빠르면 지면에서 튕겨 나갈 수 있다. 따라서 매우 천천히 하강할 수 있도록 스러스터를 제어하고, 착륙 시 충격을 흡수할 수 있는 착륙 다리의 설계도 고안하고 있다.

현재 탐사선은 2026년도 발사를 목표로 각 구성요소가 완성되었으며, 미쓰비시전기에서 조립 작업을 시작한 단계이다.

– 우치다 야스시(닛케이 크로스 테크, 닛케이 일렉트로닉스)

062

복사냉각 소재

외벽이나 지붕에 붙이기만 하면 실내를 냉각

:
:
:
:
:

기술 성숙 레벨 | **고**   2030 기대지수 | **24.1**

복사냉방 소재 '스페이스쿨(SPACECOOL)'은 입사된 태양광을 우주공간으로 방출해 높은 차열 효과를 내는 특수 소재다. 방사냉각 현상을 사용해 외벽이나 지붕에 붙이는 것만으로 실내를 냉각시킬 수 있는 차열재이다. 에너지를 사용하지 않고도 실내 온도를 낮출 수 있고 냉방 등 공조 설비의 전력 소비를 줄일 수 있어 탈탄소화에도 도움이 되는 기술이다.

'스페이스쿨'은 높은 차열 효과를 내는 소재다. 오사카가스가 출자한 스타트업 스페이스쿨이 2022년 5월부터 판매를 시작했다. 에너지를 사용하지 않고 실내 온도를 낮출 수 있는 것이 장점이며, 냉방 등 공조 설비의 전력 소비를 줄일 수 있다. 스에미츠 신다이(CEO/CTO)는 가열된 물체에서 나오는 전자파의 파장을 변환하는 기술을 연구해 왔다. 이 기술을 응용하여 2017년부터 신소재 개

6장. 전자·기계·소재 • 255

발에 착수했다. 그가 발표한 일본기계학회 논문에 따르면, 대기 투과율이 높은 8–13㎛ 파장대의 복사율을 100%에 가깝게 유지하는 동시에, 태양광 스펙트럼이 분포하는 파장대(0.3–4㎛)의 복사율을 0%에 가깝게 하고, 반사율을 100%에 가깝게 하여 대기 투과율이 낮은 파장대(6–8㎛, 13㎛보다 긴 파장)에서 복사율(흡수율)을 감소시키는 소재가 되는 것이다.

  건축 자재로서 높은 냉각 효과는 이미 입증됐다. 혼다 요리이 공장에서 진행된 실증 실험에서는 복도에 스페이스쿨 필름을 부착했다. 천장 내부 온도를 측정한 결과, 필름을 붙인 곳은 붙이지 않은 곳에 비해 낮 최고 온도가 약 15도 정도 낮아졌다.

— 이토 타케시 (닛케이 크로스 테크, 닛케이 아키텍처)

063

건설 로봇

건설 현장에서 시공 작업이나 자재 운반을 담당

:
:
:
:
:
:

기술 성숙 레벨 | **고**　　2030 기대지수 | **37.1**

건설업의 인력난이 심각해지면서 장인을 대신해 시공을 담당하거나 자재를 운반하는 건설 로봇에 대한 기대가 높아지고 있다. 기술 개발이 지난 몇 년 사이 일사천리로 진행되어, 다양한 로봇이 현장 실증에 투입되었다. 업종을 넘나들며 건설 로봇의 개발 및 보급을 추진하는 컨소시엄의 성과도 나오기 시작했다. 일본에서는 건설 로봇 개발이 활발하게 진행되는 반면, 현장 적용과 보급에는 정체된 분위기도 있다. 이런 상황에서 해외로 활동 무대를 넓힌 로봇도 있다. 보급의 벽에 가로막혀 건설업의 변혁은 환상으로 끝날까? 건설 로봇 개발은 지금 중대한 기로에 서 있다.

'미래 사회의 실험장'을 콘셉트로 하는 2025년 일본국제박람회(오사카·간사이 만국박람회)의 건설 현장에서 건설 로봇의 실증 실험이 진

[자료 6-8] 드론으로 자재를 운반하는 모습
다케나카공무점과 액티오가 2023년 11월, 사키시마에서 유메시마까지 자재를 운반하는 실증 실험을 실시했다.
(출처: 다케나카공무점)

행되고 있다.

일본 건설사 다케나카공무점과 건설 장비 임대 업체 액티오는 건설 공사 기자재 운반에 드론을 활용하기 위해 오사카 베이 지역에서 검증을 거듭하고 있다. 2023년 11월의 실험에서는 길이 약 3.7m, 높이 약 1.2m의 헬리콥터형 드론이 약 20kg의 기자재를 싣고 오사카 사키시마에서 이륙했다. 박람회장인 유메시마까지 약 4.5km의 거리를 약 10분 만에 비행했다.

운반한 것은 인버터나 콘크리트를 굳히는 데 사용하는 진동기, 배수 작업 등에 사용하는 써니호스와 같은 '긴급하게 필요하지만 간단한 물품들'이다. 주변이 바다로 둘러싸인 유메시마는 접근이 제한되어 있기 때문에, 긴급하게 기자재를 운반할 수 있는 수단을 구축하는 것은 큰 의미가 있다.

이 외에도 박람회의 주요 시설 중 하나인 소규모 행사장 건설 현장에서는 코노이케구미가 사족보행 로봇을 활용해 현장 순찰 실증을 진행하고 있다. 실증을 시작한 것은 2024년 1월이다. 이 로봇은 중국 스타트업 기업 유니트리 로보틱스(Unitree Robotics)의

사족보행 로봇을 현장 순찰용으로 커스터마이즈한 것이다.

현장을 모든 방향에서 보기 위한 360도 카메라나 자율주행 기능 등을 추가하기 위한 태블릿 단말기를 탑재했다. 실험에서는 로봇을 실제로 현장 내에서 걷게 해 원격 조작과 이에 필요한 통신 환경 등을 확인했다.

건설 로봇의 개발 및 보급을 추진하는 움직임은 업계를 아우르는 컨소시엄 설립으로 발전하고 있다. 2021년 설립한 '건설 RX 컨소시엄'은 건설 로봇 등의 개발과 보급을 추진하는 임의단체다. 각 회사가 개발한 로봇을 상호 활용하면서 보급을 가속화하거나, 기술 개발에 공동으로 참여하는 방식이다. 처음에는 16개 건설회사로 시작했지만, 2024년 4월 1일 현재, 회원 기업은 250개 기업으로 늘어났다.

풍량 측정 로봇이나 먹줄 작업 로봇 등 총 12개의 분과회를 구성하여 기술 개발 측면의 성과가 나오기 시작했다. 2023년 7월에는 다케나카공무점과 가고시마가 컨소시엄 활동을 기점으로 탄생한 첫 번째 기술 성과로 콘크리트 바닥 마감 기계인 '방음 커버가 장착된 전동 핸드 트로웰'을 발표했다.

앞으로의 과제는 '보급'이다. 개발과 현장 실증은 활발하지만 좀처럼 보급에는 이르지 못하고 있다. 이런 가운데, 일본에서 꾸준히 현장 적용을 거듭하며 해외로 활동 무대를 넓혀가고 있는 건설 로봇도 있다.

철근 결속 로봇 '토모로보'를 개발한 켄로보테크는 2023년 2월 싱가포르에 자회사를 설립했다. 같은 해 4월에는 미국 규제에 대한 대응을 발표하는 등 해외 현장 진출에 본격적으로 나서고 있다.

토모로보는 2020년 출시 이후 일본 전역에서 140개 이상의 현장 가동 실적이 있다. 일본 장인의 기술 수준에 맞춰 사람과 협업할 수 있을 만큼의 기능성을 추구해 온 점이 해외에서도 통했다. 숙련공이 부족한 해외에서는 토모로보를 활용하면 생산성이 몇 배로 증가한 것이다. 싱가포르에서는 이미 현지 대형 건설사로부터 문의가 들어와 납품을 완료했다.

해외 특유의 파격적인 보조 사업도 호재로 작용하고 있다. 싱가포르 정부는 현장의 생산성을 높이는 기술 도입을 장려하는 보조 사업을 펼치고 있다. 보조금을 받으려면 생산성이 30% 이상 향상된다는 것을 입증해야 하는데, 토모로보를 구매한 건설사는 이를 증명하여 보조금을 받는 데 성공했다. 도입 비용의 70%를 보조금으로 충당하고 현장에서 활용하기 시작했다.

이 외에도 한국이나 미국에서도 현장 시범 운영을 늘리고 있다. 앞으로는 동남아시아 국가나 유럽, 미국 등에서의 사업 전개도 염두에 두고 있다.

로봇 개발 스타트업인 미라이기계도 2023년 말부터 먹줄 작업 로봇의 해외 판매를 시작했다. 미라이기계와 다케나카공무점, 렌털 업체 닛켄 등 3개 기업이 개발한 '스미다스(SUMIDAS)'를 기반으로 하여, 미라이기계가 각국의 규제에 대응할 수 있도록 커스터마이즈하여 해외 시장에 진출하고 있다. 이 로봇의 강점은 높은 정밀도와 도입하기 쉬운 가격대다.

이 회사는 지금까지 물을 사용하지 않고 태양광 패널을 청소하

[자료 6-9] 싱가포르 건설 현장에서의 철근 결속
켄로보테크가 개발한 철근 결속 로봇 '토모로보'가 싱가포르 현장에서 데모 주행하는 모습. (출처: 켄로보테크)

는 로봇을 아랍에미리트(UAE), 사우디아라비아 등 5개국에 진출했다. 2022년에는 일본에 역수입하는 형태로 일본 시장에 도입했다. 이 청소 로봇에 이어 새롭게 진출한 분야가 건설 현장의 먹줄 작업이었다. 2023년 가을 싱가포르 전시회에 출품한 직후부터 일본 대형 건설사가 시공하는 해외 현장을 중심으로 시범 운영을 시작했다.

미라이기계의 미야케 토오루 대표는 "청소 로봇이 해외에서 먼저 인기를 얻었듯이, 먹줄 작업 로봇도 해외에서 새로운 제품을 적극적으로 시도하는 얼리 어답터를 찾고 싶다"고 각오를 다졌다.

해외로 진출한 건설 로봇의 활약을 계기로 일본의 건설 로봇 개발이 해외 사업자들의 주목을 받는다면, 일본에서 침체됐던 보급의 정체감을 타파하는 기폭제 중 하나가 될 수 있을지도 모른다.

— 타니구치 리에, 호시노 타쿠미

(닛케이 크로스 테크, 닛케이 아키텍처)

064

소프트 로봇

생물처럼 유연하게 움직이는 부드러운 로봇

:
:
:
:
:

기술 성숙 레벨 | **중**　　2030 기대지수 | **21.8**

소프트 로봇은 이름 그대로 '부드러운 로봇'을 말한다. 기존
로봇보다 유연하게 움직이고, 사람과 부딪혀도 상처가 잘 나
지 않는 것이 특징이다. 인간과 로봇이 공존하는 시대를 위
한 기술로 개발이 진행되고 있다.

브리지스톤과 어센트로보틱스는 소프트 로봇 사업화를 위해
2023년 2월 1일 자본 업무 제휴를 체결했다고 발표했다. 브리지
스톤의 타이어로 쌓아온 노하우를 활용한 로봇 핸드에 어센트로
보틱스의 AI 영상 인식 기술을 결합한다.
　브리지스톤의 개발품은 연체동물의 촉수처럼 생겼으며, 모양
이 다른 다양한 물체를 잡을 수 있다. 이는 고무 소재가 개체 차
이를 수용하기 때문이다. 액추에이터나 센서의 정확도가 높지 않
더라도 대상물에 맞는 적절한 힘 조절로 물건을 잡을 수 있다. 다

만 종이와 같은 얇은 물체는 잡기가 어렵다. 브리지스톤 담당자는 "스마트폰 정도의 두께가 한계다"라고 설명했다.

개발품은 공압식이며, 일용품이나 신선식품 등을 취급하는 물류 분야에서의 활용을 상정하여, 2kg까지의 대상물을 처리할 수 있도록 설계됐다고 브리지스톤 담당자는 설명했다. 2023년 2월에 열린 설명회에서, 브리지스톤은 일용품과 식품이 진열된 선반에서 양파 봉지나 우유팩 등을 집어 상자 안에 쌓아 올리는 시연을 선보였다.

소프트 로봇이 물건을 잡는 과정은 다음과 같다. 먼저 카메라로 상품 진열대를 스캔해 2차원 이미지와 3차원 모델을 획득한다. 어센트로보틱스의 소프트웨어가 사전 등록 정보와 일치하는 상품을 감지한 다음, 로봇 핸드의 상품을 집을 때 자세나 잡을 위치를 설정한다. 이는 상품을 잡을 때 다양한 자세 중, 주변 장애물이 없는 자세를 계산하기 위해서다.

[자료 6-10] 소프트 로봇은 상품의 위치가 어긋나도 잡을 수 있다.

고무 내부의 액추에이터 반력에 의해 계속 잡을 수 있다. 또한, 현재는 공기를 공급하는 관이 1개이지만, 여러 개를 설치하면 각 손가락이 다른 동작을 할 수 있다. (출처: 닛케이 크로스 테크)

[자료 6-11] 소프트 로봇이 물건을 잡는 모습

시연에서는 대상물을 운반하는 속도가 총 15~20초 정도였다. (출처: 닛케이 크로스 테크)

계산 후 정보를 로봇 측에 전달하면 소프트 로봇 핸드가 적절한 힘으로 상품을 잡는다. 장애물이 닿지 않는 경로를 소프트웨어로 계산한다. 다른 카메라는 상자의 모양과 상자 안에 들어있는 물건의 위치를 스캔하여 적절한 위치에 놓을 수 있도록 한다.

브리지스톤은 소프트 로봇의 렌털 접수를 시작했으며, 2024년부터 2026년까지 소규모 사업화를 목표로 하고 있다.

– 구보타 류노스케(닛케이 크로스 테크)

065

RISC-V 코어

ARM 코어 대항의 CPU 코어

:
:
:
:
:
:

기술 성숙 레벨 | **고**   2030 기대지수 | **4.9**

오픈소스로 제공되는 CPU의 명령어 세트와 이를 실행하는 CPU 설계도(CPU 코어). 라이선스 비용이나 로열티가 필요 없고, 사용자가 명령어를 자유롭게 추가할 수 있다. 가전제품이나 산업기기의 제어에 사용되는 하나의 IC 칩(마이크로컨트롤러)으로 향후 널리 보급될 가능성이 있다.

RISC-V(리스크 파이브)는 프로세서의 오픈 명령어 세트이다. 명령어 세트의 복잡성을 제거한다는 이상 아래 만들어진 명령어 세트인 RISC(Reduced Instruction Set Computer, 축소 명령어 집합 컴퓨터) 아키텍처를 채용한다. RISC-V를 실행하는 CPU 코어(프로세서의 핵심 회로)를 RISC-V 코어라고 부른다. CPU 코어 시장을 과점하고 있는 영국 ARM(암)의 제품(이하, 'ARM 코어')에 대항하기 위해 RISC-V가 개발되었다. 현재 RISC-V International이라는 비영리 단체가

RISC-V의 보급이나 관리를 담당하고 있다.

RISC-V나 RISC-V 코어는 반도체 업계에 서서히 침투하고 있다. RISC-V를 처음 사용하기 시작한 곳은 대학, 산학 연구소, 반도체 스타트업이다. RISC-V는 오픈 구조이기 때문에, 스스로 회로 설계를 통해 RISC-V 코어를 맞춤화하면 라이선스 비용이나 로열티를 제로화할 수 있다. 게다가 명령어 추가도 가능하다. 그야말로 연구개발에 있어서는 최적의 조건이다.

RISC-V의 보급이 시작되면서, RISC-V 코어를 설계하고 판매하는 벤더들이 다수 등장했다. 벤더들이 판매하는 RISC-V 코어의 라이선스 비용이나 로열티는 ARM 코어에 비해 저렴하기 때문에 RISC-V의 보급을 촉진했다. 현재 RISC-V 코어의 주요 벤더로는 미국 사이파이브(SiFive), 독자 CPU 코어로 시작해 RISC-V 코어도 취급하게 된 대만 안데스 테크놀로지(Andes Technology) 등이 있다.

RISC-V 코어를 이용하는 반도체 제조업체는 중국 등 해외 스타트업이 많다. 대형 반도체 기업 중에서는 르네사스 일렉트로닉스가 처음으로 RISC-V 코어를 적극 채택했다. 2023년 1월 현재, 르네사스는 RISC-V 코어 기반의 마이크로프로세서(MPU)와 모터 제어용 ASSP(Application Specific Standard Product, 특정 용도 표준 제품)를 개발 및 판매하고 있다. 프로세서 반도체 최대 업체인 미국 인텔도 RISC-V 코어에 대한 참여를 공개적으로 밝힌 바 있다.

RISC-V나 RISC-V 코어에는 아직 과제가 남아있다. 예를 들어, ARM 코어에 비해 컴파일러 등 소프트웨어 개발용 툴이 부족하다. 또한 명령어 추가가 가능하기 때문에, 향후 소프트웨어 호환성에 문제가 발생할 수 있다. 르네사스 외 대형 반도체 제조사들이 RISC-V 코어 기반의 프로세서 제품 UI를 시장에 출시하지 않은 것도 우려되는 부분이다.

-코지마 츠타로(닛케이 크로스 테크, 닛케이 일렉트로닉스)

066

칩렛

세대와 기능이 다른 여러 반도체 칩을
하나의 칩처럼 다룸

:
:
:
:
:

기술 성숙 레벨 | **고**　　　2030 기대지수 | **16.0**

칩렛(Chiplet)은 제조 기술의 세대나 용도가 다른 칩을 블록처
럼 조합해, 하나의 칩처럼 취급하는 기술을 말한다. 반도체
의 미세화에 따른 성능 향상에 한계가 보이는 가운데, 이를
대체할 기술로 주목받고 있다.

최근 제조 공정의 미세화는 기술적 장벽이 높아진 데다, 설비 투
자 비용도 막대해져 경쟁에 참여할 수 있는 기업은 세계적으로
몇 개 기업에 불과하다. 따라서 미세화 대신 반도체를 고성능화
하는 새로운 기술이 요구되고 있다. 칩렛(Chiplet)은 그중 하나다.
정확히 말하면, 칩렛은 기능을 분할한 작은 칩 자체를 말한다. 칩
렛으로 만들면 처리 능력이 필요한 부분만 최첨단 공정으로 제조
하고, 입출력 등 그렇게까지 고성능이 필요하지 않은 부분은 신
뢰성이 높은 구형 공정으로 제조하는 것이 가능해진다.

이렇게 여러 개의 칩렛을 조합하는 기술을 '칩렛 집적'이라고 하며, 더 넓은 의미로 '헤테로지니어스 인테그레이션(이종 칩 집적)'이라고 부른다. 미국의 반도체 연구 컨소시엄인 SRC(Semiconductor Research Corporation)이 2023년 10월에 발표한, 미세화를 대체할 새로운 로드맵인 'MAPT 로드맵(Microelectronics and Advanced Packaging Technologies Roadmap)'에서는 이종 칩 집적이 향후 반도체 기술 발전을 견인할 것으로 보고 있다.

칩렛의 흐름은 반도체 공급망 전체를 아우르려고 하고 있다. 이를 상징하는 것이 2022년 설립이 발표된 칩렛 간 연결 표준화를 추진하는 단체 'Universal Chiplet Interconnect Express(UCIe)'의 창립 멤버들이다. 위탁생산(파운드리), IDM(수직통합형 디바이스 제조업체), 대형 팹리스 기업, OSAT(후공정 패키징), IP(지적재산) 벤더 등 다종다양한 업태의 반도체 기업들이 이름을 올렸다. 구체적으로는 대만 ASE, 미국 AMD, 영국 ARM, 미국 인텔, 미국 퀄컴, 한국 삼성전자, 대만 TSMC 등이 그 주인공이다. 또한, 반도체 업계뿐만 아니라 반도체를 사용하는 구글 클라우드나 메타, 마이크로소프트 등 미국 IT 대기업들도 참여하고 있다.

칩렛의 부상은 일본 기업에게도 좋은 기회다. 칩렛 집적은 반도체 제조의 '후공정'에 해당하는 영역이다. 웨이퍼 위에 동일 회로 패턴을 형성하는 '전공정'에 비해, 후공정에서는 회로 형성 후 웨이퍼를 잘게 나누고, 배선이나 수지로 밀폐하여 칩을 프린트 기판에 실장할 수 있는 상태로 만든다. 칩렛을 집적하기 위해 후공정에서도 전공정 기술이 많이 사용되기 때문에, 이 과정을 '중공

[자료 6-12] 칩렛을 집적화한 반도체 패키지
(출처: 닛케이 크로스 테크)

정'이라고 할 수 있다고 보는 전문가도 있다.

일본은 후공정 제조 장비나 소재 분야에서 세계를 선도하는 기업이 많다. 예를 들어, 웨이퍼를 작은 조각으로 만드는 다이싱 장비는 디스코가 압도적인 점유율을 가지고 있다. 후공정용 소재 분야에서는 레조나크가 세계 매출 1위다. 패키지 기판 분야에서는 신코 전기공업과 이비덴이 첨단 제품으로 높은 점유율을 차지하고 있다. 실제로 TSMC, 삼성전자, 인텔 등 해외 주요 기업이 일본의 칩렛 기술을 찾아 개발 거점을 설립하고 있다.

칩렛의 과제는 주로 성능과 비용의 균형이다. 현재 칩렛은 이미지(동영상) 처리나 AI, 데이터 센터용 고성능 컴퓨팅(HPC) 등 높은 비용이 허용되는 분야에서 많이 활용되고 있다.

예를 들어, 칩렛 연결에는 실리콘(Si) 소재의 배선용 칩 '인터포저' 위에 칩을 일렬로 배치하는 방식을 채택하는 경우가 있다. 그러나 실리콘 인터포저는 가격이 비싸다. 그래서 유기 재료로 만든 인터포저나 더 작은 Si 칩인 브리지, 구리와 절연층으로 만든 RDL(재배선층) 등을 사용하는 방법이 고안되고 있다.

또 다른 과제는 칩과 칩 사이의 접합이다. 현재는 납땜을 사용하고 있지만, 납땜의 경우 배치할 수 있는 전극의 피치(간격) 미세화가 어렵다고 알려져 있다. 그래서 납땜을 사용하지 않는 하이브리드 본딩(하이브리드 접합) 등이 제안되고 있다.

서로 다른 소재를 사용할 때 열팽창 계수 차이와 패키지의 대형화로 인해 발생하는 휨 현상도 문제점으로 지적되고 있다. 게다가 3차원 방향으로 칩렛을 쌓아 올리는 '3차원(3D) 실장'의 경우, 발열하는 칩 위에 또 다른 칩이 덮이기 때문에 방열이 어려워진다. 반도체 후공정용 소재를 다루는 한 기업의 사업 책임자는 "마지막에는 수율이 가장 중요하다"고 말한다.

— 마츠모토 노리오(닛케이 크로스 테크)

067

HBM

여러 개의 D램 칩을 적층하여 연결한
초고속 메모리

⋮

기술 성숙 레벨 | **고**   2030 기대지수 | **16.7**

HBM(High Bandwidth Memory)은 광대역 메모리라고도 불린다.
컴퓨터 등에 사용되는 기존 D램(Dynamic Random Access Memory,
DRAM)보다 한 번에 더 많은 데이터를 주고받을 수 있는 D램
이다. GPU나, HPC(고성능 컴퓨팅), AI 학습 등에 활용된다.

최근 데이터를 저장하는 메모리와 CPU와 GPU 간의 데이터 전
송 속도를 높이는 것이 요구되고 있다. 그 원인은 AI다. 현재 AI
는 딥러닝(심층학습)이라고 불리는, 사람의 신경세포 구조를 모방
한 기계학습을 기반으로 한 기술이 활용되고 있다. 딥러닝은 높
은 연산 능력과 더불어 메모리와 CPU, GPU 등 연산장치 간 빈
번한 대량의 데이터 교환이 필요하다. 이러한 요구에 대응하는
것이 HBM(High Bandwidth Memory)이다.

　HBM은 일반적으로 PC 등에서 사용되는 범용 D램에 비해

[자료 6-13] HBM 외관

(출처: SK하이닉스)

10~100배에 달하는 압도적인 전송 속도(대역폭)를 실현하고 있다. HBM이 높은 전송 속도를 가질 수 있는 것은 그 구조에 있다. HBM이 여러 개의 D램을 적층하고 TSV(실리콘 관통전극)로 전기적으로 연결하는 구조로 되어 있기 때문이다. 적층 구조로 인해 면적당 데이터량이 증가하고, TSV를 통해 일반적인 와이어 본딩에 비해 고밀도 배선이 가능해졌다. 메모리와 연산장치가 데이터를 주고받는 배선(버스)의 거리를 줄여, 높은 작동 주파수를 실현할 수 있었다. 또한 버스의 개수도 기존 대비 20배 이상이다.

 HBM이 포함된 D램 시장은 한국 삼성전자와 SK하이닉스, 미국 마이크론 테크놀로지 등 3사가 90% 이상의 시장 점유율을 차지하고 있다. 점유율 순위도 이와 비슷하지만, HBM에 한정하면 SK하이닉스와 삼성전자의 순위가 역전된다.

 HBM에서는 SK하이닉스의 기술력이 삼성전자보다 높은 것으로 평가받고 있다. SK하이닉스는 2013년 처음으로 1세대 HBM을 개발했다. 반면 삼성전자는 뒤늦게 2015년부터 본격적인 개발에 들어간 것으로 알려졌다.

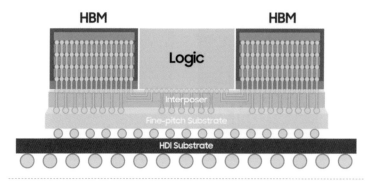

[자료 6-14] HBM은 로직 반도체와의 거리를 가깝게 하기 위해, 인터포저(중간 기판)를 통해 연결되는 경우가 많다.
(출처: 삼성전자)

HBM의 가격은 기존 D램의 6~7배에 달하는 높은 비용에도 불구하고, AI 붐을 타고 수요가 계속 증가하고 있다. SK하이닉스에 따르면, HBM 등 AI 메모리 시장은 2023년 금액 기준으로 전체 메모리 시장의 약 5% 수준이었으나, 2028년에는 61%까지 확대될 것으로 예상하고 있다. HBM의 판매 현황에 대해서 SK하이닉스 측은 "2024년 생산분은 완판되었고, 2025년 물량도 거의 다 팔렸다"고 한다. 제조사들 입장에서는 수익성이 높기 때문에 메모리 제조사들은 HBM 사업 확대에 나서고 있다.

한편, HBM은 기존 메모리와 달리 로직 반도체 등과 함께 제공되기 때문에, 앞으로의 경쟁은 메모리 제조사들끼리만 결정되지 않을 가능성도 있다. 따라서 실제로 HBM과 로직 반도체를 하나의 패키지로 만드는 파운드리나 OSAT(후공정 패키징) 사업자, AI 반도체를 설계하는 팹리스 업체와의 연계가 중요해진다. 실제로 SK하이닉스는 대형 파운드리 업체인 대만 TSMC와 손잡고 6세대 제품인 'HBM4' 개발 및 패키징에 협력할 것이라고 발표했다.

메모리 제조사들이 HBM으로 해결해야 할 과제는 크게 2가지로, 발열 대책과 비용 절감이다. HBM은 여러 메모리 칩을 1개의 메모리 칩으로 적층하기 때문에, 하층 칩에서 열이 잘 빠져나가지 않는다. 이를 해결하기 위한 방법으로 메모리를 밀폐하는 수지에 방열성이 높은 소재를 채택하는 것이 고려되고 있다. 또한, 메모리의 발열량을 줄이기 위해 AI 반도체 설계 단계부터 가능한 한 메모리 접근 횟수를 최대한 줄이도록 설계하는 것도 해결책 중 하나다.

비용 문제도 칩 적층에서 비롯된다. 예를 들어, 적층한 여러 개의 칩 중 하나라도 불량이 있거나, 연결부위 결함이 생기면 모든 칩을 사용할 수 없게 된다. 실제로 SK하이닉스를 제외한 다른 제조사들은 수율 향상에 어려움을 겪고 있는 것으로 알려져 있다.

다만, 각 제조사들이 HBM에 높은 투자를 하고 있기 때문에, 수율이 개선되고 HBM 조달 비용이 감소할 가능성은 있다. 비용이 내려가면 VR(가상현실)이나 자율주행 등 새로운 분야에서의 활용과 보급도 기대할 수 있을 것이다.

— 마츠모토 노리오(닛케이 크로스 테크)

068

인메모리 기술

메모리와 연산 장치를 일체화하여,
데이터 이동에 사용하는 전력을 절감

⋮

기술 성숙 레벨 | **중**   2030 기대지수 | **15.0**

메모리와 연산 장치를 일체화하여 기존 GPU 등의 과제인
메모리 데이터 이동에 사용되는 전력을 대폭 절감할 수 있는
기술이다. CiM(Computation in Memory)이라고도 불린다. 반도체
스타트업 외에도 대만 TSMC나 한국 삼성전자가 연구개발
을 진행하고 있다.

"어떤 AI 워크로드에서는 연산 장치가 가동되는 시간이 전체의
2%에 불과하고, 대부분의 시간이 데이터 이동에 사용된다. 효율
성을 높이기 위해서는 기존과 다른 CiM(Computation in Memory)과
같은 기술이 필요하다."

 2023년 11월, 벨기에 반도체 연구기관 아이멕(imec)의 CEO 루
크 판 덴 호브가 연단에 올라 이같이 말했다. 이 기관이 개최한
'ITF Japan 2023' 행사의 한 장면이었다. LLM의 보급으로 AI 처

리로 사용되는 데이터량이 급증하고 있다. 메모리와 연산 장치를 일체화해 데이터 이동 거리를 최소화하는 기술 개발이 가속화되고 있다.

CiM은 메모리 자체에 연산 기능을 추가하는 기술이다. 미국 마이크론 등이 출자한 미국 미식(Mythic)이나, 미국 오픈AI의 CEO 샘 알트먼이 투자한 미국 레인 뉴로모픽(Rain Neuromorphics) 등이 참여하고 있다. TSMC, 삼성전자, SK하이닉스 등 대기업들도 연구개발에 박차를 가하고 있다.

CiM에는 아날로그 처리와 디지털 처리라는 2가지 방식이 있다. 아날로그 방식은 메모리의 저항값 편차를 이용하여 메모리 소자 자체에 가중치를 저장하는 방식이다. 디지털 방식은 SRAM을 사용할 경우 데이터 유지에 재작성할 필요 없이 비트라인(BL)에서 논리 연산을 수행한다. CiM에 사용하는 메모리 종류는 각 기업들이 모색 중인 단계이다. 아날로그 방식으로는 PRAM이나 ReRAM, STT-MRAM, FeFET, 플래시 메모리가, 디지털 방식으로는 SRAM, D램, 플래시 메모리가 주요 후보군이다.

CiM은 단점도 있다. 기술 전체적으로는 기록에 시간과 에너지를 소모하기 때문에, 기록 횟수가 많은 학습용으로는 적합하지 않다. 또한, 아날로그 방식은 디지털 데이터로의 변환이 어렵다는 문제가 있다. 반면, SRAM을 이용한 디지털 방식은 현재 한 번의 계산으로 (0 또는 1) 1비트만 처리할 수 있다는 점이 약점이다.

– 구보타 류노스케(닛케이 크로스 테크)

069

다이아몬드 반도체

저손실 파워반도체를 실현

. . . .

기술 성숙 레벨 | **중**   2030 기대지수 | **27.8**

다이아몬드를 소재로 한 반도체. 다이아몬드는 전력 변환이
나 제어를 수행하는 파워 소자의 재료로 사용되는 탄화규소
(SiC)나 질화갈륨(GaN)에 비해, 파워 소자에 더 적합한 특성을
가지고 있다. '궁극의 반도체 소재'로서 파워 소자뿐만 아니
라, 이동통신 기지국에서 사용하는 고주파 소자나 센서 소자
의 재료로도 기대되고 있다.

다이아몬드는 우수한 소재 특성을 가지고 있어, '궁극의 반도체
소재'로 불린다. 예를 들어, 파워 반도체로서의 특성을 보면 밴드
갭이 넓고, 절연 파괴 전계 및 열전도율이 매우 높다. 파워 반도
체 소재의 지표로 여겨지는 '발리가 성능지수'는 탄화규소(SiC)의
80배 이상, 질화갈륨(GaN)의 10배 이상으로 알려져 있다.
  그러나 반도체 소자로 만들면 기대했던 만큼의 특성이 나오지

않아, 소재의 높은 잠재력을 끌어내지 못했다. 게다가 소자 제조에 필요한 다이아몬드 웨이퍼의 구경이 작아 실용화하기에는 부적합했다. 이러한 과제를 해결하는 성과가 속속 나오고 있다.

예를 들어, 스타트업 파워다이아몬드시스템즈(Power Diamond Systems, PDS)는 와세다대학교와 함께 높은 캐리어 이동도와 '노멀리 오프 동작'을 겸비한 다이아몬드 MOSFET(금속 산화막 반도체 전계효과 트랜지스터)을 시제품으로 제작하여 'IEDM 2023'에서 발표했다. 이동도가 높을수록 저손실 파워 소자를 실현할 수 있다. 노멀리 오프 동작은 게이트에 인가(전압이나 전류를 특정 지점에 가하거나 부여)하지 않으면 도통(전류가 흐를 수 있는 상태)하지 않고, 특정 값(임계치 전압)까지 인가하면 도통하는 것을 말한다. 전력 변환기에서는 안전성의 관점에서 노멀리 오프 동작이 강하게 요구된다.

그러나 다이아몬드 MOSFET은 높은 이동도와 노멀리 오프 동작이 트레이드오프 관계가 있어, 두 특성을 동시에 구현하기 어려웠다. PDS와 와세다대학교 그룹은 이 트레이드오프를 완화했다.

이 그룹이 시제품으로 개발한 것은 전류가 수평(가로) 방향으로 흐르는 '가로형' MOSFET과 전류가 수직(세로) 방향으로 흐르는 '세로형' MOSFET이다. 2가지 모두 노멀리 오프 동작이다. 가로형은 150cm²/V·s 이상의 높은 이동도를 달성했다. 세로형은 80cm²/V·s으로 가로형에 비해 다소 낮다. 하지만 이 이동도는 SiC MOSFET 제품과 동등하거나 더 높은 수준으로 평가된다. 이러한 높은 특성은 주로 이산화규소(SiO_2)와 맞닿는 다이아몬드 표면을 변형함으로써 실현됐다. 다이아몬드 표면을 수소로 덮는 '수소 종단'

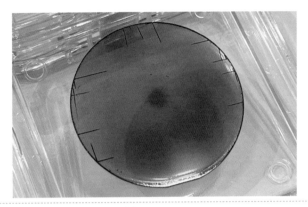

[자료 6-15] 오브레이의 구경 55mm 웨이퍼
(출처: 닛케이 크로스 테크)

에서 산화실리콘으로 덮는 '산화실리콘 종단'으로 변경했다. 구체적으로는 C-Si-O 결합으로 다이아몬드 표면을 덮고 있다.

다이아몬드 소자로 회로를 구성하고, 이를 작동시켜 유용성을 입증한 것은 사가대학교의 카카즈 마코토 교수 팀이다. 이들은 DC-DC 컨버터 등의 전력 변환기에 적용하는 것을 목표로 '파워 회로'를 구축했다. 연구에 따르면, 다이아몬드 소자를 파워 회로에서 작동시킬 경우, 빠르게 열화되어 장시간 작동에 적합하지 않다는 것이다. 따라서 이를 뒤엎는 성과로 자리매김하고 있다.

구체적으로 파워 회로를 190시간 연속으로 작동시켜도 다이아몬드 소자의 특성에 열화가 발생하지 않았다고 한다. 켜졌다가 꺼지거나, 혹은 꺼졌다가 켜지는 데 걸리는 시간은 모두 10ns(나노초) 미만으로 짧았다.

이러한 성과는 독자적인 배선 기술에 기인한다. 다이아몬드 소자의 전극과 프린트 배선 기판을 금선으로 와이어 본딩으로 연결한다. 기존 기술에서는 전극의 금속이 금선에 의해 당겨져 박리되는 문제가 있었는데, 이를 해결했다.

카카즈 교수의 그룹은 다이아몬드 고주파 소자도 연구개발 중이다. 고주파 소자는 일본우주항공연구개발기구(JAXA)와 공동 연구를 시작한다. 향후 5년간 우주 통신을 위한 마이크로파 전력증폭 소자 개발을 목표로 한다. 다이아몬드는 실리콘이나 탄화규소, 질화갈륨에 비해 방사선에 대한 내성이 높다. 이러한 특성으로 인해 우주 통신에 적합하다는 평가를 받고 있다.

다이아몬드 소자 제조에 필수적인 다이아몬드 웨이퍼의 연구개발도 진행 중이다. 생산성을 높이고 비용을 절감하기 위해서는 대구경화가 필수적이다. 최근 들어 구경 확대에 대한 성과가 나타나고 있다. 예를 들어, 정밀 부품 제조회사인 오브레이(Orbray)는 구경 50mm(2인치)의 다이아몬드 웨이퍼를 이미 제품화했다. 다이아몬드 웨이퍼로서는 큰 구경이지만, 다이아몬드 소자의 비용 절감을 위해서는 한 단계 더 확장이 필요하다. 이에 따라 구경 100mm(4인치) 제품과 구경 150mm(6인치) 제품을 개발 중이다. 4인치 제품은 2024년, 6인치 제품은 2027년경 샘플 출하를 목표로 하고 있다.

오브레이는 토요타자동차와 덴소가 공동 출자한 미라이스 테크놀로지스와 함께 다이아몬드 파워 소자의 연구개발에 힘쓰고 있다. 미라이스는 전기차 등을 대상으로, 향후 10년 이내에 다이아몬드 파워 소자를 실용화하는 것을 목표로 하고 있다.

– 네즈 사다시(닛케이 크로스 테크)

070

HDD 열 지원 기술

HDD의 기록 밀도를 높여, 기록 용량을 증가시킴

⋮
⋮
⋮

기술 성숙 레벨 | **고**　2030 기대지수 | **3.7**

HDD(하드디스크 드라이브)의 디스크 매체를 레이저 광으로 국소적으로 순간 가열하여, 매체의 자화를 열 요동으로 분산시켜 정보 기록을 용이하게 함으로써 기록 밀도를 높이는 기술. 데이터 센터의 비용 절감 효과가 기대되고 있다.

그동안 수 차례 '끝난 콘텐츠'라는 비아냥을 들으며 사실상 일반 소비자의 시야에서 사라진 HDD(하드 디스크 드라이브)가 고용량화를 위한 한계 돌파 기술을 확보하면서, 다시 성장 모드로 돌입하려 하고 있다. 그 기술이 바로 기록 밀도 향상의 핵심인 '에너지 보조 기록' 중에서도 궁극의 '열 보조 자기 기록(Heat–Assisted Magnetic Recording, HAMR)'이다.

일례로 미국 씨게이트 테크놀로지는 2024년 3월, HAMR을 적용한 데이터 센터용 3.5인치 HDD를 실용화했다. 용량은 30TB이

[자료 6-16] 열 지원 기술을 채용한 'Exos Mozaic 3+'
기존 기록 방식(Conventional Magnetic Recording, CMR)의 3.5인치 HDD 1대로 30TB 용량을 실현했다. 참고로, 씨게이트 테크놀로지가 판매하는 3.5인치 HDD의 기존 최고 용량은 24TB였다. (출처: 씨게이트 테크놀로지)

며, 디스크 한 장당 용량은 3TB이다. 일본 씨게이트의 니즈마 후토루 사장은 "기존 수직 자기 기록(Perpendicular Magnetic Recording, PMR) 방식의 HDD는 용량을 2배로 늘리는 데 9년이 걸렸다. HAMR은 4년 이내에 2배의 고용량화를 실현할 수 있다"고 말했다.

HDD 시장의 '마지막 보루'로 여겨지는 데이터 센터에서 접근 빈도가 상대적으로 적은 데이터를 저장하기 위한 대용량 저장장치(니어라인 스토리지)에서는 HDD의 기록 밀도 향상 요구가 강하다.

현재 생성 AI 붐으로 인해 대규모 AI 모델 학습에 필요한 데이터를 저장하기 위해 데이터 센터 등에서는 스토리지 용량 확장이 요구되고 있다. 미국 리서치 기업 IDC에 따르면, 생성되는 데이터의 증가율은 연간 20% 이상이며, 2027년 생성되는 데이터양은 291ZB(제타바이트, 10억TB)에 달할 것으로 예측했다.

하지만 현재로서는 이를 저장할 스토리지 용량이 절대적으로 부족해 대부분의 데이터가 버려지고 있는 실정이다. 한편, 데이터 센터 건설에는 일반적으로 10억~15억 달러(약 1조 4,000억~2조 1,000억 원)의 비용이 소요되는 것으로 알려져 있어, 사업자에게는 투자 비용을 절감하는 것이 과제가 되고 있다. HAMR을 통해 HDD의 기록 밀도가 향상되면, 동일한 공간에서 보다 더 많은 데이터를 저장할 수 있게 된다.

– 우치다 야스시(닛케이 크로스 테크, 닛케이 일렉트로닉스)

071

건설 3D 프린터

3차원 거푸집을 조형

:
:
:
:
:

| 기술 성숙 레벨 | **고** | 2030 기대지수 | **25.0** |

특수 몰타르를 노즐에서 분사하여 적층해, 구조물을 조형하는 건설 3D 프린터. 인력 부족 등 건설업계가 안고 있는 문제를 해결할 방안으로 기대감이 높아지고 있다. 스타트업, 콘크리트 제조업체, 대형 건설사 등이 기술 개발에 힘을 쏟고 있다. 낙석 방지 펜스의 중력식 옹벽의 매립형 거푸집을 모두 3D 프린터로 출력해 기존 공법에 비해 공사 기간을 약 40% 단축하는 등 활용 사례가 전국적으로 급증하고 있다.

아키타현과 야마가타현 신조시를 잇는 도로 정비 사업의 일환으로 신조쇄석공업소는 3D 프린터를 활용했다. 길이 43.7m, 높이 1.3~2m의 중력식 옹벽 위에 낙석 방지 펜스를 설치하는 공사로, 2024년 1월에 완공했다.

신조쇄석공업소는 건설용 3D 프린터 개발 업체인 폴리우스

[자료 6-17] 3D 프린터로 출력한 매설 거푸집
(출처: 신조쇄석공업소, 폴리우스)

(Polyuse)와 협력하여, 신조쇄석공업소 창고에 설치된 3D 프린터로 중력식 옹벽의 매립형 거푸집 부재를 54개 출력했다. 이 출력물을 현장으로 운반해 설치하고, 내부에 콘크리트를 부어 일체화했다. 이후 중력식 옹벽 상부에 낙석 방지 펜스의 기둥과 와이어 등을 설치했다.

출력한 매립형 거푸집을 사용함으로써 거푸집 조립, 콘크리트 타설, 탈형 등에 소요되는 시간을 크게 단축할 수 있었다. 전체 공사 기간은 43일로, 일반적인 공법으로 시공한 경우의 82일과 비교하면 약 40% 줄어들었다.

또한, 3D 프린터의 장점으로 기대되는 인력 절감 효과도 확인할 수 있었다. 신조쇄석공업소의 카키자키 관리부장은 "출력 작업에 참여한 직원 중, 건설 관련 학과 출신은 한 명도 없었다. 3D 프린터를 활용하면, 인력 부족으로 인해 인력 확보가 어려운 상황도 해결할 수 있다는 것을 다시금 실감했다"고 미소를 지었다. 실제로 현장에서 거푸집 작업을 담당한 인원은 0명이었으며, 전체 현장 인원은 기존 시공이면 319명이 필요했으나, 198명으로 줄일 수 있었다.

이번 현장에서 활용한 매립형 거푸집은 모두 신조쇄석공업소의 입사 1~3년 차 젊은 직원들이 출력한 것이다. 폴리우스 직원들은 온라인 툴을 이용해 회의에 참여하거나 설계 데이터를 전송하는 등 원격으로 지원했으며, 출력 작업 자체에는 직접 관여하지 않았다.

– 사카모토 요헤이(닛케이 크로스 테크, 닛케이 컨스트럭션)

072

하이퍼 NA의 EUV 노광

반도체 디바이스 미세화의 핵심

:
:
:
:
:

기술 성숙 레벨 | **고**　　2030 기대지수 | **10.6**

반도체 생산에 사용되는 EUV 노광 장비. 포토마스크 패턴을 웨이퍼 위에 투사하는 노광을 담당한다. 이 장치는 7nm 세대 이후 로직 반도체 및 최첨단 메모리 제조에 필수적인 장비이다. 이 장비를 양산에 성공한 곳은 전 세계에서 네덜란드의 ASML뿐이다. 미세화를 더 진행하기 위해서는 NA(개구수)를 크게 하는 것이 필요하다.

반도체 디바이스 미세화의 핵심은 파장 13.5nm의 극자외선(EUV)을 사용하는 EUV 노광 장치다. 포토리소그래피 공정에서 포토마스크의 패턴을 웨이퍼에 투사하는 노광을 담당한다. 7nm 세대 이후 로직 반도체나 첨단 메모리 제조에 필수적인 이 장비는 전 세계에서 네덜란드의 ASML이 유일하게 공급하고 있다.

　첨단 반도체 디바이스 제조 거점이 없는 일본에서는 EUV 노광 장치를 이용한 본격적인 양산이 이루어지지 않았다. 그러나 최근 들어 상황이 바뀌기 시작했다. 일본 기업들의 지원을 받아 설립된 반도체 기업 라피더스(Rapidus)가 홋카이도 반도체 공장에 EUV 노광 장비를 도입할 것이라고 발표했다. 또한, 미국 마이크론도 히로시마 공장에 해당 장비를 도입할 계획이다.

반도체 디바이스 제조에 필요한 포토리소그래피 공정은 에칭 공정의 전 단계에 해당하는 공정으로, 크게 ①포토레지스트 도포, ②노광, ③현상의 3단계를 거친다.

먼저, 웨이퍼 위의 얇은 막에 포토레지스트를 도포하고, 패턴이 그려진 포토마스크를 사용해 노광한다. 이때 웨이퍼에 투영되는 것은 포토마스크의 패턴을 축소한 형태의 패턴이다. 현상 과정을 거치면 노광된 패턴에 따라 포토레지스트가 제거되고, 얇은 막이 노출된 부분이 나타난다. 이후 에칭 공정에서 이 노출된 부분만을 깎아내는 방식으로 진행된다.

일련의 포토리소그래피 공정 중에서 노광 장치는 그 이름 그대로 포토마스크를 사용한 노광 작업을 담당한다. 일반적으로, 짧은 파장의 광원을 사용할 수 있는 노광 장치일수록 더 미세한 패턴을 노광할 수 있다. EUV 광을 이용한 노광 기술은 현재 가장 최첨단 기술로 평가받고 있으며, 앞서 언급한 바와 같이 ASML만이 이 장비의 양산에 성공했다.

ASML의 EUV 노광 장치는 광원에서 출력된 EUV 광을 미러 렌즈로 반사시켜 포토마스크에 전달하고, 포토마스크에서 반사된 EUV 광을 다시 웨이퍼에 전달한다. 노광이 끝나면 스테이지

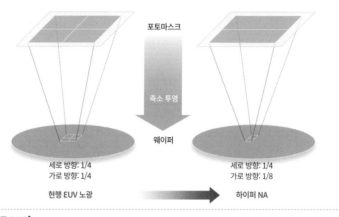

포토마스크

축소 투영

웨이퍼

세로 방향: 1/4
가로 방향: 1/4

현행 EUV 노광

세로 방향: 1/4
가로 방향: 1/8

하이퍼 NA

[자료 6-18]
한 번에 노광 가능한 웨이퍼 면적의 이미지. 하이퍼 NA에 의한 EUV 노광은 미세화에 공헌하는 한편, 한 번에 노광 가능한 웨이퍼 면적이 절반으로 감소한다. (출처: 닛케이 크로스 테크)

위의 웨이퍼를 이동시켜 차례차례로 동일한 패턴을 연속적으로 투사해 나간다.

2nm 세대 이후의 더 높은 미세화를 위해 EUV 노광 장치의 기술 동향에서 주목받는 것은 NA(개구수)의 향상이다. 개구수는 렌즈의 집광 효율을 나타내는 지표로, 이 수치가 큰 노광 장치일수록 더 미세한 노광이 가능하다.

현재의 EUV 노광 장치는 개구수 0.33이 주류이며, ASML은 개구수를 0.55로 높인 장치를 개발하고 있다. 미국 인텔은 1.4nm 세대 제조 공정인 'Intel 4A'에서 이 장치를 사용해 2027년경에 양산을 시작할 것으로 보인다.

하이퍼 NA에 대응하면서 노광 장치의 크기가 대형화될 뿐 아니라, 포토리소그래피 공정에도 변화가 생긴다. 현재의 EUV 노광 장치는 포토마스크 패턴을 세로와 가로 방향 모두에서 4분의 1로 축소하여 웨이퍼에 투사한다. 반면, 하이퍼 NA 장치에서는 광학적 이유로 축소율이 달라져, 세로 방향은 4분의 1, 가로 방향은 8분의 1로 줄어든다. 이로 인해, 동일한 동작 속도에서는 웨이퍼 단위로 볼 때 생산성이 절반으로 줄어든다. 이에 따라 ASML은 웨이퍼를 올려놓는 스테이지 등의 기계 부품에서 위치 정밀도를 높이는 동시에 동작 속도 향상을 추진하고 있다.

– 사이토 소우지(닛케이 크로스 테크, 닛케이 모노즈쿠리)

Technology 2025

7장

모빌리티

완전 자율주행과
환경 부담 감소가 기술의 핵심

073

차량용 OS

차량용 애플리케이션을 위한 소프트웨어 기반

:
:
:
:
:
:

기술 성숙 레벨 | 고   2030 기대지수 | 20.9

자동차 제조업체들은 미국 마이크로소프트, 구글, 아마존 웹 서비스(AWS) 등 주요 IT 기업과 협력하여 생성 AI의 구현과 소프트웨어 정의 차량(Software Defined Vehicle, SDV)의 개발을 가속화하고 있다. 그 핵심은 자동차 제조업체들이 개발을 진행 중인 차량용 OS(소프트웨어 기반)에 있다.

소니 혼다 모빌리티는 마이크로소프트와의 제휴를 발표했다. 미국 오픈AI의 챗GPT 기능을 제공하는 마이크로소프트의 서비스 '애저 오픈AI(Azure OpenAI) 서비스'를 활용한 대화형 개인 에이전트를 개발하여, 2025년에 출시 예정인 전기차 '아펠라(AFEELA)'에 탑재할 예정이다. 독일 폭스바겐은 미국 세렌스(Cerence)와 제휴하여 폭스바겐의 음성 어시스턴트 '아이다(IDA)'에 챗GPT를 활용할 계획이다. 음성 어시스턴트에게 말을 걸거나, 스티어링 휠의 버튼

[자료 7-1] 소니 · 혼다 모빌리티의 '아펠라(AFEELA)'
(출처: 닛케이 오토모티브)

을 누르면 챗GPT가 실행되는 구조를 구상하고 있다.

독일 Bosch(보쉬)는 구글의 LLM을 활용하여 AI 어시스턴트 '보쉬봇(Bosch Bot)'을 개발 중이다. 또한 콘티넨탈(Continental)도 구글의 클라우드 서비스 '구글 클라우드'를 이용하여 생성 AI를 사용한 음성 어시스턴트 개발을 진행하고 있다.

앞으로 자동차의 가치는 소프트웨어에 의해 크게 좌우될 것이다. 이 때문에 많은 자동차 제조업체들은 기존의 하드웨어 중심의 개발 방식에서 벗어나, 소프트웨어로 차량 전체를 정의하는 SDV(Software Defined Vehicle, 소프트웨어 정의 차량)로 전환할 방침이다. SDV에서는 먼저 소프트웨어 아키텍처를 결정하고, 이에 맞춰 하드웨어를 개발하는 방식으로 진행된다.

토요타자동차는 2025년 이후 SDV로의 전환을 위한 발판으로 새로운 소프트웨어 아키텍처를 탑재한 차량을 도입하고, 2026년에 출시 예정인 차세대 EV에서 완전한 SDV를 목표로 하고 있다.

자동차 제조사	차량용 OS	실용화 시기 (각 사 발표)	소프트웨어 담당 기업
토요타 자동차	Arene	2025년	우븐 바이 토요타 (Woven by TOYOTA)
혼다	비히클 OS (Vehicle OS)	2025년	
프랑스 르노·닛산·미쓰비시	불명	불명	프랑스 암페어 (Ampere)
독일 폭스바겐	VW.OS	2020년	독일 카리아드 (CARIAD)
유럽 스텔란티스	STLA Brain	2024년	
독일 BMW	BMW Operating System	불명	
스웨덴 볼보	Volvo Cars.OS	2022년	
독일 메르세데스 벤츠	MB.OS	2024년	
미국 테슬라	Tesla OS	2012년	
미국 GM	Ultifi	2023년	
한국 현대자동차	ccOS	2022년	한국 현대오트론

[자료 7-2] 자동차 제조사가 개발하는 차량용 OS
소프트웨어 담당 기업 중 자율주행 시스템의 개발을 전담하는 기업은 기재하지 않았다. (출처: 각 사의 자료를 바탕으로 닛케이 오토모티브에서 작성)

혼다는 2026년에 북미에 출시할 예정인 중대형 EV를 SDV로 포지셔닝할 계획이다. 폭스바겐은 2025년까지 그룹 통합의 새로운 소프트웨어 플랫폼을 개발할 계획이었으나, 개발 지연으로 2020년대 후반 실현을 목표로 하고 있다.

SDV의 시장 진입이 본격화되는 시점은 2025년 이후로 예상된다. 2030년경에는 SDV가 주류가 되어, 자동차 제조업체 중심의 피라미드형 산업 구조가 크게 변화할 전망이다.

SDV의 핵심은 자동차 제조업체들이 개발 중인 차량용 OS에 있다. 각 회사마다 차량용 OS의 정의는 다르지만, 스마트폰 OS처럼 다양한 애플리케이션을 개발하고 구현할 수 있는 여러 기반 기술을 갖추고 있다. 자동차 제조업체들은 차량용 OS를 자체적으로 보유함으로써 자동차 제작의 주도권을 유지하고자 한다.

자동차 제조업체들은 자체적으로 소프트웨어 개발을 진행하면서도, 파트너 기업과의 공동 개발이나 오픈 소스 소프트웨어(OSS) 커뮤니티에 참여를 가속화할 전망이다. 특히 SDV의 비경쟁 영역에 대해서는 자사 리소스를 절감하기 위해 OSS를 활용하려는 움직임이 확산되고 있다.

미국 알릭스 파트너스(Alix Partners)의 조사에 따르면, 자동차 제조업체와 부품 제조업체(티어 1) 및 기술 기업(IT 기업) 간에는 OSS에 대한 인식 차이가 있다고 한다. 현재 자동차 제조업체는 부품 제조업체나 기술 기업에 비해 사유 소프트웨어를 선호하는 경향이 강하다. 이는 자동차 제조업체가 아키텍처와 보안에 대한 신뢰성을 중시하기 때문이다. 다만, 사유 소프트웨어는 OSS에 비해 비용이 높기 때문에, 앞으로 자동차 제조업체도 비경쟁 영역에서는 OSS를 활용하는 방향으로 나아갈 것으로 예상된다.

— 코구레 사키(닛케이 크로스 테크, 닛케이 오토모티브)

074

로터리 엔진 PHEV

로터리 엔진을 발전기로 사용하여 모터를 구동

.
.
.
.
.

기술 성숙 레벨 | **고**　　2030 기대지수 | **2.9**

마쓰다는 로터리 엔진(이하, '로터리')을 발전기로 채택한 구동 유닛을 개발하여, PHEV(플러그인 하이브리드 차량)인 'MX-30 e-SKY ACTIV R-EV'에 탑재했다. 로터리는 전동차와의 궁합이 좋아 수소나 합성 연료(e-fuel) 등 다양한 연료에 대응할 수 있는 장점이 있다.

로터리는 삼각형 모양의 '띠 모양' 로터가 회전 운동을 통해 직접 동력을 얻는다. 하우징과 로터 사이의 공간에서 연료를 연소시키고, 이때 발생하는 팽창 압력으로 로터를 회전시키는 구조다.

　마쓰다는 이 로터리를 PHEV용으로 새롭게 개발했다. 이전 세대의 로터리와 크게 다른 점은 2 로터 방식에서 1 로터 방식으로 변경된 것이다. 또한 스포츠카 'RX-8'에 채용했던 '13B RENESIS형'과 비교하여, 로터의 폭을 80mm에서 76mm로 줄였

[자료 7-3] 마쓰다 'MX-30 Rotary-EV'
로터리를 발전용 엔진으로 사용하는 PHEV다. (출처: 닛케이 오토모티브)

다. 반면, 로터의 회전 중심에서 삼각형 모양의 꼭짓점까지의 길이인 '생성 반경'은 105mm에서 120mm로 확장되었다. 이러한 치수는 레시프로 엔진의 보어와 스트로크에 해당한다.

포트 분사 방식에서 직분사 방식으로 변경한 것도 큰 변화다. 목적은 저연비와 저공해화를 달성하는 것이다. 기존의 포트 분사 방식에서는 혼합기가 연소실의 후단부로 많이 유입되어 완전히 연소되지 않아 미연소 가스로 배출되는 문제가 있었다.

직분사 방식으로 변경함으로써 가솔린과 공기의 혼합기를 점화 플러그 주변에 고르게 분포시킬 수 있어, 효율적인 연소가 가능해졌다. 또한, 연소실의 형상도 최적화되어 높은 유동성을 활용하여 빠른 연소가 가능하게 되었다.

이 밖에도 EV 주행의 항속 거리를 늘리기 위해 사이드 하우징의 재질을 RX-8에서 사용된 주철에서 알루미늄 합금으로 변경했다. 이를 통해 엔진 자체만으로 15kg 이상의 경량화를 달성할 수 있었다.

마쓰다가 미래지향적인 전기구동 유닛으로 로터리를 채용한 이유는 크게 세 가지다. 첫 번째는 로터리가 일반적인 레시프로 엔진에 비해 소형화가 가능하다는 점이다. 로터리는 구조가 간단하고, 레시프로 엔진보다 부품 수가 적어 더 작게 설계할 수 있다.

보닛 내 구조물이 적은 EV나 전동 관련 부품 크기가 PHEV보다 작은 MHEV에 비해, 플러그인 하이브리드 시스템은 보닛 내 탑재 용적이 큰 경향이 있다. 그래서 마쓰다는 소형이면서 필요한 출력을 발휘할 수 있는 로터리에 주목했다. 로터리가 소형이기 때문에 엔진을 모터나 발전기와 동일 축상에 배치할 수 있었다. 이를 통해 소형차에도 플러그인 하이브리드 시스템을 쉽게 탑재할 수 있어 다른 시스템에 비해 범용성이 높아졌다.

두 번째는 로터리의 진동과 소음이 적다는 점이다. 이번 PHEV는 기본적으로 EV로 주행하다가 배터리 잔량이 부족해지면 엔진이 작동하여 발전하는 방식입니다. 일반적인 엔진 차량에 비해 상대적으로 정숙성이 높아 엔진의 '존재감'이 적을수록 운전자에게 위화감을 주지 않는다.

세 번째는 다양한 연료를 사용할 수 있다는 점이다. 로터리는 가솔린뿐만 아니라 수소, 합성연료, 액화석유가스(LPG), 압축천연가스(CNG) 등에도 쉽게 대응할 수 있다. 이는 인프라 보급 상황이나 연료의 유통 상태에 따라 유연하게 확장할 수 있다.

로터리가 다양한 연료에 대응할 수 있는 이유는 2가지다. 첫 번째는 이상 연소를 억제할 수 있어, 가솔린보다 연소하기 쉬운 수소 같은 연료에도 쉽게 대응할 수 있다는 점이다. 로터리는 로터가 회전하는 구조상 연료를 분사하는 방과 연소하는 방이 다르다. 이로 인해 연료 분사 방의 벽면 온도를 낮출 수 있으며, 원하는 위치에서만 연소가 이루어지도록 제어할 수 있다.

가솔린보다 연소하기 쉬운 연료를 레시피로 엔진에 사용할 경우, 흡기 및 배기 밸브와 같은 고온 부품에 접촉하면서 예상치 않게 점화되어 이상 연소가 발생할 수 있다.

두 번째 이유는 연소가 어려운 연료에도 대응할 수 있다는 점이다. 로터리 구조는 연소 시간을 길게 가져갈 수 있으며, 연소실 내 유동이 커서 연소가 빠르게 이루어진다. 이러한 특성 덕분에 순도가 낮은 연료, 예를 들어 암모니아나 알코올 같은 연료에도 쉽게 대응할 수 있다.

자동차 업계에서 전동화가 진행되는 가운데, EU는 2023년 3월, 2035년 이후에도 합성연료나 수소를 사용하는 엔진 차량에 한해 판매를 허용하겠다는 방침을 발표했다. EV 전환을 추진

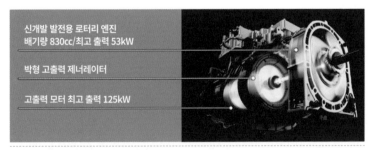

신개발 발전용 로터리 엔진
배기량 830cc/최고 출력 53kW

박형 고출력 제너레이터

고출력 모터 최고 출력 125kW

[자료 7-4] 플러그인 하이브리드 시스템
엔진과 모터, 로터리를 동축 상에 배치했다. (출처: 마쓰다)

해 온 국가나 지역도 이 방침을 따를 가능성이 있다. 이에 자동차 제조업체들은 수소 및 합성연료에 대응하는 엔진 개발을 진행하고 있다. 마쓰다는 로터리를 활용하여 미래의 멀티 연료 대응 가능성을 열어갈 방침이다. 현재 마쓰다는 MX−30 e−SKY ACTIV R−EV에 탑재된 플러그인 하이브리드 시스템과는 다른 로터리 기반 하이브리드 시스템을 개발 중이며, 이를 실용화하는 것을 목표로 하고 있다.

— 후시키 미키타로(닛케이 크로스테크, 닛케이 오토모티브)

075

핫멜트 접착제

용제가 필요 없는 압착 기술,
내장재 재활용이 용이해짐

:
:
:

기술 성숙 레벨 | **고**　2030 기대지수 | **5.9**

핫멜트 접착제는 자동차 도어 트림의 상단부 기판층에 표피층을 접합하는 공정에서 사용된다. 핫멜트 접착제의 베이스 소재에 도어 트림 구성 재료와 동일한 재료를 사용하여, 기존에는 재활용이 어려워 폐기 처리되었던 도어 트림 상단부를 쉽게 재활용할 수 있도록 했다.

토요타자동차는 5세대 '프리우스'의 내부 도어 트림 일부에 사용하는 접착제로 레조낙(Resonac)이 개발한 핫멜트 접착제를 채택했다. 도어 트림의 상단부 표피층과 기판층은 모두 올레핀계 수지인 폴리프로필렌(PP)제이다. 이번에 접착제의 베이스 폴리머를 도어 트림 구성 재료와 동일한 올레핀계로 맞춰, 기재와 표피를 일치시킴으로써 접착제를 붙인 상태 그대로 재활용할 수 있게 했다.

접착제를 합성 고무나 우레탄 같은 도어 트림의 구성 재료와 다른 소재로 만들면, 재활용 시 기판와 표피, 접착제를 분리해야 한다. 이로 인해 재활용이 어렵다는 점이 문제로 지적되어 왔다.

환경 오염 물질 배출 감소와 제조 공정 단축 측면에서도 핫멜트 접착제는 효과적이다.

핫멜트 접착제는 열가소성 폴리머를 주성분으로 한다. 용제를 사용하지 않기 때문에 반응계 용제형 접착제에 비해 환경에 미치는 부담을 줄일 수 있다. 따라서 화학물질 배출량 관리 촉진법(PRTR법)이나 중국의 VOC 규제에 대응할 수 있다.

반응계 용제형 접착제를 사용할 경우, 도어 표피재 접착 공정에서 일반적으로 6단계가 필요하다. 이에 반해, 해당 회사의 핫멜트 접착제를 사용하면 3단계 공정이면 충분하다.

구체적으로 줄일 수 있는 공정은 다음과 같다. 핫멜트 접착제는 상온에서는 고체 상태이며, 가열에 의해 용융된다. 이를 냉각하여 응고·접착한다. 용제를 사용하지 않는 접착제이기 때문에 도

[자료 7-5] 도어 트림의 어퍼부 구성
올레핀계의 핫멜트 접착제를 채택하여, 소재 재활용을 용이하게 했다. (출처: 도요타 통합 조직의 자료를 바탕으로 닛케이 오토모티브가 작성)

어 표피재를 붙이기 전에 용제를 건조시키는 공정이 필요 없어진다. 조건에 따라 접착 전에 열처리 과정도 생략할 수 있다. 또한, 접착 후에는 접착제가 냉각되면 바로 접착되므로, 용제형 접착제에서 필요한 양생 공정을 단축할 수 있다.

— 후시키 미키타로(닛케이 크로스 테크, 닛케이 오토모티브)

076

차세대 하이브리드 시스템

2모터 방식 하이브리드 메커니즘의 차세대 모델

:
:
:
:
:

기술 성숙 레벨 | **고**　　2030 기대지수 | **13.8**

혼다가 2모터 방식 하이브리드 메커니즘 'e:HEV'의 차세대 모델을 개발했다. 중형차를 대상으로 하고 있으며, HEV(일반 하이브리드 차량)뿐만 아니라, PHEV(플러그인 하이브리드 차량)이나 해외 시장을 겨냥한 SUV(다목적 스포츠 차량) 등에도 대응해 범용성을 높인 것이 특징이다.

e:HEV는 기본적으로 도심 주행 등 저속·중속 영역에서는 시리즈 방식의 하이브리드 시스템과 마찬가지로 엔진으로 전력을 생산하고, 이 전력을 사용해 모터만으로 구동한다. 반면, 고속 순항 시에는 엔진과 타이어를 락업클러치로 연결하여 엔진으로 구동한다. 일반적으로 고속 영역에서 효율이 떨어지는 모터로 주행하는 것보다 연비가 향상되기 때문이다.

　발표된 차세대 모델은 기존 모델에서 2모터 내장형 전기식

[자료 7-6] 혼다 '어코드'
일본에서는 2024년 3월에 출시된 어코드부터 새로운 세대의 중형차용 e:HEV가 탑재되었다. (출처: 혼다)

CVT 구조에 변경을 가했다. 구체적으로는, 구동용(트랙션) 모터와 제너레이터를 평행축 배치로 독립시켰다. 기존에는 동축상에 배치하여 엔진과 구동용 모터가 동일한 기어를 공유하고 있었다.

평행축 배치를 통해 구동용 모터와 엔진에 개별 기어를 설정하여, 공유하고 있던 기어비를 독립시킬 수 있었다. 각각에 최적화된 기어비를 선택할 수 있게 됨으로써, 모터 주행 시의 최적 속도를 유지하면서 엔진 락업 모드에서는 고속 순항에 적합한 낮은 엔진 회전수를 유지할 수 있도록 엔진 직결 기어비를 최적화했다.

기존의 동축 배치에서는 카운터 축에 있는 엔진 직결 기어비와 모터 비율을 공유해야 했기 때문에 제약이 있었다. 주행 상황에 따라 엔진과 모터는 각기 다른 기어비를 선호하게 된다.

예를 들어, 고속 영역에서는 엔진 회전수를 억제할 수 있는 기어비를 설정하고 싶지만, 모터의 회전수와의 조화를 고려해야 하므로 타협할 수밖에 없었다. 게다가, 모터의 최고 회전수에는 한계가 있어 최대 속도를 높일 수 없었다.

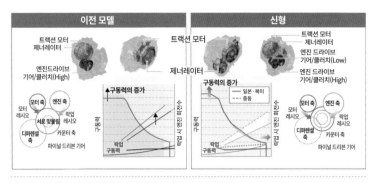

[자료 7-7] 이전 모델과 신형의 2모터 내장 전기식 CVT 차이점
신형에서는 엔진과 구동용 모터를 평행축 배치로 했다. (출처: 혼다)

평행축 배치는 패키징 측면에서도 장점이 있다. 동축 배치를 유지한 채로 중형차나 PHEV용으로 모터의 토크를 높이면, 모터의 크기와 함께 구동 유닛도 커지게 된다. 그러나 평행축 배치를 통해 이전 모델과 패키징을 크게 변경하지 않고도 모터의 토크 향상에 대응할 수 있었다.

견인 성능이 요구되는 해외 시장용 SUV에도 이번 차세대 모델은 사용하기 편리하다. 일반 승용차용으로는 고속 순항 시 엔진과 연결하는 데 사용되는 '하이' 락업 기어만 장착되어 있다. 한편, 해외에서 판매되는 SUV 'CR-V'에는 저속 시 엔진을 직결하는 '로우' 락업 기어가 추가된다.

트레일러와 같은 중량물을 견인할 때는 모터만으로는 충분하지 않다. 엔진을 직결하는 로우 락업 기어를 추가함으로써 견인에 필요한 구동력을 확보했다. 평행축 배치로 인해 엔진과 모터 사이에 공간적인 여유가 생겨 로우 기어를 추가할 수 있었다.

[이전 모델] 이중 원환 구조

회전 응력
압입 응력

응력 집중 부위　　　고리마다 기능을 나눔

모터 허용 회전: 1만 3,000rpm

[신형] 다중 원환 구조

재료 변경없이 모터 허용 회전수 증가를 실현

내경 압입 조임대 증가　　로터 전체에서
압입·회전응력을 받음으로써
발생하는 응력을 저감

모터 허용 회전: 1만 4,500rpm

[자료 7-8] 로터 내부 형태를 변경
다중 원환 구조를 채택하여 모터의 허용 회전수를 높였다. (출처: 혼다)

　평행축의 2모터 내장 전기식 CVT는 해외에서 전개되는 중형 세단 '어코드'와 CR-V의 PHEV에도 채택된다. e:HEV는 PHEV 와 친화성이 높다. 기본적으로 모터 주행이 중심이기 때문에 구동용 배터리의 용량을 큰 것으로 변경하고 외부 전원 공급 장치를 추가하면 간단하게 PHEV로 전환할 수 있다.

　해외에서 전개되는 어코드와 CR-V의 PHEV는 이번 시스템과 엔진, 모터가 공통이다. 모터가 배터리에서 에너지를 받는지, 엔진에서 받는지에 따라 비율이 다를 뿐이다. 제어 방식도 PHEV 와 HEV는 기본적으로 동일하다. 하드웨어를 크게 변경하지 않고도 다양한 차종에 채택할 수 있는 범용성을 고려했다.

　전기식 CVT에 내장하는 모터도 새롭게 설계하여 토크와 회전수를 높였다. 구체적으로는 모터의 로터(회전자)에 사용하는 영구자석을 새롭게 개발했다. 자석 소자를 미세화하여 내열성을 확보하면서, 재료 성분을 조정하여 자력을 강화할 수 있었다. 이로 인해 모터의 토크를 이전 모델의 315N · m에서 335N · m으로

20N·m 증가시켰다. 자석의 내열성과 자력은 기본적으로 트레이드오프 관계라고 한다.

모터 토크를 증가시키면 동시에 최고 회전수가 올라간다. 따라서 회전수 증가에 대응하기 위해 로터의 내부 구조를 이전 모델의 이중 원환 구조에서 여러 개의 마름모를 그물망처럼 조합한 다중 원환 구조로 변경했다. 이를 통해 원심력을 억제하면서 로터의 고정 성능을 향상시켰다. 모터의 허용 회전수는 이전 모델의 1만 3,000rpm에서 1만 4,500rpm으로 개선되었다.

혼다는 향후 중형차의 HEV, PHEV에 이 차세대 모델을 전개해 나갈 예정이다.

— 후시키 미키타로(닛케이 크로스 테크, 닛케이 오토모티브)

077

EV 우선 플랫폼

EV를 기본으로 하여 엔진 차나 하이브리드 차량에
활용할 수 있는 차체 골격

:

| 기술 성숙 레벨 | **고**   2030 기대지수 | **9.3** |

차량의 토대가 되는 기본 골격이 '플랫폼(PF)'이다. EV(전기차)
채택을 주축으로 하면서 엔진 차량이나 HEV(하이브리드 차량)에
도 전개할 수 있는 'EV 우선 플랫폼'을 마련하는 자동차 제조
업체가 늘어나고 있다. 각 기업들은 EV 전용으로 최적화된
'EV 전용 플랫폼' 개발에 박차를 가하고 있지만, EV 시장의
둔화로 인해 향후 몇 년간은 EV 우선 PF가 '연결' 기술로서
역할을 증가시킬 것으로 예상된다.

스텔란티스가 새롭게 개발한 EV 우선 플랫폼 'STLA'는 배터리
팩을 바닥 전체에 장착할 수 있다. EV에 적용할 경우, 현재의 EV
전용 플랫폼을 채택한 차량과 비교해도 배터리 용량이나 항속 거
리 등에서 부족함이 없다. 'STLA Medium'을 채택한 푸조의 신형
EV 'E-3008'의 상위 등급은 98kWh 용량의 배터리를 탑재하며,

[자료 7-9] 'STLA Medium'에 적용된 배터리 팩 탑재 이미지
EV 전용 플랫폼과 마찬가지로, 바닥 전체에 배터리 팩을 배치할 수 있다. 최대 98kWh 용량의 배터리를 탑재할 수 있으며, 이 배터리를 탑재한 EV의 완충 후 항속거리는 최장 700km 이상(WLTP 모드)에 달한다고 한다. (출처: 스텔란티스)

항속 거리는 700km(WLTP 모드)에 달한다.

플랫폼을 엔진 차량과 공유하는 EV는 이전에도 있었고, 현존하는 차량 중에도 적지 않다. 그러나 이러한 EV는 엔진 차량을 위한 플랫폼을 개조하여 배터리를 탑재할 수 있도록 하고 있다. EV 전용 플랫폼처럼 바닥 한 면에 배터리 팩을 전면에 배치할 수 없는 경우가 많아, EV의 상품력과 직결되는 항속 거리를 늘릴 수 있는 설계가 아니다.

예를 들어, 스텔란티스가 현재 B~C 세그먼트 EV에 채택하고 있는 플랫폼 'eCMP'는 엔진 차량을 위한 플랫폼 'CMP(Common Modular Platform)'를 기반으로 배터리 팩을 탑재할 수 있도록 한 것이다. 이 회사는 엔진 차량과 동일한 거주 공간을 확보하는 것을 중요시하여, 앞좌석과 뒷좌석의 바닥 아래를 중심으로 배터리 모듈을 분할하여 배치했다. 탑재할 수 있는 배터리 용량은 약 50kWh 정도에 불과해, 항속 거리를 늘리기 어려운 구조이다.

스텔란티스 이외의 다른 주요 자동차 제조사들도 EV 우선 플랫

[자료 7-10] 메르세데스 CEO 올라 켈레니우스와 차기 CLA EV 콘셉트
2023년 9월 독일 뮌헨에서 열린 국제 자동차 쇼 'IAA MOBILITY'에서 차기 CLA의 EV 모델 콘셉트인 'Concept CLA Class'를 최초 공개했다. (출처: 메르세데스)

폼이나 EV를 포함한 여러 파워트레인을 전개하는 차종에서 EV 를 먼저 개발하는 방식이 확산되고 있다.

스텔란티스와 마찬가지로 EV 우선 플랫폼을 개발하고 있는 것 이 메르세데스다. 이 회사는 지금까지 EV에 대한 급진적인 태도 를 유지해 왔지만, 중소형차용 EV 우선 플랫폼인 'MMA(Mercedes-Benz Modular Architecture)'를 차근차근 준비해 왔다.

MMA를 가장 먼저 채택할 모델은 2025년에 출시 예정인 소형 차 'CLA'의 차기 모델이다. 차기 CLA의 파워트레인 전개에 대해 서는 EV 모델이 완성된 후 내연기관(ICE) 모델의 옵션을 추가할 계획이다. 독일 자동차 잡지 등의 보도에 따르면, 이 ICE 모델은 48V 시스템을 사용하는 MHEV(간편 하이브리드 차량)이 유력하다고 한다.

현대자동차 그룹도 EV 우선 플랫폼과 유사한 움직임을 보이고 있다. 현대자동차는 2023년에 출시한 소형 SUV(다목적 스포츠 차량) 'KONA(코나)'의 신형 모델에서, 이전 모델과 마찬가지로 가솔린

[자료 7-11] 토요타의 '멀티 패스웨이 플랫폼'을 채택한 시험 제작 EV
'크라운 크로스오버'를 기반으로 한다. (출처: 토요타)

엔진 차량과 HEV, EV를 전개하고 있다. 엔진 탑재 모델에서 개발된 이전 모델과 달리, 신형 모델에서는 EV 모델을 먼저 개발하여 전비 성능과 뒷좌석 탑승자의 발 아래 공간이라는 2가지 사항을 개선했다.

엔진 탑재 차량과 플랫폼을 공유하는 EV는 배터리를 탑재함으로써 좌석 위치가 높아지는 경향이 있다. 탑승자의 머리 주위가 비좁지 않도록 공간을 확보하려면 전고(전체 높이)를 높여야 한다. 그 결과, 공기 저항이 증가하여 "항속 거리와 전비의 악화로 이어지기 쉽다"고 현대자동차 기술자들이 지적하고 있다.

코나의 이전 모델은 엔진 차량과 HEV를 먼저 개발·출시한 후, 나중에 EV 모델을 추가하는 형태를 취하고 있었다. 신형 모델에서는 EV를 엔진 차량이나 HEV보다 먼저 개발함으로써 배터리 팩의 앞좌석 하부에 해당하는 부분을 얇게 만들 수 있었다. 이로 인해 좌석 위치를 엔진 탑재 차량과 동일하게 유지하면서, 공기 저항 계수(Cd값)는 이전 모델의 0.29에서 0.27로 개선되어 전비 악화를 억제할 수 있었다.

일본 기업 중에서는 토요타자동차가 '멀티 패스웨이 플랫폼'이라고 부르는 다양한 파워트레인을 탑재할 수 있는 플랫폼을 준비하고 있다. 이는 '크라운' 등에서 채택하고 있는 중형차용 플랫폼 'GA-K'를 기반으로 개발된 것이다. EV 우선 플랫폼이라고 할 수는 없지만, EV는 물론 HEV와 FCV(연료전지차) 등에도 대응할 수 있다.

한편, 토요타는 2026년까지 150만 대의 EV를 판매하는 목표를 세우고 있으며, 차세대 EV 전용 플랫폼을 채택한 차량은 같은 해에 출시할 계획이다. 이러한 판매 목표를 달성하기 위해서는 엔진 차량이나 HEV와 마찬가지로 EV도 풀 라인업에 가까워져야 할 것으로 보인다. 멀티 패스웨이 플랫폼은 차세대 플랫폼을 채택한 EV 출시 이전에 EV 라인업을 강화하는 데 사용될 예정이며, 현재의 EV 전용 플랫폼인 'e-TNGA'와 함께 토요타의 EV 전략에서 중요한 역할을 할 것으로 예상된다.

EV 시프트의 과열감이 한풀 꺾이며, EV 시장의 향방은 불투명해지고 있다. 단기적으로는 하나의 차종에서 EV뿐만 아니라 엔진 차량이나 HEV 등도 준비하는 것이 중요해질 것으로 보인다. 자동차 제조 대기업들은 중장기적인 미래를 내다보고 EV의 경쟁력을 높이는 동시에, 소비자의 다양한 니즈에 대응하는 파워트레인을 전개할 필요가 있다. 이러한 요구를 충족시키기 위한 EV 우선 플랫폼은 'EV 캐즘'이 끝날 때까지 중요한 역할을 할 것으로 예상된다.

— 혼다 코우키(닛케이 크로스 테크, 닛케이 오토모티브)

078

희토류 프리 EV 모터

페라이트 자석을 사용한 고출력 EV용 모터

:
:
:
:
:

기술 성숙 레벨 | **중**   2030 기대지수 | **21.9**

페라이트 자석은 대부분의 구동용 모터에서 사용되는 네오디뮴(Nd) 자석과 달리 희토류를 사용하지 않는다. 프로테리얼(구히타치금속)은 EV 등 전동 차량의 구동용으로 설계된 페라이트 자석을 사용한 모터를 시제품으로 개발했다. 구동용 모터에서 증가하는 '희토류 프리' 수요에 대해 선택지를 넓히고 있다.

프로테리얼의 페라이트는 시뮬레이션 결과를 바탕으로 페라이트 자석을 탑재한 모터를 설계·시제품으로 제작하고, 성능 시험에서 최대 출력 102kW를 달성했다. 모터의 최고 회전수를 1만 5,000rpm까지 높였으며, 자석의 크기와 배치, 자석을 삽입하는 슬롯의 형태 등을 최적화하여 모터의 출력을 향상시켰다.

이 회사는 2022년 12월, 페라이트 자석을 탑재한 모터에서 약 100kW의 최대 출력을 얻었다는 시뮬레이션 결과를 발표했다.

[자료 7-12] 페라이트 자석을 탑재한 모터의 로터(회전자)
프로테리얼이 자사의 페라이트 자석 'NMF 시리즈' 중, 고성능 제품 'NMF-15'를 사용하여 시험 제작했다. (출처: 프로테리얼)

이 발표에 대해 국내외에서 큰 반향이 있었으며, 실제 기기에서의 검증을 원하는 목소리가 이어졌다.

프로테리얼의 페라이트 자석을 전동 차량의 구동용 모터에 적용하자는 제안이 주목받는 이유는 희토류 공급에 대한 우려가 커지고 있기 때문이다. 희토류는 중국에 생산이 집중되어 있으며, 중국에 대한 의존도도 높아지고 있다. 미국 지질조사소(USGS)에 따르면, 2022년 중국의 희토류 생산량은 21만 톤으로, 전 세계의 70%를 차지했다. 이는 2021년 대비 증가한 수치다.

페라이트 자석은 주요 성분이 산화철(Fe_2O_3)로 되어 있어, 희토류를 사용하는 네오디뮴(Nd) 자석에 비해 저렴하고 공급 리스크도 줄일 수 있다. 네오디뮴 자석은 경희토류인 네오디뮴 외에도 고온 환경에서의 보자력 강화를 위해 디스프로슘(Dy)이나 터븀(Tb) 같은 중희토류를 추가하는 것이 일반적이다.

이처럼, 지정학적 리스크 회피와 전동 파워트레인 비용 절감 등을 위해 자동차 제조사와 1차 부품 제조업체(티어 1)들도 희토류를 사용하지 않는 구동용 모터 개발에 대한 노력을 가속화하고 있다. 프로테리얼은 앞으로 이러한 자동차 제조사와 모터 제조사에 제안을 진행하고, 2030년대 초반에 구동용 모터로 실용화하는 것을 목표로 하고 있다.

– 혼다 코우키 (닛케이 크로스 테크, 닛케이 오토모티브)

079

48V 계열 차량용 네트워크

고압화로 차내 배선량을 줄이는 저전압 네트워크

:
:
:
:
:
:

기술 성숙 레벨 | 중   2030 기대지수 | 4.4

승용차의 저전압 네트워크는 그동안 12V 계열이 사용되어 왔다. 미국 테슬라는 이를 48V 계열로 전환했다. 차량 내 기기의 전압을 48V 계열로 높이면, 흐르는 전류가 줄어들어 얇은 케이블을 사용할 수 있게 된다. 이를 통해 경량화가 가능해진다. 차량 질량은 항속 거리에 직결되는 EV에 있어, 10~15kg의 경량화는 유리한 요소가 된다.

"이 자동차에는 많은 혁신적인 요소가 담겨 있다." 테슬라 CEO 일론 머스크는 자신감을 숨기지 않았다. 테슬라는 2023년 11월 30일, 신형 EV '사이버트럭(Cybertruck)'의 출시 이벤트를 개최했다. 특징을 차례로 소개하는 중에 머스크가 조용히 언급한 것이 '48V 혁신'이었다.

토요타자동차 등의 추격을 따돌리고, 테슬라는 차세대 EV 전

용 플랫폼을 준비하고 있다. 그 핵심 기술이 '언박스드 프로세스(Unboxed Process)'이다. 차량 조립 공정을 근본적으로 재검토해 제조 비용을 절반으로 줄일 수 있다고 한다. 언박스드 프로세스는 차량을 크게 6개의 블록으로 나누어 개별적으로 제작한 후, 마지막 단계에서 이들을 한꺼번에 조합하여 완성하는 방식이다. 기존의 제조 프로세스는 본체라는 큰 상자에 부품을 순차적으로 조립하는 방식인데, 이를 혁신하려는 것이다.

그리고 이 언박스드 프로세스를 실현하는 데 중요한 키워드가 바로 '48V'다. 승용차의 저전압 네트워크는 지금까지 테슬라를 포함해 12V 계열이 사용되어 왔다. 이를 48V 계열로 전환한 것이다. 목표는 하네스를 더 얇고 가볍게 하여 시스템 전체를 소형화하는 것이다. 차량 내 기기의 작동에 필요한 전력은 전압과 전류의 곱으로 결정된다. ECU(전자 제어 유닛)나 센서, 헤드램프

등 많은 차량 내 기기의 전압은 12V가 업계 표준이다. 이를 48V
로 높이면 전류는 줄어들어 얇은 케이블을 사용할 수 있다. 국
내 자동차 제조사의 기술자에 따르면, "12V 계열 시스템에 비해
20~30% 경량화할 수 있다"고 한다.

하네스의 무게는 대형차의 경우 대당 50kg를 넘는다. 10~15kg
의 경량화는 차량 질량이 항속 거리에 직결되는 EV에서는 매
력적이다. 48V 계열 도입과 동시에 테슬라는 ECU 간의 네트
워크에 이더넷(Ethernet)을 전면적으로 채택했다. 해외 매체의 보
도에 따르면, 이더넷과 48V 계열은 동일한 케이블을 사용하는
'POE(Power over Ethernet)'를 채택했다고 한다. POE는 IT 계통의 시
스템에서는 일반적이지만, 차량용 네트워크에서는 통신과 전력
을 위해 별도의 케이블을 사용하는 것이 상식이다. 이러한 전기/
전자(E/E) 아키텍처의 변경으로 인해 "차량 내 배선을 70% 줄일

[자료 7-14] 사이버트럭의 차량 탑재 네트워크
차량을 둘러싸듯 네트워크를 형성하였으나, 일부 배선은 차량을 가로지르도록 연결되어 있다. (출처: 테슬라)

수 있다"는 것이 일론 머스크의 주장이다.

테슬라의 저전압 및 실리콘 엔지니어링 부사장인 피트 배넌(Pete Bannon)은 차량용 네트워크의 혁신에 대해 이렇게 언급했다. "사이버트럭에서는 액추에이터 등을 연결하는 하네스가 가장 가까운 ECU에 연결되며, 이들 ECU는 이더넷을 통해 연결되는 형태가 된다. 그러나 사이버트럭에서는 차량을 가로지르는 하네스가 여전히 남아있다. 차세대 플랫폼에서는 이러한 모든 것을 제거할 것이다."

차세대 하네스 구상의 핵심은 차량 내 외주부를 둘러싸는 방식으로 배치된 하네스의 간선이다. 테슬라는 이를 '백본(backbone)'이라고 부르며, 여기에서 ECU와 액추에이터로 연결되는 지선이 뻗어나간다. 각 ECU와 저전압 전원 배터리를 개별적으로 배선하던 기존 시스템에 비해 배선을 대폭 간소화할 수 있다. 또한, 하네스 조립의 자동화도 목표로 하고 있다. 백본끼리의 연결, 백본과 지선의 연결, 나아가 백본과 차체의 고정 등을 로봇 작업을 전제로 설계했다. 나사나 볼트로 쉽게 연결할 수 있는 구조로 되어 있어, "하네스 공정에서는 인력이 필요 없어질 것"이라는 것이 국내 부품 제조사의 하네스 기술자의 전망이다.

― 구메 히데나오(닛케이 크로스 테크, 닛케이 오토모티브)

080

차세대 라이다에 의한
사고 회피

차세대 라이다 레이더를 활용하여 안전성을 향상

:
:
:
:

기술 성숙 레벨 | 중   2030 기대지수 | 30.4

자동차에 차세대 LiDAR(라이다)를 탑재해 사고 회피에 활용하는 연구 개발이 진행되고 있다. 기존의 단안 카메라와 밀리파 레이더와 조합하여 사용한다. 기존 시스템에서는 전방의 차량, 이륜차, 보행자 등과의 충돌을 회피하기 위해 자동브레이크를 작동시켜 차량을 멈추는 것을 전제로 하고 있다. 차세대 라이다를 함께 사용하면 자동으로 감속하여 통과하거나, 핸들을 꺾어 회피하는 고도의 자율주행이 가능해진다. 데모 수준에서는 실현에 가까워지고 있지만 라이다의 비용이 아직 높기 때문에, 시판 차량에 탑재하기 위해서는 대량생산을 통한 가격 인하가 필요하다.

닛산 자동차는 2023년 6월, 차세대 LiDAR(라이다)를 이용해 긴급회피 성능을 향상시킨 개발 중인 운전 지원 기술의 데모를 공개했다. 2020년대 중반까지 기술 개발을 완료하여 신형 차량에 탑재할 계획이다. 또한 2030년까지는 거의 모든 신형 차량에 탑재하는 것을 목표로 하고 있다.

이 지원 기술의 가장 큰 특징은 교통 상황에 따라 위험 회피 방법을 변경할 수 있다는 점이다. 예를 들어, 자동 브레이크로 차량을 긴급 정지시키는 것이 더 좋을지, 정지하지 않고 감속하면서 통과하는 것이 더 좋을지 등을 순간적으로 판단해 위험을 피할 수 있는 최적의 수단을 실행한다.

현재의 자동 브레이크 시스템은 전방의 차량, 이륜차, 보행자 등과의 충돌 사고를 피하기 위해 차량을 정지시키는 것이 전제조건으로 되어 있다. 앞으로는 주변의 교통 상황에 따라 최적의 위험 회피 방법을 선택하고, 다른 차량을 포함한 전체 피해를 최소화하는 접근 방식이 필요하게 된다. 일반 도로에서 '레벨 4' 이상

[자료 7-15] 닛산자동차가 사용한 실험 차량
스카이라인을 기반으로 개발했다. 차세대 라이다를 지붕 앞쪽에 장착한다. (출처: 닛케이 오토모티브)

의 자율주행에서 사고를 회피할 때도 이와 같은 사고방식이 필요할 것이다.

현재 세계의 자동차 제조사들도 이러한 사고방식에 기반하여 자사의 첨단 운전 지원 시스템(ADAS)을 발전시키는 노력을 진행하고 있다. 이번에 데모를 공개한 닛산의 지원 기술 '그라운드 트루스 퍼셉션(Ground Truth Perception)'이 그 한 예다.

닛산 전자 기술·시스템 기술 개발 본부 AD/ADAS 선행 기술 개발부 전략기획 그룹의 이지마 테츠야 부장은 "실제 환경에서 발생하는 사고를 관찰하고, 많은 데이터를 수집·분석하고 있다. 그 결과를 바탕으로 위험을 긴급히 회피할 수 있는 기술의 확립을 목표로 하고 있다"고 설명한다.

'레벨 3'까지의 자율주행에서는 시스템이 대응할 수 없는 상황에서 운전자가 가감속이나 조향을 통해 회피할 수 있는 가능성이 있다. 반면, 일반 도로를 포함한 레벨 4 이상의 자율주행에서는 시스템만으로 복잡한 사고를 긴급히 회피해야 한다.

일반 도로에서의 레벨 4 자율주행은 2030년대 중반부터 2040년대에 걸쳐 실현될 것으로 닛산은 보고 있다. "도쿄 도내에서의 로보택시(자율주행 택시)와 같은 제한된 지역에서 서비스가 시작되며, 그로부터 약 10년 후에는 일반 차량에도 보급될 것"이라고 이지마 부장은 예상하고 있다.

닛산이 공개한 데모에서는 중형차 '스카이라인'을 기반으로 개발한 실험 차량을 사용했다. 이 실험 차량에는 주변을 모니터링하는 센서로서 단안 카메라와 밀리파 레이더 외에도, 미국 루미

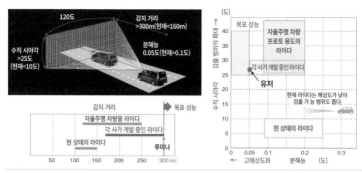

[자료 7-16] 루미나 테크놀로지 차세대 라이다의 성능

감지 거리나 수직 시야각, 각도 분해능 등은 각 사가 개발 중인 제품 중 최고 수준이다. (출처: 닛산자동차 자료를 바탕으로 닛케이 오토모티브가 작성)

● 라이다: 1개 ● 카메라: 11개 ● 밀리파 레이더: 7개

[자료 7-17] 센서의 종류와 탑재 위치

라이다에 더해 밀리파 레이더를 7개, 카메라를 11개 탑재했다. (출처: 닛산자동차 자료를 바탕으로 닛케이 오토모티브가 작성)

나 테크놀로지(Luminar Technologies)의 차세대 라이다가 차 지붕 앞쪽에 탑재되었다.

루미나에서 제작한 차세대 라이다의 성능은 현재 각 기업들이 개발 중인 라이다 중 최고 수준에 해당한다. 감지 거리는 현행 제품의 약 2배에 달하는 300m이다. "시속 130km의 차량 속도에 대응하기 위해서는 최소한 300m의 감지 거리가 필요하다"고 닛산의 ADAS 개발 담당자가 설명한다. 또한, 수평 시야각은 120도, 수직 시야각은 25도 이상이며, 각도 분해능은 0.05도이다.

실용화 시의 과제가 되는 라이다의 소형화도 진행되고 있으며, "차 지붕의 앞부분에 컴팩트하게 장착할 수 있게 되어 외관 디자인을 해치지 않는다"라고 닛산의 ADAS 개발 담당자는 말한다. 실제로 과거의 실험 차량과 비교할 때, 높이에 있어 상당히 소형화가 이루어졌다.

라이다 이외의 센서의 탑재 개수와 위치를 살펴보면, 전방 감시용 단안 카메라(프론트 카메라)는 2개로, 하나는 원거리용, 다른 하나는 근거리용이다. 근거리용 카메라의 수평 시야각은 120도로 광각화되었다. 두 개의 카메라는 프론트 윈도우(전면 유리창) 상단의 실내 쪽에 탑재된다.

밀리파 레이더(77GHz 대역에 대응)는 차량 전면에 3개, 후면에 4개 탑재된다. 이외에도 주변 감시(어라운드뷰) 카메라를 총 9개 장착한다. 장착 위치는 차 지붕의 좌우에 각각 2개, 도어 미러 좌우에 각각 2개, 프론트 펜더 후면의 좌우에 각각 2개, 프론트 그릴과 후면 범퍼, 그리고 차 지붕 후방(루프 핀)에 각각 1개씩 배치된다. 센서의 정보를 활용하여 주변의 물체를 인식하는 알고리즘이나, 여러 센서 정보를 결합한 센서 퓨전 알고리즘은 닛산이 내부에서 개발하고 있다.

이러한 센서를 연계한 퓨전 시스템을 탑재한 실험 차량을 통해 닛산은 위험 회피를 위한 긴급 상황을 가정한 데모를 선보였다. 현재의 자동 브레이크 시스템은 차량을 멈추는 것을 전제로 하고 있기 때문에, 위험 회피 방법을 순간적으로 변경하는 것은 어렵다. 주차 공간에서 튀어나온 차량에 대해서는 자동으로 브레이크를 작동시켜 감속하면서 조향을 제어하고, 진행 방향을 오른쪽으로 바꿔 튀어나온 차량과의 충돌을 회피했다. 그 후, 차선 오른쪽에서 횡단하는 보행자와의 충돌을 피하기 위해 자동으로 브레이크를 작동시켜 차량을 정지시켰다.

이러한 제어를 실현하기 위해서는 고성능의 라이다가 필요하다. 닛산의 ADAS 개발 담당자는 "얻어지는 데이터의 정확도가 다른 센서보다 높다. 예를 들어, 정지할지 아니면 정지하지 않고 통과할지와 같은 판단에 라이다는 필수적이다"라고 강조한다.

실용화를 위해서는 라이다의 비용이 단안 카메라나 밀리파 레이더보다 높다는 과제가 있다. 하지만 단안 카메라와 밀리파 레이더의 비용도 차량에 탑재되기 시작했을 때만 해도 높았지만, 탑재 수량이 증가함에 따라 대량 생산 효과 등으로 비용이 낮아졌다. "라이다도 마찬가지다. 현재는 비용이 높지만, 탑재 수량이 늘어남에 따라 비용은 낮아질 것"이라고 닛산의 ADAS 개발 담당자가 설명한다.

— 타카다 타카시(닛케이 크로스 테크, 닛케이 오토모티브)

081

스마트 타이어

노면 환경이나 마모 상황 등을 감지하여 대응

:
:
:
:
:

기술 성숙 레벨 | **고**　　2030 기대지수 | **17.5**

노면이 젖어 있거나 얼어 있어도 타이어가 미끄러지지 않는, 그런 모든 날씨에 대응할 수 있는 타이어가 등장한다. 스미토모 고무공업은 안전 성능과 환경 성능을 강화한 타이어 개발 및 관련 서비스 확장 개념인 '스마트 타이어 콘셉트(Smart Tyre Concept)'를 추진하고 있다. 이는 노면 상태나 마모 상황 등을 감지하고 대응하는 시스템을 갖춘 스마트 타이어를 실현하기 위한 개념으로, 그중 하나가 '액티브 트레드', 즉 모든 날씨에 대응하는 타이어를 구현하는 것이다.

스미토모 고무공업은 자원 절약을 목적으로 현재 성능별로 판매하고 있는 타이어를 장기적으로 모든 계절에 대응할 수 있는 '올 시즌' 타이어로 카테고리를 통합해 나가는 방침을 내놓았다. 타이어의 성능과 내구성을 높이면서 제조 수량을 줄이는 방향이다.

330 • 세계를 바꿀 테크놀로지 2025

[자료 7-18] 액티브 트레드 기술을 탑재한 시험 제작 타이어
스미토모 고무공업에 따르면, 시제품에 채택한 트레드 부분의 형태는 기존 올 시즌 타이어와 거의 동일하며, 차이점은 주로 고무 소재 자체에 있다. (출처: 닛케이 모노즈쿠리)

무라오카 키요시게 상무는 "연중 한 가지 타이어로 주행할 수 있도록 할 것"이라고 설명했다.

실현의 열쇠를 쥐고 있는 것은 노면 환경에 따라 타이어 성능을 변화시키는 신기술 '액티브 트레드'이다. 트레드는 타이어가 노면과 접촉하는 부분을 말한다. 스미토모 고무공업은 이 액티브 트레드 기술을 탑재한 콘셉트 타이어를 2023년 10월에 개최된 '일본 모빌리티 쇼 2023(Japan Mobility Show 2023)'에서 처음 공개했다. 같은 해 11월 16일에는 해당 기술에 관한 설명회를 열었다.

액티브 트레드 기술의 시장 투입은 우선 일본에서 시작될 예정이다. 그러나 "주요 타깃은 유럽과 미국 시장이 될 것"이라고 무라오카 상무는 보고 있다. 일본과 유럽, 미국 간에는 올 시즌 타이어에 대한 인지도와 보급률에 큰 차이가 있기 때문이다. 예를 들어, 북미 지역에서 올 시즌 타이어의 보급률은 약 60~70%인데 반해, 일본은 그 비율이 몇 퍼센트에 불과하여 "너무 낮다"며 아쉬움을 표했다.

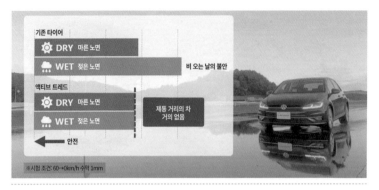

[자료 7-19] TYPE WET 기술을 탑재한 시험 제작 타이어의 제동 성능 시험 결과
기존 여름용 타이어는 노면이 젖었을 때 제동거리가 길어지는 반면, 시제품은 제동거리에 차이가 거의 없었다. (출처: 스미토모 고무공업)

액티브 트레드 기술은 고무 소재를 개량한 2가지 기술로 구성
된다. 하나는 물에 반응하여 고무가 부드러워지는 'TYPE WET'
이며, 다른 하나는 저온에 반응해 동일하게 고무가 부드러워지는
'TYPE ICE'이다. 타이어 표면의 고무가 부드러워짐으로써 노면
과의 마찰력이 증가해 미끄러지지 않게 된다.

TYPE WET의 성능은 시제품 타이어로 진행한 제동 성능 시험
에서 마른 노면과 젖은 노면 사이의 제동 거리 차이가 거의 없어
질 정도로 뛰어나다. 노면의 물이 타이어 표면에서 흡수되면, 수
분 분자가 고무 내부의 '결합제'에 닿아 '폴리머'와 '보강제'가 분리
되어 고무의 성질이 변한다. 이에 따라 폴리머가 이동하면서 고
무의 부드러움이 증가하는 원리다. 이 기술 개발에 있어 스미토
모 고무공업은 신에츠 화학공업, 구라레, 에네오스 머티리얼 등
으로부터 소재를 제공받았다.

부드러워지는 부분은 타이어 전체가 아니라, 젖은 노면과의 접

[자료 7-20] TYPE WET 기술을 구성하는 소재

사진 왼쪽부터 [a] 물과 반응하는 이온성 필러 재질제, [b] 물에 의해 부드러워지는 베이스 재료, [c] 물을 끌어들이는 보조 소재, [d]와 [e] 변형 시 에너지 손실을 높이는 소재, [f] 물이나 흠집으로 에너지 손실을 높이는 소재. 단, 소재의 구체적인 물질명 등은 상세 공개하지 않았다. (출처: 닛케이 모노즈쿠리)

[자료 7-21] TYPE ICE 기술 시연 모습

왼쪽은 얼음물에, 오른쪽은 미지근한 물에 각각 담근 것이다. 왼쪽은 약 0도 근처까지 냉각되면 수지가 부드러워져 샘플이 자체 무게로 더 크게 휘어진다. 고온 상태(오른쪽)에서는 수지와 연화제가 분리되어 불투명하게 흐려지고 단단해진다. 저온 상태(왼쪽)에서는 수지와 연화제가 혼합되어 투명하게 보인다. (출처: 닛케이 모노즈쿠리)

촉면에서 약 0.5mm 깊이의 영역에 한정된다. 스미토모 고무공업에 따르면, 물에 젖으면 고무의 탄성률이 약 절반으로 줄어들어 비 오는 날에도 타이어가 노면에 밀착되기 쉬워진다. 이는 트레드 부분의 홈을 통해 물을 배출하는 기존 방식과는 다른 접근 방식이라 할 수 있다.

다만, 물에 젖었다고 해서 바로 부드러워지는 것은 아니다. "최대 그립 성능을 발휘하는 것은 젖은 노면에서 약 5분 정도 주행한 후"라고 스미토모 측은 밝혔다. 제조 비용에 대해서는 "기존 양산 제품과 비교해 소재 비용이 약 2~3배 증가할 것으로 보인다"고 설명했다. 이는 소재에 관한 신기술이며, 타이어 성형 등의 다른 공정은 크게 달라지지 않는다.

또 하나의 TYPE ICE는 저온에서도 고무의 부드러움을 유지하는 기술이다. 예를 들어, 겨울철에 노면이 얼어붙은 경우에도 타이어가 노면에 밀착되기 쉬워 안전한 주행에 기여한다. "궁극적으로는 기존의 스터드리스 타이어와 동일한 성능을 목표로 하고 있다"고 무라오카 상무는 밝혔다.

이 기술은 홋카이도대학교와 공동으로 개발이 진행 중이다. 폴리아크릴산을 주성분으로 하는 폴리머와 물의 혼합물을 소재로 사용하고 있다. 대략적인 이미지이지만, "저온에서는 폴리머와 수분이 섞여 부드러워지고, 고온에서는 폴리머와 수분이 분리되어 딱딱해진다"고 스미토모 측은 설명했다.

스미토모 고무공업은 2024년 가을에 액티브 트레드 기술을 탑재한 올 시즌 타이어 출시를 계획하고 있다. 그러나 최종 목표 성능을 '레벨 3'로 설정한 데 비해, 2024년 가을에 출시되는 제품은 '레벨 1 성능'에 해당한다고 회사 측은 설명했다.

— 이시바시 타쿠마, 사이토 소지

(닛케이 크로스 테크, 닛케이 모노즈쿠리)

082

자동차 유리용 차세대 필름

차열성과 투명성이 뛰어난 폴리에스테르 필름

. . . .

기술 성숙 레벨 | **중**   2030 기대지수 | **5.2**

자동차 유리에 부착하여 차내의 차열성을 높이고, 쾌적성을 향상시키는 필름이다. 여름철 냉방으로 인한 전력 소비를 줄여 전기차(EV)의 항속 거리를 늘리는 효과도 기대할 수 있다.

도레이는 차열성이 뛰어나면서도 유리와 같은 투명성을 확보한 자동차 유리용 새로운 폴리에스터 필름 제조 기술을 개발했다. 2025년 내 양산화를 목표로 하고 있다. 기존 자외선 차단 유리와 비교하여 햇볕으로 인한 피부 온도의 상승을 막고, 피부에 따가움을 줄이는 효과가 있다. 또한, 차량 내부로 유입되는 열을 억제하여 여름철 냉방 에너지 소비를 줄일 수 있으며, EV에서는 항속 거리 연장도 기대할 수 있다.

도레이의 실험에 따르면, 개발된 필름을 부착한 유리는 기존 자외선 차단 유리와 비교해 최대 약 2도, 아무 처리도 하지 않은 유

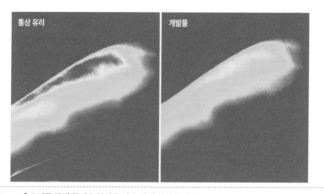

[자료 7-22] 유리를 통해 들어온 햇빛을 받은 팔의 열화상 비교
필름 등을 부착하지 않은 일반 유리(왼쪽)와 개발품을 부착한 유리(오른쪽)의 비교. 붉은색이 42도 이상, 청색은 약
35도 이하를 나타낸다. 개발품이 피부 온도의 상승을 억제하고 있음을 알 수 있다. (출처: 도레이)

리와 비교해 약 3.5도까지 피부 표면 온도(체감 온도) 상승을 억제
할 수 있었다고 한다.

또한, 닛산 전기차 '리프(LEAF)'(2020년형. 배터리 용량 40kWh)의 전면
유리에 이 필름을 부착하여 진행한 실제 주행 테스트에서 냉방
전력 소비를 27% 절감할 수 있었고, 도심 주행에서 5.5%의 항속
거리 연장 효과를 확인했다.

이 필름은 높은 전파 투과성도 특징이다. 향후 자동차의 커넥
티드 서비스에 활용될 것으로 예상되는 5G(5세대 이동 통신 시스템)의
28GHz 전파를 필름에 투과시키는 실험에서 약 99%의 투과율을
보였다.

도레이는 두께 수백 나노미터(nm) 정도의 수지 필름을 적층하여
빛의 반사 및 투과 파장 영역을 제어하는 기능성 필름 '피카서스
(PICASUS)' 시리즈를 오래전부터 개발해 왔다. 이번에 개발한 필름
도 이 시리즈의 라인업에 추가될 예정인데, 최소 두께 5nm로 기

존보다 얇게 적층할 수 있도록 장비를 개선했다. 이를 통해 가시
광선의 반사를 억제하면서 적외선을 차단하는 영역을 넓혀 투명
성과 차열성을 동시에 실현했다.

현재 도레이는 유리 제조업체 등 고객에게 샘플을 제공하며 실
제 차량에 탑재를 목표로 제품 평가를 진행 중이다.

- 이시바시 타쿠시(닛케이 크로스 테크, 닛케이 모노즈쿠리)

083

완전 자율주행

운전자가 탑승하지 않고 시스템이
모든 운전을 담당한다

∙
∙
∙
∙
∙

기술 성숙 레벨 | 중　　2030 기대지수 | **66.6**

자율주행에는 자동화 정도에 따라 레벨이 정의되어 있다. 국
토교통성의 정의에 따르면, 레벨 1은 '운전 지원', 레벨 2는 '부
분 운전 자동화', 레벨 3은 '조건부 운전 자동화', 레벨 4는 '고
도 운전 자동화', 그리고 레벨 5는 '완전 운전 자동화'이다. 레
벨 3은 이미 대응하는 시판 차량이 등장하고 있으며, 현재는
레벨 4 자율주행을 실현하기 위한 실증 실험이 진행되고 있다.

레벨 3 자율주행에서는 시스템이 주된 운전 주체가 되지만, 작
동을 지속하기 어려운 상황에서는 운전자가 책임을 맡아야 한
다. 이 레벨 3에 대응하는 시판 차량은 이미 출시되었다. 혼다는
2021년 세계 최초로 레벨 3 자율주행 시스템인 '혼다 센싱 엘리
트(Honda SENSING Elite)'를 세단 '레전드'에 탑재해 100대 한정으로
판매했다. 또한, 메르세데스 벤츠 그룹은 2022년에 독일에서 레

[자료 7-23] 자율주행용 센서의 장착 위치
단안 카메라 1개, 밀리파 레이더 1개, 초음파 센서 4개를 사용해 차량 전방을 감시한다. (출처: 산업기술종합연구소)

> ▶ 1단계: 2024년도에 요코하마 미나토미라이 지구에서 실증 실험을 개시
> ▶ 2단계: 2025~26년도에 요코하마시 지역(요코하마 미나토미라이 지구, 사쿠라기쵸, 칸나이 등)에 걸쳐 이동 서비스 실증 실험을 실시한다.
> ▶ 3단계: 2027년도에 지방을 포함한 3~4개 지자체에서 레벨4의 자율주행 차량을 이용한 서비스 개시를 목표로 한다.

[자료 7-24] 닛산의 자율주행 '레벨 4' 사업화 로드맵과 자율주행 차량.
(출처: 닛케이 오토모티브, 사진은 닛산자동차)

벨 3 대응 차량을 제공하기 시작했으며, 미국에서도 판매 승인을 받았다.

한편, 레벨 4의 정의는 "시스템이 모든 동적 운전 작업과 작동 지속이 어려운 상황에 대한 대응을 제한된 영역에서 수행"하는 것이다. 즉, 운전자가 없는 자율주행이 레벨 4에 해당하며, 운전자가 불필요한 교통 서비스나 자율주행 트럭에 의한 배송 등 다

[자료 7-25] 소형차 '솔리오'를 기반으로 한 실험 차량
(출처: 스즈키)

양한 분야에서의 활용이 기대된다. 이를 위해 자동차 제조사와 소프트웨어 개발 업체들이 국가 및 지자체 등과 협의하며 각종 실증 실험을 진행하고 있다.

레벨 4 자율주행에 대응한 일본 최초의 이동 서비스가 2023년 5월 후쿠이현 에이헤이지쵸에서 시작되었다. 그러나 이 자율주행 차량이 자전거와 접촉 사고를 일으켰다. 사고 발생 후 경제산업성, 국토교통성, 에이헤이지쵸 등 관련 기관이 원인 규명을 진행했으며, 2023년 11월 에이헤이지쵸가 보고서를 작성했다. 보고서에 따르면, 사고 원인은 ①무인 자전거를 인식하기 위한 학습용 데이터가 충분하지 않았고, ②단안 카메라가 자전거의 바로 뒤쪽 영상을 포착해 이를 자전거로 인식하지 못한 2가지로 지목되었다.

에이헤이지쵸는 이번 사고를 계기로 재발 방지 대책으로서, 교차 대기 구역에서 접촉 가능성이 있는 물체가 감지될 경우, 단안 카메라의 영상 인식과 일치하지 않더라도 자동으로 브레이크가 작동하도록 제어 방식을 변경하기로 했다. 에이헤이지쵸는 이러한 재발 방지 대책을 시행한 후, 2024년 3월 16일에 운행을 재개했다.

닛산자동차는 2024년 2월 28일, '레벨 4' 자율주행에 기반한 모빌리티 서비스의 사업화를 위한 로드맵을 발표했다. 2024년도에는 요코하마 미나토미라이 지구(요코하마시)에서 실증 실험을 시작하고, 2025년도 이후에는 실증 실험의 지역과 규모를 확장하여 2027년도에 사업화를 목표로 한다고 밝혔다.

이 실증 실험에서는 자율주행의 레벨을 단계적으로 높이면서, 자율주행에 대한 이용자 수용성도 확인할 예정이다. 이를 바탕으로 2027년도에는 지방을 포함한 3~4개 지자체에서 수십 대 규모의 레벨 4 자율주행 차량을 활용한 서비스를 시작하는 것을 목표로 하고 있다. 현재 여러 지자체와 협의 중이며, 준비가 완료된 지자체부터 순차적으로 사업화할 계획이다.

다만, 일반 도로에서 레벨 4 자율주행을 실용화하려면 자동차, 보행자, 자전거 등이 혼재하는 복잡한 교통 상황에 대응할 필요가 있다. 고속도로나 자동차 전용 도로보다 요구되는 조건이 더욱 까다롭다. 주변의 교통 상황에 따라 최적의 위험 회피 방법을 선택하고, 상대 차량 등을 포함한 전체 피해를 최소화하는 사고 방지 접근 방식이 필요하다.

이 접근 방식에 따라 닛산은 '그라운드 트루스 퍼셉션(Ground Truth Perception)'이라는 운전 지원 기술을 개발 중이다. 2020년대 중반까지 개발을 완료하고, 신형 모델에 탑재할 계획이다. 2030년

까지는 거의 모든 신형 차량에 이 기술을 탑재하는 것을 목표로
하고 있다.

스즈키는 2024년 6월 17일, 자율주행용 소프트웨어 플랫폼 개
발을 담당하는 티어포(Tier IV)와 자본 및 업무 제휴에 합의했다고
발표했다. 티어포의 자율주행용 소프트웨어와 스즈키의 경차 및
소형차 제조 기술을 결합하여, 주로 지방에서 레벨 4 자율주행
서비스의 실용화를 목표로 하고 있다.

티어포의 오픈 소스 소프트웨어 '오토웨어(Autoware)'를 활용한 플
랫폼을 스즈키 차량에 탑재하여 레벨 4 자율주행이 가능한 차량
을 개발할 계획이다. 이를 통해 노선 버스 폐지 등으로 '교통 공
백 지대'가 된 지역의 주민들에게 이동 수단이 될 자율주행 서비
스를 조기에 실용화하는 것을 목표로 하고 있다.

스즈키는 교통 공백 지대에서 자율주행 서비스의 사업화를 목
표로 '하마마츠 자율주행 해보지 않을래?' 프로젝트에 참여하고
있다. 이 프로젝트에서 스즈키는 소형차 '솔리오'를 기반으로 한
차량을 사용하여 하마마츠 시내에서 실증 실험을 진행하고 있다.

– 타카다 타카시(닛케이 크로스 테크, 닛케이 오토모티브)

084

도시형 자율주행 로프웨이

모터와 전지를 탑재해 스스로 달리는 로프웨이

기술 성숙 레벨 | **고**　2030 기대지수 | **6.6**

첨단 기술을 집약한 완전 자율주행 차량과 플라잉카가 미래 모빌리티로 기대되는 한편, 로프웨이 기술을 활용한 '오래됐지만 새로운' 교통 수단이 새롭게 주목받고 있다. 이는 구동부에 전기차 기술을 채택한 도시형 자주식 로프웨이다.

이 자주식 로프웨이는 집 인프라스트럭처(Zip Infrastructure)에서 개발한 도시형 자주식 로프웨이다. 최대 특징은 노선을 자유롭게 설계할 수 있다는 점이다. 기존 로프웨이는 고정된 로프를 따라 곤돌라가 이동하는 구조로, 기본적으로 직선으로만 이동할 수 있었다. 그러나 곤돌라 자체가 자주식으로 움직이는 'Zippar'는 자유롭게 커브를 돌 수 있다. 즉, 도심의 데드 스페이스인 공중을 활용하여 새로운 교통망을 구축할 가능성을 지니고 있다.

　교통수단으로서의 수송 능력도 뛰어나다. 한 대의 곤돌라에

4~12명이 탑승할 수 있어 다소 소수이지만, 12초에 한 대씩 고빈도 간격으로 운행이 가능한 시스템을 구축할 계획이다. 이를 통해 시간당 최대 3,600명을 수송할 수 있어, 시간당 300~400명을 수송할 수 있는 버스보다 훨씬 높은 수송력을 제공한다. 운행은 시스템에 의한 중앙 제어로 이루어지기 때문에 운전자가 필요하지 않다.

또한 도입 시 가장 큰 매력은 저렴한 비용과 짧은 공사 기간이다. Zippar 곤돌라의 무게는 약 2톤으로, 1대당 수용 인원이 적기 때문에 총 중량이 가볍다. 이에 따라 직선 루트일 경우 200~300m 간격으로 기둥을 설치하면 충분해 공사비를 절감할 수 있다. 중앙분리대 등 기존 도로 공간을 효과적으로 활용할 수 있어 대규모 용지 매입도 필요 없다. 회사의 추산에 따르면, 1km당 건설비는 지하철이 약 300억 엔, 모노레일이 75억 엔, LRT(노면전철)가 약 30억 엔인 데 비해, Zippar는 약 15억 엔으로 충분하다. 또한 지하철이 10년, LRT가 7년 정도 소요되는 반면, Zippar 는 설계 1년과 건설 1년으로 단 2년 정도면 노선 개통이 가능해 공사 기간 면에서도 큰 장점이 있다.

이미 Zippar의 도입은 현실로 다가오고 있다. 전국의 지자체들로부터 많은 관심을 받고 있으며, 여러 지자체가 구체적인 도입을 목표로 루트 선정 및 사업 채산성 조사를 진행하고 있다. 2023년 10월 연계 협정을 맺은 오키나와현 토요미조시에서는 유이레일 아카미네역과 관광지로 인기가 높은 세나가섬을 연결하는 노선 도입을 검토 중이라고 한다.

– 하시모토 아유미(작가)

085

이액슬

모터와 인버터, 감속기 등을 일체화한 구동 유닛

:
:
:
:
:
:

기술 성숙 레벨 | 고   2030 기대지수 | 7.4

이액슬(e-Axle, 전동 액슬)은 구동용 모터와 인버터, 감속기 등을 일체화한 전기차(EV)용 구동 모듈이다. 'EV의 심장부'라고도 불리는 핵심 부품으로, 주행 거리당 전력 소비량(전비) 등 EV 의 기본 성능을 좌우하는 중요 부품이다. 주요 자동차 제조 사들은 메가 서플라이어(공급업체)의 표준 제품을 사용하는 것 보다, 그룹 내 자체 개발이나 부품 제조업체와의 공동 개발 방식을 통해 내재화하려는 경향이 강하다.

스바루와 아이신이 EV의 핵심 부품인 이액슬(e-Axle, 전동 액슬)을 공동 개발한다. 스바루가 2020년대 후반에 출시할 EV용이다. 스 바루의 차량 개발 경험과 아이신의 변속기 개발 노하우를 결합 해, 고효율이며 소형 · 경량의 이액슬을 목표로 한다.

이액슬은 구동용 모터와 인버터, 감속기 등을 일체화한 전동차

[자료 7-27] 스바루와 아이신의 이액슬 공동 개발의 3가지 핵심 포인트
사진은 스바루 사장 오사키 아츠시(왼쪽)와 아이신 사장 요시다 모리타카. (출처: 스바루, 아이신)

[자료 7-28] 양사가 공동 개발하는 이액슬의 이미지
구동용 모터와 인버터, 감속기 등을 일체화한 전동차용 구동 모듈이다. (출처: 스바루, 아이신)

용 구동 모듈이다. 스바루와 아이신은 이액슬을 공동으로 개발할 뿐만 아니라, 생산도 양사가 분담할 예정이다. 전동화에 따른 기존 공급망의 변화에 대응해, 양사는 최적의 부품 조달처와 생산 스키마(생산 계획 및 구조)를 검토해 나갈 계획이다.

스바루는 2026년 말까지 현재 EV 모델인 '솔테라'를 포함해 4종의 SUV 타입 EV를, 2028년 말까지 추가로 4종의 EV를 출시할 계획이다. 이 중 어느 한 차종에 스바루와 아이신이 공동 개발한 제품을 채택할 것으로 보인다. 탑재할 차종이나 실용화 시기

[자료 7-29] bZ4X나 솔테라 등이 탑재하는 이액슬
아이신이 1세대로 정의한 제품이다. (출처: 닛케이 오토모티브)

등에 대해서는 "세부 사항은 앞으로 조율해 나갈 것"이라고 스바루의 홍보 담당자가 전했다.

　스바루의 솔테라는 아이신을 포함한 토요타자동차 계열 3사가 공동 개발한 이액슬을 채택하고 있다. 모터는 아이신이, 인버터는 덴소가 개발했으며, 두 회사와 토요타가 공동 출자한 블루넥서스(BluE Nexus)가 시스템 통합을 담당했다. 솔테라는 토요타와 공동 개발한 EV로, 형제 차량인 토요타의 'bZ4X'도 동일한 이액슬을 탑재하고 있다.

　아이신은 솔테라 등에 채택된 이액슬을 1세대 제품으로 간주하며, 2025년도에 2세대, 2027년도에 3세대 제품을 출시할 계획이다. 하지만 아이신의 홍보 담당자에 따르면, 이번에 스바루와 공동 개발하는 이액슬은 이러한 계획과는 별도 포지셔닝이라고 한다. 스바루 측은 "아이신의 제품을 단순히 구매하는 것은 아니

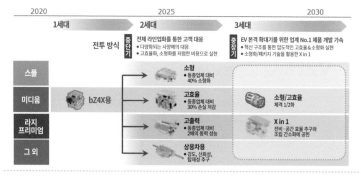

[자료 7-30] 아이신의 이액슬 개발 계획

2세대 제품에서는, 경차를 포함한 소형차, 대형차 및 고급차, 상용차 등 다양한 차종에 맞춘 제품군을 준비하여 1세대 제품에 비해 라인업을 확장하고, 다양한 차량에 대응할 수 있도록 했다. 3세대 제품에서는, 유성 기어 장치를 사용해 소형화한 동축형 이액슬이나, 기존보다 부품 수를 늘린 'X in 1' 타입의 이액슬을 전개한다. (출처: 아이신)

다"라고 밝혔으며, 아이신의 표준 제품을 조달하는 것은 불확실하다고 언급했다.

이액슬은 'EV의 심장부'라 불리는 핵심 부품으로, 주행 거리당 전력 소비(전비) 등 EV의 기본 성능에 큰 영향을 미치는 중요한 요소다. 전통적인 주요 완성차 제조사들은 메가 서플라이어(공급업체)의 표준 제품을 사용하는 대신, 자사 그룹 내에서 개발하거나 부품 제조사와의 공동 개발 방식을 통해 내재화하려는 경향이 강하다. EV 시장에서 세계 선두를 다투는 미국 테슬라와 중국의 비야디(BYD) 역시 이액슬을 자체 생산하고 있다.

— 혼다 코키(닛케이 크로스테크, 닛케이 오토모티브)

086

V2H(Vehicle to Home)

EV나 PHEV에서 가정용 전력을 추출하여
비상 전원으로 사용 가능

:

기술 성숙 레벨 | 고   2030 기대지수 | 15.2

전기차(EV)나 플러그인 하이브리드 차량(PHEV)의 배터리에
서 전력을 추출해 주택에서 사용하는 시스템인 V2H(Vehicle to
Home)가 있다. 2024년 1월 1일 발생한 노토반도 지진에서도
이 시스템이 활약했다. 자연재해가 많은 일본에서 독자적으
로 발전한 V2H 기술은 세계 EV 시장에서 일본이 반등하는
데 중요한 열쇠가 될 가능성을 지니고 있다.

재해 시 비상 전원으로서 EV와 PHEV의 중요성이 다시 주목받
고 있다. EV의 전력을 대피소나 자택 등에 직접 공급할 수 있는
기술이 V2H(Vehicle to Home)이다. 이는 자연재해가 빈번한 일본의
특성에 맞춰 독자적으로 발전해 온 기술이다.

  일반적인 가정용 배터리 용량이 약 5~15kWh 정도인 반면, EV
에 탑재된 배터리는 수십에서 100kWh에 달하는 대용량이라 더

[자료 7-31] '달리는 배터리'로서 중요성이 높아지는 전기자동차
(출처: 닛산자동차)

오랜 시간 전기를 공급할 수 있다. 또한, 배터리 잔량이 줄어들면 차량으로 이동해 충전소에서 충전한 뒤 돌아올 수도 있어, 이를 두고 '달리는 배터리'라고 부르기도 한다. 닛산 아리아의 경우, 완충 상태에서 일반 가정이 며칠 동안 사용할 수 있는 전력을 감당할 수 있으며, 대피소 조명과 가전제품에도 전력을 공급할 수 있다.

2024년 1월 1일에 발생한 노토반도 지진에서는 지반 침하와 산사태로 인해 도로 상황이 악화되었다. 간선도로가 없는 지역은 비상용 발전기의 연료로 필요한 휘발유 운반차조차 접근하기 어려운 상황이었다. 이에 EV와 PHEV가 기동성을 발휘하여 각 지역에 직접 전력을 공급했다.

예를 들어, 미쓰비시자동차는 노토반도 지진에서 니가타현 내의 대피소에 PHEV 모델인 '아웃랜더 PHEV' 등 2대를 지원했다. 지진이 발생한 당일 차량을 파견했으며, 미쓰비시자동차의 담당자는 "니가타현의 요청에 따라 즉시 대응할 수 있었던 것은 재해 시 협력 협정 덕분이다"라고 설명했다. 미쓰비시자동차는 2011년 동

[자료 7-32] 일본 독자 규격 '차데모'는 V2H 기술에 대응한다.
(출처: 닛케이 비즈니스)

[자료 7-33] EV로 여러 전자기기를 동시에 충전 가능
노토반도 지진으로 정전된 대피소에서 스마트폰이나 AED를 충전했다. (출처: 닛산자동차)

일본 대지진 이후, 일본 내 253개 지자체(2024년 1월 기준)와 재해 협력 협정을 체결하고 있으며, 이 협정을 통해 제휴 지자체에 차량을 신속히 제공할 수 있도록 절차를 간소화하여 재해 발생 시 빠른 초기 대응 체제를 갖추고 있다.

닛산과 미쓰비시자동차는 각각 2010년에 세계 최초로 양산형 EV를 출시하며 이 분야의 선구자로 자리매김했다. 이들은 가솔린 차량과는 다른 특성을 가진 EV와 PHEV의 새로운 활용 방안을 널리 알리려는 의도도 있는 것으로 보인다.

다만, V2H는 모든 EV에서 사용할 수 있는 것은 아니다. 이는 EV의 충전 포트가 대응하는 충전기 규격에 따라 다르기 때문이다. 세계적으로는 미국 테슬라가 주도하는 'NACS', 유럽 및 북미의 'CCS', 일본의 독자 규격인 'CHAdeMO(차데모)' 등 크게 5가지 규격이 있다. 이 중 V2H에 공식적으로 대응하는 것은 차데모뿐이다.

동일본 대지진 당시 EV의 높은 실용성이 확인되면서, '달리는 배터리'로서의 역할이 주목받았고, 이에 따라 차데모 협의회와 자동차 제조사들이 V2H 개발을 주도했다. 일본 정부도 보급을 장려해 왔지만, EV 보급 대수가 적어 V2H의 확산이 제한적이었다. 그러나 최근 EV 차종이 증가하고 자택에 V2H 장비를 설치하는 사람이 늘어나고 있다. 이는 비상용뿐만 아니라 평소에도 배터리로 활용해 전기 요금을 절약할 수 있기 때문이다.

자동차 제조사들도 기술을 발전시키고 있다. 닛산은 2023년에 히타치빌딩시스템과 공동으로 경차형 EV '사쿠라'에서 정전된 빌딩의 엘리베이터에 전력을 공급하여 약 15시간 동안 가동했다. 토요타자동차와 혼다도 2020년에 대형 연료전지(FC) 버스를 이용해 재해 지역에 전력을 공급하는 실증 실험을 진행한 바 있다. 또한 차데모 협의회는 2023년 2월 지진 피해를 입은 터키와 요르단 등에서 V2H 관련 강연을 진행했다. 이 기술이 해외에서도 주목받기 시작하면서 국제적인 관심이 높아지고 있다.

세계 EV 시장에서는 테슬라와 BYD가 판매 경쟁을 벌이고 있다. 충전기 규격 경쟁에서도 미국과 중국을 중심으로 확산 중인 테슬라의 NACS가 강세를 보이며, 일본 자동차 제조사와 차데모의 존재감은 상대적으로 미미하다. 그러나 일본은 V2H와 같은 재해 시 에너지 관리 기술에 경험이 있어, 이러한 강점을 세계적으로 어떻게 어필할지가 반등에 중요한 열쇠가 될 수 있다.

– 야쿠 분에(닛케이 비즈니스)

087

그린 슬로 모빌리티

시속 20km 미만의 저속 전동차를 이용한
공공 도로 이동 서비스

:
:
:
:

기술 성숙 레벨 | **고**   2030 기대지수 | **21.8**

'그린 슬로 모빌리티(Green Slow Mobility)'는 시속 20km 미만으
로 공공 도로를 주행할 수 있는 전동차를 활용한 소규모 이
동 서비스입니다. 이 서비스는 지역 사회가 겪는 다양한 교
통 문제를 해결하고 저탄소형 교통체계를 확립하는 것을 목
표로 하여, 일본 국토교통성이 추진하고 있는 정책이다.

많은 지방 도시에서는 교외에 대규모 쇼핑몰이 들어서면서, 한때
활기를 띠던 상점가에 사람들이 모이지 않게 되었고, 어느새 '셔
터 상점가'라고 불리는 경우가 많아졌다. 이러한 상점가를 되살
리기 위해 저속 · 저요금의 '그린 슬로 모빌리티(Green Slow Mobility)'
를 활용해 사람들이 거리를 돌아다니게 하는 기폭제로 삼으려는
노력을 기울이는 곳이 미야자키시다. 이 도시는 교외에 대형 상
업시설이 개장하면서, 중심 시가지 활성화가 주요 과제가 되었

다. 미야자키시는 역 주변 상업시설을 순환하는 그린 슬로 모빌리티를 통해 상점가의 활기를 되찾으려 하고 있다.

  미야자키시는 '타는 즐거움', '보는 즐거움', 그리고 편리한 '마을 내 순환 모빌리티'라는 콘셉트로 JR 미야자키역 주변과 시내를 연결하는 그린 슬로 모빌리티 '구룻삐(Guruppi)'의 운행을 2020년 11월 20일부터 시작했다. 운행 구역은 JR 미야자키역 앞 상점가인 '아미로드'에서 메인 스트리트인 다카치호 거리를 통과하여, 백화점과 호텔 등 주요 시설 앞을 지나 4개의 정류장을 거쳐 돌아오는, 총 길이 약 2.1km의 반시계 방향 코스다. 운임은 1회당 100엔, 초등학생 이하 어린이는 무료다. 기본적으로 매일 오전 10시 30분부터 오후 5시 30분까지 12분 간격으로 총 34회 운행된다. 도입된 차량은 2대로, 미야자키시가 일반 예산으로 구매했다.

  그린 슬로 모빌리티는 시속 20km 미만의 속도로 공공 도로를 주행할 수 있는 카트형 전동차를 활용한 모빌리티다. 구루피의 정원은 10명으로, 운전자를 제외하고 9명이 승객으로 이용할 수 있다. 이 서비스는 두 대의 차량으로 운영되며, 각각 지역 특산물인 휴가나츠(오렌지색)와 망고(노란색)를 테마로 한 색상을 사용한 것이 특징이다.

  구룻삐는 일반 여객자동차 운송사업으로 영업 운행을 한다. 미야자키시 기획재정부의 히다카 가즈야는 "그린 슬로 모빌리티를 활용한 일반 여객자동차 운송사업으로의 영업 운행은 전국적으로 도쿄도 도시마구와 시즈오카현 누마즈시에 이어 세 번째 사례

[자료 7-34] 미야자키시 중심지를 달리는 그린 슬로우 모빌리티 '구룻삐'
차량은 군마현 기류시에 위치한 싱크 투게더에서 제조한 저속 전동 버스 'eCOM-82'다. (출처: 모토다 코이치)

이며, 서일본에서는 처음 도입되는 것"이라고 말했다.

'구룻삐'라는 애칭은 미야자키시 내 어린이들이 응모한 1,588건의 제안 중에서 선정된 것으로, 도시를 '빙글빙글 돈다'는 의미의 '구루(ぐる)'와 친근함을 나타내는 '삐(ぴ)'에서 유래했다. 차량 측면에는 유리창이 없으며, 비 오는 날에는 비닐 시트로 창문을 덮지만, 평소에는 겨울에도 그대로 운행한다. 히다카 담당자에 따르면, "미야자키시는 겨울에도 기온이 크게 내려가지 않아 창문 없이 운행이 가능하며, 오히려 개방감이 인기를 끌고 있다"고 한다.

운행 주체는 '미야자키시 상점가 그린 슬로 모빌리티 운행 협의회'다. 당초 사무국 역할을 미야자키시 상점가 진흥조합 연합회가 맡았으나, 코로나19 팬데믹의 영향을 받아 2021년 5월 31일부터 미야자키시가 이를 인계했다. 운행 관리 및 요금 징수를 담

당하는 운행 사업자는 지역 교통 사업자인 미야자키교통이 맡고
있다.

"그린 슬로 모빌리티는 정원이 10명에 불과한 작은 차량이기
때문에, 운임 수입만으로 운영하기는 어렵다. 앞으로는 단순히
모빌리티로서의 활용에 그치지 않고, 구룻삐를 통해 민간 투자를
유도하는 장치와 도로를 더 사용하기 쉽게 하는 규제 완화, 공공
부지 활용 등 도시 개발과 연계된 노력을 적극적으로 추진해 나
가고자 한다"고 히다카 담당자는 말했다.

－ 겐다 코이치(테크니컬 라이터)

Technology 2025

8장

라이프·워크 스타일

일상 가까이에 등장한 신기술로
새롭게 변화하는 생활 환경

088

BaaS(Banking as a Service)

은행 기능을 인터넷을 통해 서비스로 제공

:
:
:
:
:

기술 성숙 레벨 | **고**　　2030 기대지수 | **24.5**

BaaS(Banking as a Service)는 은행의 기능을 인터넷을 통해 서비스 형태로 제공하는 것을 의미한다. BaaS를 사용하면 은행이 아닌 사업자도 은행 서비스를 저렴한 비용으로 제공할 수 있게 된다.

미쓰비시UFJ은행은 2024년 3월, 자산운용 플랫폼인 '머니 캔버스(Money Canvas)'의 BaaS 전개를 시작했다. 머니 캔버스는 앱과 웹 서비스를 통해, au카브콤증권, 도쿄해상일동화재보험, 자본 업무 제휴를 맺은 로보어드바이저의 웰스내비(WealthNavi) 등 그룹 내외 파트너의 금융 상품을 폭넓게 취급한다. 이 서비스의 방문자 수는 2024년 2월 시점에 370만 명을 넘었다.

이번에 외부 기업이 머니 캔버스를 자사 앱이나 웹 서비스에 탑재할 수 있도록 했다. 머니 캔버스의 운영과 관리는 미쓰비시UFJ

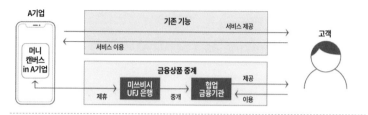

[자료 8-1] 머니 캔버스의 BaaS 전개 이미지
(출처: 미쓰비시UFJ은행의 자료를 바탕으로 닛케이 핀테크가 작성)

은행이 맡기 때문에, 기업들은 비용을 절감하면서도 짧은 시간 내에 금융 서비스를 제공할 수 있다. 미쓰비시UFJ은행 디지털 서비스 기획부 기획 그룹 타나카 타카토시 차장은 "자사에서 앱을 개발해 제공하는 경우와 비교해, 비용을 최소 3분의 1 이하로 줄일 수 있다"고 강조했다.

머니 캔버스를 앱이나 웹 서비스에 통합할 때, 기업은 미쓰비시UFJ은행에 시스템 사용료를 지불한다. 한편, 미쓰비시UFJ은행은 해당 앱이나 웹 서비스에서 얻은 머니 캔버스 관련 매출의 일부를 도입 기업에 환원한다. 이에 대해 미쓰비시UFJ은행 디지털 서비스 기획부 조사역인 마에카와 준이치는 "원-윈 관계를 전제로 생각하고 있다"고 말했다. 미쓰비시UFJ은행은 중장기적으로 100개 기업을 유치할 목표를 가지고 있으며, 초기 파트너로 기요은행과 종합 부동산 기업 도큐리버블이 채택을 결정했다. 예를 들어, 기요은행은 2024년 3월 15일부터 스마트폰 앱 '키요스마!'에 머니 캔버스를 통합해 운영하고 있다.

미쓰비시UFJ은행은 개인 고객을 확보하는 데 있어 BaaS 사업을 중요한 부분로 보고 있다. 일본은행이 마이너스 금리를 해제하는 방향으로 전환하면서 예금 유치를 담당하는 개인 고객 대상 사업의 중요성이 한층 커지고 있다. 따라서 타사와의 연계를 통해 새로운 고객층에 접근할 수 있는 BaaS 사업의 입지도 상대적으로 높아지고 있다.

– 야마바타 히로미(닛케이 크로스 테크, 닛케이 핀테크)

089

산업 메타버스

산업 분야에서 이용하는 인터넷상의 가상 공간

:
:
:
:
:
:

기술 성숙 레벨 | **고** 　2030 기대지수 | **56.8**

산업 메타버스는 현실 세계를 컴퓨터상의 가상 공간(메타버스)으로 재현하여, 공장 생산성 향상 등 산업 용도로 활용하는 기술이다. 공장 전체를 3D(3차원) 스캔하여 설비 등을 대략적으로 3D 모델링하고, 기계의 CAD(컴퓨터 설계) 데이터를 사용해 세부 동작까지 재현할 수 있도록 한다. 이를 이용하면 실제 공장에서 기계를 가동하지 않아도 가상 공간에서의 시뮬레이션을 통해 최적의 설비 배치와 로봇의 이동 경로 등을 설계할 수 있다. 프랑스 다쏘시스템즈(Dassault Systèmes)와 독일 지멘스(Siemens)와 같은 산업용 소프트웨어 대기업들이 제품화에 나서고 있다. 소니도 메타버스를 시각화하는 디스플레이와 컨트롤러 등을 개발하고 있다.

산업용 소프트웨어를 다루는 다쏘시스템즈(Dassault Systèmes)와 지멘

[자료 8-2] 가상 공간에 재현된 생산설비와 AMR
이 소프트웨어는 다쏘시스템즈가 제공하는 클라우드 기반 개발 설계 플랫폼 '3DEXPERIENCE'의 애플리케이션 중 하나로 라인업에 추가되었다. (출처: 다쏘시스템즈의 전시 화면을 닛케이 크로스 테크가 촬영)

[자료 8-3] 가상 공간의 동작을 실행하는 데모 시연
가상 공간에서 사전에 테스트한 동작을 기계가 정확하게 실행하는 모습을 선보였다. (출처: 닛케이 크로스 테크)

스(Siemens)가 메타버스와 디지털 트윈 같은 가상 공간을 활용한 새로운 서비스를 잇달아 선보이고 있다. 2024년 4월 독일 하노버에서 열린 세계 최대 규모의 산업 전시회 하노버 메쎄 2024에서는 두 기업의 새로운 제안에 많은 관람객들이 관심을 기울였다.

다쏘시스템즈는 공장의 생산 설비와 자율 이동 로봇(AMR) 등을 가상 공간에서 3D 모델로 재현하여 제조 라인의 레이아웃을 검토하거나 설비의 동작을 시뮬레이션할 수 있는 소프트웨어를 전시했다. 이를 통해 실제 기계를 가동하지 않고도, 생산 효율이 높은 설비 배치와 AMR의 경로를 단기간에 검토할 수 있다.

제조업에서는 노동력 부족을 배경으로 '국가를 불문하고 전 세계적으로' 자동화 수요가 확대되고 있다. 신속하게 공장의 자동화를 진행하기 위해서는 "기계 간 연계에서 발생하는 오류를 조기에 발견하고 이를 해결하는 것이 가장 중요하다"고 다쏘시스템즈 측은 밝혔다.

다쏘시스템즈의 소프트웨어는 현실 세계에서 발생할 수 있는

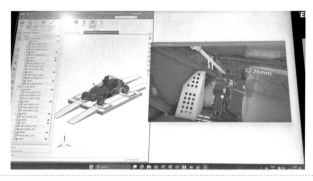

[자료 8-4] 도면 설계 소프트웨어 'NX'로 설계한 3D 모델(왼쪽)과 헤드셋을 통해 보이는 화면 모습(오른쪽)

메타버스 상에서는 눈앞에 3D 모델을 보면서 단면을 확인하거나, 부품 크기를 수정할 수 있다. (출처: 지멘스의 전시 화면을 니케이 크로스 테크가 촬영)

오류를 가상 공간에서 검증하는 '디지털 커미셔닝'을 반복하여, 실제 기계를 가동할 때 발생하는 오류를 최소화하고, 생산 라인 가동에 필요한 시간과 비용을 절감하는 것을 목표로 한다. 오류 유형에는 기계 간 연계 오류나 간섭뿐만 아니라, AMR의 배터리 소모와 같은 문제도 포함되어 있으며, 하루 생산 계획에 따라 기계를 작동할 때 발생할 수 있는 다양한 문제를 파악할 수 있다.

시뮬레이션에 필요한 3D 모델은 다음과 같은 절차로 제작된다. 먼저, 공장 전체를 3D 스캔하여 설비 등을 대략적으로 3D 모델화한다. 이후, 세부 동작을 재현하려는 기계는 동사의 3D CAD 소프트웨어인 '카티아(CATIA)'나 '솔리드웍스(SOLIDWORKS)' 등을 사용해 모델을 세밀하게 만든다.

다쏘시스템즈는 2024년 1월부터 공장의 3D 모델을 제작하는 서비스도 시작했다. 사실, 기존에도 이 회사가 제공하는 여러 툴을 활용하면 이러한 시뮬레이션이 가능했지만, 모델 제작에는 설

[자료 8-5] 헤드셋이나 컨트롤러를 장착한 모습
왼쪽이 삼각대 모양의 콘트롤러다. (출처: 닛케이 크로스 테크)

계 툴을 다룰 수 있어야 하는 등 어느 정도의 전문 지식이 필요했다. "설계 툴에 익숙하지 않은 고객들도 공장을 가상화하여 생산성을 높이려는 수요가 증가했기 때문에 이에 대응한 것"이라고 회사 측은 밝혔다. 일본에서도 2024년 중에 이 서비스를 제공할 예정이다.

지멘스는 설계에 가상 공간을 활용하며, 자사의 설계 도구 'NX'를 메타버스에서 조작할 수 있도록 했다. 헤드셋을 사용한 직관적인 조작과 원격지의 기술자나 디자이너와의 공동 설계 등 메타버스만의 가치를 강조하고 있다.

전용 헤드셋은 소니가 개발했으며, 소니반도체솔루션즈의 4K OLED 디스플레이가 양쪽 눈에 각각 탑재된다. 오른손에는 삼각대 모양의 컨트롤러를, 왼손에는 반지 모양의 컨트롤러를 장착해 메타버스에서 3D 모델 등을 조작할 수 있다(좌우 반대 손에 착용해도 무방하다). 포인터 등 기본 조작은 삼각대형 컨트롤러가, 그 외 다양한 보조 기능은 반지 형태의 컨트롤러가 담당한다. 시스템 플랫폼은 미국 퀄컴의 XR2 Gen 2 칩을 기반으로 한다.

소니 관계자에 따르면, 2024년 내 출시(서비스 제공 시작)를 목표로 하고 있다. 이번에 개발된 헤드셋은 소니그룹의 가정용 게임기 등을 담당하는 소니 인터랙티브 엔터테인먼트에서 판매하는 플레이스테이션 VR(PlayStation VR) 시리즈와는 다른 제품으로, "약 2년에 걸쳐 산업용으로 새롭게 개발한 것"이라고 담당자는 말했다.

— 이시바시 타쿠마(닛케이 크로스 테크, 닛케이 일렉트로닉스)

090

피플 애널리틱스

인재 채용이나 배치에 AI를 이용

.
.
.
.
.
.

기술 성숙 레벨 | 중   2030 기대지수 | **34.7**

인재 전략 수립과 워크 스타일 혁신의 일환으로, 직원의 행동 데이터, 각종 설문조사 결과, 인사 및 노동 정보 등을 통합하고 분석하는 '피플 애널리틱스'가 활용되고 있다. 최근에는 생성 AI를 통해 분석을 수행하고, 이를 인사 개혁에 활용하는 기업들도 늘어나고 있다.

덴소는 2021년부터 사람과 조직의 비전인 'PROGRESS'를 내세운 인사 개혁을 추진 중이다. 이 인사 개혁을 데이터 분석으로 지원하는 것이 2022년에 출범한 피플 애널리틱스 팀이다.

덴소의 노력 중 하나인 '직원의 도전을 지원하는 피플 애널리틱스'는 직원의 자율적인 커리어 실현을 돕고 있다. 이를 위해 젊은 직원들을 대상으로 커리어 디자인 교육을 실시하고, 커리어 설문조사 응답 상황에 따라 개인이 자신의 커리어 실현을 위해 '한 걸음 내딛는' 액션과 제도를 제안했다. 여기에는 3가지 주요 포인트가 있다고 한다.

첫 번째는 덴소에서 커리어 실현의 중요한 요소를 규명한 것이다. 전 직원을 대상으로 한 커리어 의식 조사를 통해, '구조 방정식 모델링' 기법을 활용해 요소 간의 관계를 정리했다. 또한, 제조업계에서 일하는 1,000명을 대상으로 커리어 의식 조사를 실시해, 그 결과를 비교하여 자사의 특징을 도출했다. 분석 결과, 덴소 직원들에게는 '현장의 동료들을 위해 힘을 보태고자 한다'는 특징이 있음을 확인했다고 한다.

두 번째는 교육 참가자에 대한 클러스터 분석을 실시한 것이다. 커리어 의식 조사 결과를 바탕으로 '일'과 '동료'의 요소를 반영한 설문조사를 교육 후에 다시 실시했다. 이를 통해 ①커리어와 업무 모두 잘 보이는 상태, ②업무의 의의와 중요한 요소가 명확한 상태, ③동료를 위해 업무에 최선을 다하는 상태, ④현재 눈앞의 업무에 집중하는 상태라는 총 4가지 클러스터로 참가자를 분류하고, 그 결과를 참가자들에게 피드백했다.

세 번째 포인트는 생성 AI를 활용한 것이다. 사전 설정으로 덴소 직원들의 업무와 커리어에 대한 생각 등을 생성 AI에 학습시켰다.

그 후, 앞서 언급한 4가지 클러스터의 특징을 텍스트 데이터로 생성 AI에 입력한다. 생성 AI는 클러스터별 특징을 바탕으로 각 그룹에 맞는 액션을 제안하며, 이를 커리어 관련 담당자가 검토하고 수정한 후 BI 툴을 통해 참가자들에게 제공한다. 이 작업을

통해 작업 공수 절감 효과도 기대할 수 있다. 사람이 직접 제안을
작성할 경우 작업 시간이 총 5,400시간(1인당 8분×4만 명) 정도 소요
되지만, 통계 분석과 생성 AI의 결과를 수정하는 경우 약 15시간
으로 줄어들 것으로 예상된다.

– 요시카와 카즈히로(닛케이BP 종합연구소 휴먼 캐피털 온라인 라이터)

091

전자 시민 제도

비거주자에게도 일부 행정 서비스를 제공하여
관계성을 높이는 것

:
:
:
:
:

기술 성숙 레벨 | 고   2030 기대지수 | 25.0

시민과 시민 외에도 '전자 시민'이라는 카테고리를 신설하여,
해당 시에 거주하지 않아도 시민에 준하는 민관 서비스를 받
을 수 있는 전자 시민 프로그램. 디지털 전원 건강 특구로 지
정된 일본 이시카와현 가가시는 일본 최초로 전자 시민 제도
를 도입해 운영 중이다.

가가시의 인구는 1985년 약 8만 명을 정점으로 하락세를 이어가
며, 향후 반세기 안에 절반으로 줄어들 것으로 예상된다. 2014년
에는 일본 창성 회의에서 '소멸 가능성 도시' 중 하나로 지목되었
다. 인구 감소와 관광객 감소 문제를 해결하기 위해 가가시는 슈
퍼 시티를 표방하며 2022년 4월에 디지털 전원 건강 특구로 지정
되었다.

　슈퍼 시티 구상에서 내놓은 것은 'e-가가시민'이라는 새로운 관

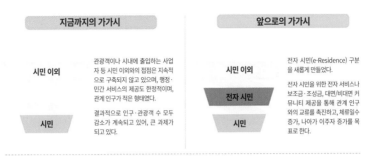

[자료 8-6] 가가시가 직면한 과제와 e-가가시민 제도에서의 전자 시민의 위치
(출처: 가가시)

계 인구를 창출하려는 시도다. 마이넘버 카드와 연계한 주민 ID 를 시 외부의 '가상 시민'에게도 적용하여, 가가시에 거주하지 않더라도 실제 시민과 유사한 민관 서비스를 받을 수 있게 한다. 이를 통해 관광객, 이주자, 원격 근무자를 늘리는 것이 목적이다.

2021년 당시, 가가시 정책전략부 스마트 시티과 매니저였던 고데센 노리야스는 다음과 같이 설명한다. "그동안 인구 감소에 대응해 이주 정책 등을 추진해 왔지만, 대상은 완전히 이주를 원하는 사람들뿐이었다. e-가가시민 제도에서는 이러한 사람들 외에도 중기·장기 체류자를 대상으로 할 수 있다. 가가시에 오게 하는 것 외에, 관계 시간을 늘려 도시의 매력을 알게 함으로써, 장기적으로는 이주를 선택할 가능성도 생기게 된다."

그렇다면 e-가가시민은 어떤 혜택을 누릴 수 있을까? 무료로 발급되는 '일반판 e-가가시민증'으로 가가 시내의 제휴 매장에서 할인이나 서비스를 받을 수 있다. 500장 한정으로 발급되는 '한정판 e-가가 민증'은 일반판 서비스 외에도 온천 여관의 워케이션 할인, 스타트업을 위한 종합 상담 창구, 창업 원스톱 센터 이용 등 국가 전략 특구의 특례 조치에 따른 서비스를 이용할 수 있다. 한정판은 가스비(NFT 사용 수수료 포함) 5,000엔(부가세 포함)에 제공된다.

이러한 서비스를 이용하면서 이주를 고려할 수 있으며, 실제로 이주할 경우에는 이와 관련된 원스톱 이사 서비스 등 번거로운 절차에 대한 지원도 받을 수 있다. 또한, 진학이나 취업으로 인해 타 지역으로 나간 청년들과 지속적인 관계를 유지하는 데도 효과적인 수단이 될 것으로 보인다.

— 마츠노 사리(라이터, 에디터)

092

AI × 애니메이션

AI로 개인 맞춤형 애니메이션 캐릭터를 만듦

:
:
:
:
:
:

기술 성숙 레벨 | **중**　2030 기대지수 | **4.0**

늘 보던 애니메이션 캐릭터가 이제는 우리에게 말을 걸어오
는 미래가 올지도 모른다. 애니메이션과 만화의 체험 가치를
크게 변화시키려는 기업이 '아니크(Anique)'다. 이 회사는 캐릭
터 상품을 디지털로 진화시키는 것에서 시작하여, 궁극적으
로는 AI를 활용해 개인 맞춤형 애니메이션 캐릭터를 만들어
내는 미래를 창조하고자 한다.

언뜻 보기에는 평범한 검은색 티셔츠지만, 이 티셔츠를 입은 남
성을 인스타그램 카메라 기능으로 촬영하고 스마트폰 화면을 보
면 이야기가 달라진다. 티셔츠 가슴에 있는 로고에 앱이 반응하
여, 촬영 대상의 머리 위에는 여우 가면이 씌워지고, 몸 주변에는
핑크색 초롱불이 둘러싸는 효과가 나타난다.

　이러한 리얼(현실 공간)의 굿즈에 디지털(가상 공간)의 강점을 융

합한 상품을 기획하고 판매하는 것이 2019년에 설립된 아니크 (Anique)다. 아니크는 강력한 IP(지적 재산) 콘텐츠를 보유한 기업들 과 협력하여 자사의 전자상거래(EC) 쇼핑몰 아니크숍과 팝업스토 어 등을 통해 상품을 판매한다.

공동 대표이사 CEO인 카사이 타카히데 대표는 "좋아하는 캐릭 터의 굿즈를 가지고 싶어 하는 수요는 여전히 강하며, 그 체험 가 치를 디지털을 활용해 확장하고 싶다"고 말했다.

카사이 대표는 "몇 년 전부터 '소유'보다는 '경험 소비'가 주목받 아 왔지만, 트렌드의 흐름을 타면서도 여전히 소유에 중점을 둔 비즈니스를 해왔다. 그러나 디지털 굿즈는 소유의 영역을 넘어서 지 못했다. 소비자가 굿즈를 통해 어떤 경험을 원하는지를 깊이 탐구하지 못한 점이 많았다고 반성하게 되었다"고 회고했다.

[자료 8-7] 현실과 디지털을 융합시킨 상품 개발
공동 대표이사 CEO인 카사이 타카히데 대표는 카메라 효과를 통해 현실 세계에서는 경험할 수 없는 서비스를 제공 한다. (출처: 닛케이 크로스 트렌드)

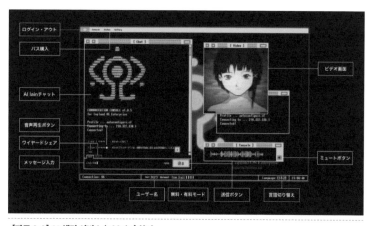

[자료 8-8] AI 채팅 서비스 'AI lain' 화면
왼쪽 채팅 화면에 댓글을 달면, 캐릭터가 텍스트와 음성으로 답변한다.
© NBC Universal Entertainment Japan

　그래서 집중한 방향이 현실 굿즈에 디지털로 부가가치를 더하는 것이었다. 현실과 디지털을 구분하지 않고 각각에서 최적의 경험 가치를 제공할 수 없을까 고민한 끝에 도달한 것이, 생성 AI와 굿즈의 융합에 대한 도전이었다.

　예를 들면, 그중 하나가 애니메이션 캐릭터와 대화할 수 있는 AI 채팅 서비스 'AI lain'이다. 이 서비스는 애니메이션 〈시리얼 엑스페리먼츠 레인(Serial Experiments Lain)〉의 주인공 이와쿠라 레인의 당시 목소리를 데이터화하여, 사용자의 텍스트나 음성 질문에 텍스트뿐 아니라 진짜 레인의 목소리로 응답한다.

　대화의 기반에는 미국의 오픈AI에서 개발한 대화형 AI인 챗GPT를 활용하며, 실험에 참여하는 사용자와의 대화 데이터를 바탕으로 레인 캐릭터를 만들어 나간다.

　그다음 목표는 애니메이션 캐릭터의 개인 맞춤화다. 예를 들어,

단순히 애니메이션을 시청하는 경험과 캐릭터가 말을 걸어오는 경험은 후자가 훨씬 더 높은 몰입감을 줄 것이다. 카사이 대표는 "AI가 발전하면 각 개인에 맞춘 단 하나뿐인 스토리를 만드는 것도 충분히 가능하다. 그러한 미래를 내다보며, AI lain의 실험을 계속해 나갈 것"이라고 말했다.

일본애니메이션협회의 〈애니메이션 산업 보고서〉에 따르면, 2021년 일본 애니메이션 산업 시장은 2조 7,422억 엔(약 24조 3천억 원)에 달하며, 전년 대비 약 13% 증가로 사상 최고치를 기록했다. 이는 10년 동안 약 두 배로 성장한 수치다. 카사이 대표는 "일본 애니메이션은 과거 오타쿠들이 즐기는 콘텐츠로 여겨졌지만, 이제는 대중적으로 사랑받는 콘텐츠가 되었다. 앞으로 애니메이션 시장은 일본뿐 아니라 해외에서도 성장할 것이다. 넷플릭스의 영향이 크고 일본 애니메이션 콘텐츠에 대한 높은 인기가 이어지면서, 이만큼 큰 시장은 다른 곳에서 찾아보기 어려울 것"이라고 분석했다.

이어서 그는 "애니메이션 시장이 확대되면, 아니크의 체험 가치 가능성도 함께 넓어질 것"이라고 분석한다. 단방향적으로 애니메이션이나 굿즈를 감상했던 경험이, 앞으로는 캐릭터와 대화할 수 있는 인터랙티브한 체험으로 발전한다면, 애니메이션 콘텐츠의 새로운 도약으로 이어질 가능성이 크다.

— 테라무라 타카아키(닛케이 크로스 트렌드)

093

열기구 우주 유람

고고도 기구를 이용한 우주여행을 실현

· · · · · ·

기술 성숙 레벨 | **고**   2030 기대지수 | **8.3**

홋카이도의 우주 벤처기업 이와야기켄은 기구를 이용한 우주 유람을 상업 운항하는 세계 최초의 기업이 되는 것을 목표로 연구개발을 진행하고 있다. 이 유람의 가격은 약 2,400만 엔(약 2억 2천만 원)으로, 향후 10년 내에 100만 엔(약 900만 원)대로 낮추고자 한다.

이와야기켄은 우주 유람의 상업 운항을 목표로 연구개발을 진행하고 있으며, 2024년 여름에 우주 유람 서비스를 제공할 계획이다. 2023년 11월에는 1차 탑승자 5명을 선정했다. 우주 유람 비용은 2,400만 엔(약 2억 2천만 원)으로, 수천만 엔에서 수십억 엔이 드는 타사에 비해 저렴하다. 이와야기켄은 앞으로 10년 내에 100만 엔(약 900만 원)대의 가격을 목표로 하고 있으며, 이를 달성하게 되면 우주 유람 시장이 크게 확대될 것으로 기대된다.

탑승자를 우주로 데려가는 것은 기구다. 고고도 기구에 매달린 특수 플라스틱으로 만든 2인용 캐빈에 탑승하여, 우주와 가까운 환경인 고도 25~30km의 성층권으로 올라간다. 고도 25km에 도달하는 데 약 2시간이 걸리며, 약 1시간 동안 상공에서 우주의 경관을 즐긴 후 지상으로 돌아온다. 약 4시간이 소요되는 유람 코스다.

이와야기켄의 고고도 기구는 상승, 하강, 정지를 세밀하게 조정할 수 있다. 이 회사의 기구만이 가진 높은 조종성이 안전한 착륙을 가능하게 한다. 많은 사람들이 떠올리는 열기구와 비교해 이와야기켄의 기구는 약 10배 더 높은 고도로 비행할 수 있다.

무인 비행의 경우, 일본우주항공연구개발기구(JAXA)는 5만m 이상까지 기구를 띄운 적이 있다. 그러나 인간은 보통 산소 호흡이 불가능해지기 때문에 4,000m 이상의 고도로 올라갈 수 없다. 이와야기켄은 사람이 탑승하는 캐빈 부분과 생명 유지 장치, 산소

[자료 8-9] 독자적으로 개발한 캐빈은 2인승
탑승자는 파일럿과 함께 탑승하여, 4시간의 우주 유람을 즐긴다. (출처: 이와야기켄)

[자료 8-10] 기구를 타고 우주로!?
꿈 같은 미래가 의외로 가까이 다가오고 있다. (출처: 이와야기켄)

공급 장치 등의 기술을 독자적으로 개발하여 4,000m를 훨씬 넘는, 우주에 가까운 고도까지 사람을 운반할 수 있게 했다. 2023년 10월에는 홋카이도 미나미후라노초에서 유인 비행 시험을 실시해 고도 1만 669m의 성층권 도달에 성공했으며, 이로써 이와야기켄은 가스 기구로 사람을 성층권까지 올린 일본 최초의 기업이 되었다.

– 카와무라 유우(닛케이 크로스 트렌드)

094

TV 광고의 운영형 광고화

TV 광고가 스마트폰이나 PC와 같은
운영형 광고로 전환

:
:
:

기술 성숙 레벨 | **고**   2030 기대지수 | **6.6**

"디지털 광고처럼 TV 광고(Commercial Message, CM)를 운영한
다." 니혼TV는 데이터에 기반하여 TV 광고를 자동으로 매
매하는 프로그래머틱 거래 플랫폼을 2024년 말에 제공할 예
정이라고 발표했다. 이를 통해 TV 광고의 거래를 즉시화하
고 자동화할 수 있게 된다.

글로벌 광고 마케팅 기업 덴츠가 발표한 〈2022년 일본의 광고
비〉에 따르면, 2022년의 TV 미디어 광고비는 전년 대비 2% 감
소한 1조 8,019억 엔이다. 한편, 인터넷에 연결된 CTV(커넥티드
TV)의 보급으로 인해, 티버(TVer)나 넷플릭스, 아마존 프라임 비디
오, 훌루(Hulu) 등 VOD 서비스 시청 환경이 확대되었다. 이와 함
께 TV 미디어 디지털 광고비는 급격히 성장하고 있다. 2022년은
358억 엔으로, 2021년에는 254억 엔, 2020년에는 173억 엔으로

매년 40% 이상의 성장률을 보이고 있다.

 디지털 미디어의 성장을 촉진하면서 지상파 광고비를 어떻게 유지할 것인가가 앞으로의 TV 방송국의 가장 중요한 과제가 될 것이다. 하지만 여기에서 큰 장벽이 되는 것이 TV만의 고유한 상업 관행이다.

 시청률을 중시한 대·중형 프로그램 제작, GRP(총 시청률)를 기반으로 한 TV 광고의 운영 체제, 프로그램과 관계없이 TV 방송국의 지정 시간에 광고를 삽입하는 방식인 스폿 광고, 그리고 인터넷 송출을 제한하는 복잡한 권리 관계 등은 모두 TV만의 독특한 광고 관행이다. 또한, 사전에 광고를 방영할 방송 구역을 구매하는 예약형 광고 구입 방식이나, 시청률을 기준으로 한 효과 측정, 그리고 방송 4영업일 전까지 광고로 방영할 소재를 결정해야 하는 광고 운영 방식 등도 디지털 광고에는 없는 TV만의 상업 관행이라고 할 수 있다.

 이를 타파하려는 움직임 중 하나가, 니혼TV가 2024년 말에 운영을 시작할 예정인 'ARM 플랫폼'이다. 이는 TV 광고를 많은 디지털 광고와 마찬가지로 실시간으로 프로그래머틱 거래가 가능하도록 하려는 시도이다. 소프트웨어 개발 회사인 픽스스타즈 앰플리파이(Fixstars Amplify)와 니혼TV가 공동으로 수학적 최적화를 통한 광고 배분 엔진을 개발 중이다. 광고 지표는 디지털 광고와 함께 임프레션(표시 횟수) 수를 채택하여 검토 중이며, 타깃 설정은 성별, 연령 등의 간단한 인구 통계 데이터를 바탕으로 설정할 수 있다. 결정된 광고 노출량이나 마케팅 KPI(핵심 성과 지표)를 달성하기 위해 효율적으로 광고 구역을 결정하는 방식이다.

또한, ARM 플랫폼을 통해 광고 소재의 최종 결정도 방송 몇 초 전까지 연장할 수 있다. 지금까지는 방송 4영업일 전까지 방영할 소재를 결정해야 하는 원칙이 있었지만, 이제는 방영 당일까지 소재를 변경할 수 있게 된다.

– 이시비 야마토(닛케이 크로스 트렌드)

095

조의 DX

디지털 플랫폼을 통한 장례 산업 혁신

:
:
:
:
:

기술 성숙 레벨 | 고   2030 기대지수 | 11.6

언제 어디서든 조의를 전할 수 있는 시대가 다가오고 있다. 장례 산업에도 DX(디지털 트랜스포메이션)가 찾아오고 있다. 이를 체감할 수 있는 것이 디지털 조의 플랫폼 '이토와(itowa)'이다.

'이토와(itowa)'는 B2B2C(기업 간 거래처에 소비자를 연결) 서비스 플랫폼이다. 이토와에 등록하는 것은 유족이 아닌 장의사이며, 이토와를 통해 조의를 표하고자 하는 사람은 유족에게 부의금이나 근조화환을 보낼 수 있다. 이토와를 도입한 장의사를 이용하는 조의 희망자로부터 주문이 있을 경우, 수수료(2023년 12월 기준, 6%)가 이토와에 들어가는 구조다.

이토와를 도입한 장의사는 이토와 플랫폼에서 유족별로 부보(訃報) 페이지를 작성하고, 라인(LINE)으로 상주에게 알림을 보낸다. 상주가 해당 URL을 고인의 친구나 지인에게 보내면, 부보와 함께 장례식장 위치, 날짜, 참석 가능 여부(가족장일 경우 참석 불가 등)를 전달할 수 있다.

부보 페이지 URL을 받은 사람은 이 페이지에서 직접 장례식에 참석할 수 없는 경우에도 조전이나 부의금, 헌화를 보내는 등의 조의를 표할 수 있다. 페이지는 각각의 장의사나 유족에 따라 맞춤형으로 구성된다. 가령, 각 장의사에 따라 판매하는 품목이 다를 수 있다.

조의 행동을 최대화하는 데 중요한 역할을 하는 것이 '부의금'이다. 최근에는 '부의금 답례가 힘들다'는 이유로 부의금을 사양하는 유족이 늘고 있다. 한편, 이토와의 조사에 따르면 조의의 마음을 전하는 수단으로 '부의금을 보내고 싶다'는 응답이 가장 많았다. 이처럼 부의금을 받지 않는 유족과 부의금을 보내고 싶어 하는 관계자 사이에 큰 간극이 존재하고 있다.

따라서 이토와는 장의사, 유족, 조문객의 니즈를 충족시키는 구조로 '부의금 직접 수령 시스템'과 '답례품 주문 시스템'을 마련하고 있다. 조문객이 부의금을 보낼 때, 장의사를 거치지 않고 직접 유족에게 부의금이 전달되는 구조로 되어 있다. 장의사는 유족을 대신하여 부의금을 보관할 필요가 없어지며, 장의사와 유족 모두 현금을 취급하는 리스크가 줄어든다. 유족이 이토와를 통해 부의금을 받으면 조문객이 목록화되고, 그 목록은 자동으로 답례품 주문 시스템과 연계된다.

또한, 이토와를 통해 부의금이나 조전 등을 보내면 고인과의 추억을 담은 사진을 클라우드 앨범에 게시할 수 있다. 보내진 사진은 전용 페이지에 공개되며, 최장 1년간 공유할 수 있다. 유족만 볼 수 있도록 설정할지, 전체 공개로 할지를 선택할 수 있다. 이는 이토와의 개발 목적인 '사람 간의 유대를 느낄 수 있는' 장치 중 하나다.

– 스나무라 후카(닛케이 크로스 트렌드)

096

패스키(Passkeys)

비밀번호 없이 인증이 가능

．
．
．
．
．
．

기술 성숙 레벨 | **고**　2030 기대지수 | **29.2**

비밀번호와 관련된 사고는 많은 기업에서 발생하고 있다. 이를 방지하기 위한 시스템이 '패스키(Passkeys)'다. 인증을 사용자의 디바이스에서 진행하고, 네트워크상에는 인증 정보가 유출되지 않는다. 이를 통해 인증 정보의 도용이나 유출과 같은 위험을 줄일 수 있다.

패스워드리스(passwordless) 인증은 말 그대로 비밀번호를 사용하지 않는 인증 전반을 가리키는 용어다. 그중에서 국제 비영리단체 파이도(FIDO, Fast IDentity Online) 얼라이언스가 제정한 'FIDO 2' 규격에 기반한 인증이 사실상 패스워드 인증의 표준이 되었다. 이를 '패스키(Passkeys) 인증'이라고 부른다. 패스키 인증이 비밀번호를 사용한 기존 인증과 다른 점은 인증을 수행하는 위치에 있다. 비밀번호를 사용하는 인증은 서비스를 제공하는 서버 측에서 사

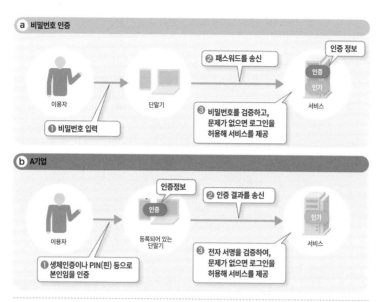

[자료 8-11] 비밀번호 인증과 패스키 인증의 차이

비밀번호를 사용한 인증은 서비스를 제공하는 서버 측에서 이용자를 인증한다. 또한, 비밀번호가 네트워크를 통해 전송되므로 제3자에게 이를 도청할 위험이 있다. 또한 서비스 측에서 비밀번호가 유출될 위험도 있다. (출처: 닛케이 네트워크)

용자의 인증 및 권한 부여를 수행한다. 이러한 구조로 인해 비밀 번호 인증에는 크게 도용과 유출이라는 두 가지 문제가 있다.

사용자가 입력한 비밀번호는 암호화되어 있더라도 네트워크를 통해 전송된다. 이로 인해 사용자의 단말기와 서비스를 제공하는 서버 간의 통신이 도청될 경우, 인증 정보가 제3자에게 탈취될 위험이 있다. 또한, 인증 정보를 서버에 보관해야 하므로 서버에 서 인증 정보가 유출될 위험을 피할 수 없다.

반면, 패스키 인증은 사용자의 디바이스 측에서 본인 인증이 완 료된다. 인증 정보는 디바이스에만 저장되며, 인증 결과만 서비 스에 전달된다. 즉, 네트워크상에 인증 정보가 전송되지 않아 인

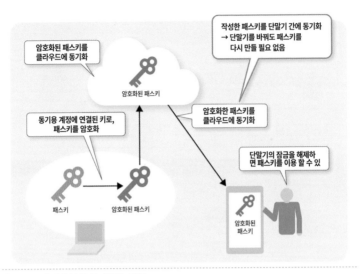

암호화된 패스키

패스키   암호화된 패스키

암호화된
패스키

[자료 8-12] 비밀번호를 동기화하는 방식
기존에는 패스키가 특정 기기에 연결되어 있어, 스마트폰이 고장나거나 기기를 변경하면 패스키를 다시 만들어야
했다. 이에 파이도 얼라이언스(FIDO Alliance)는 참가 기업과 함께 여러 기기에서 패스키를 공유할 수 있는 시스템
을 제공하기 시작했다. (출처: 닛케이 네트워크)

증 정보의 도용이나 유출 위험을 줄일 수 있다. 게다가 최근 일부
기업은 여러 디바이스에서 인증 정보를 동기화하는 시스템을 제
공하기 시작했다. 이를 통해 단말기를 바꿔도 인증 정보를 다시
만들 필요가 없어져 사용자 편의성이 높아졌다.

패스키 인증은 사용자가 비밀번호를 기억해야 하는 부담이 없
으며, 안전하게 운영할 수 있다. 안전성이 높아진 이유는 패스키
인증 자체가 이중 인증을 구현하고 있기 때문이다. 일반적으로
사용자 인증에 사용하는 정보는 '지식 정보', '소유한 기기 정보',
'생체 정보'의 3가지로 분류된다. 이 3가지 중 2가지를 조합하여
인증하는 것이 이중 인증이다.

예를 들어, 흔히 사용하는 방법으로는 비밀번호에 일회용 비밀

번호를 조합하는 방식이 있다. 일회용 비밀번호는 시스템이 인증을 위해 문자 메시지로 보내거나, 토큰을 사용해 생성한다. 문자 메시지를 수신하는 단말기나 토큰은 사용자가 개인적으로 소지하고 있는 것이다. 비밀번호와 일회용 비밀번호를 조합하면 지식 정보와 소유한 기기 정보를 사용해 사용자를 인증할 수 있다.

패스키 인증의 경우, 우선 디바이스 자체가 인증 정보를 보유하고 있기 때문에 소유 정보를 확인한 것으로 간주된다. 여기에 더해 생체 인증이나 PIN(Personal Identification Number, 개인 식별 번호)과 같은 지식 정보를 통해 추가 인증을 수행하기 때문에, 패스키 인증을 도입하는 것만으로도 이중 인증이 이루어지게 된다.

만약 소유 정보와 생체 정보에 기반한 패스키 인증에 비밀번호 인증을 추가하면, 소유, 생체, 지식 정보의 3가지 정보를 모두 사용하는 인증이 가능해진다. 인증에 사용하는 정보의 종류를 늘리면 본인 인증의 안전성을 높일 수 있다. 단, 인증 방식에 비밀번호 인증을 포함하면, 기존과 마찬가지로 사용자는 비밀번호를 관리해야 하는 부담이 생긴다.

또한, 생체 정보와 소유 정보를 조합한 이중 인증을 채택하더라도, 인증 정보를 서버에 저장하는 방식을 사용하면 도용이나 유출 위험이 발생할 수 있다. 패스키 인증은 비밀번호 인증이나 이중 인증이 안고 있는 문제들을 해결할 가능성을 지니고 있다.

— 키시마 이츠토(닛케이 크로스 테크, 닛케이 네트워크)

097

MEO(Map Engine Optimization)

지도 앱에서 검색 순위를 올리는 전략

....

| 기술 성숙 레벨 | **고** | 2030 기대지수 | **10.3** |

구글 맵에서 매장 페이지의 검색 순위를 높이는 전략이 MEO(Map Engine Optimization, 맵 엔진 최적화)다. 매장이나 상업 시설을 운영하는 사업자에게 구글 맵의 정보를 최적화하는 MEO 대책은 홍보 강화를 위해 필수적인 요소로 자리 잡았 다. 그러나 다수의 매장을 수동으로 관리하기에는 많은 시간 이 소요된다. 이에 따라 MEO 대책을 더 간편하고 효과적으 로 수행하기 위한 MEO 툴이나 대행 서비스가 다수 등장하 고 있다.

구글은 매장 등 상업시설의 로컬 정보 집약을 강화해 왔다. 2014 년에는 매장 운영자가 각종 정보와 사진을 등록할 수 있는 '구글 마이 비즈니스' 서비스를 시작했다. 이러한 정보는 사용자가 검 색할 때 구글 지도와 함께 최상단에 표시되며, 식당 리뷰 사이트인 '타베로그'나 '레티(Retty)'와 같은 정보는 그 아래에 나열된다. 매장이나 상업시설을 운영하는 사업자에게 구글 지도의 정보를 최적화하는 MEO 대책은 홍보 강화를 위해 점점 필수 불가결한 요소가 되고 있다. 그러나 구글 마이 비즈니스에서 다수의 매장을 수동으로 관리하기에는 많은 시간이 소요된다.

그래서 MEO 대책을 더 간편하고 효과적으로 할 수 있는 MEO 툴이나 대행 서비스가 속속 등장하고 있다. 그중 하나가 디지털 마케팅 지원 서비스인 트라이하치(Tryhatch)에서 제공하는 'MEO 체키'다. "MEO 툴을 사용하면 여러 매장의 영업시간을 한 번에 10시~17시로 변경하되, A매장은 상업시설 내에 있어 10시~16시, B매장은 11시~18시로 변경하는 등 다양한 변경사항을 한꺼번에 반영할 수 있는 장점이 있다"고 트라이하치의 COO 후지이 사토시는 설명한다. MEO 체키에서는 엑셀로 처리할 수 있는 CSV 파일을 불러와서 여러 매장의 영업시간을 업데이트할 수 있다.

또한, 사진 추가나 캠페인 등 최신 정보를 게시함으로써 순위가 어떻게 변동하는지 그래프로 파악할 수 있다. 특정 지역의 경쟁업체와 비교하여 구글 맵에서 자사 매장 정보가 우위를 점하고 있는지 분석할 수 있는 분석 툴도 제공된다.

"MEO 대책 툴이나 대행 서비스는 다양하게 혼재되어 있어, 매장 평가를 조작하기 위해 돈을 주고 리뷰를 작성하게 하는 등 부정한 방법을 쓰는 업체도 있다는 이야기가 들려온다. 가장 우려되는 것은 이러한 의심스러운 MEO 대책 기업들 때문에, '차라리하지 않는 것이 낫다'는 분위기가 형성되는 것이다. 그렇기 때문에 우리는 MEO의 표준이 되는 서비스를 목표로 하고 있다"라고 후지이 사토시는 말한다.

– 마츠모토 히데키(실리콘밸리 지국)

098

대리 친어 기법

고등어를 이용한 참다랑어 산란을 목표로,
생식 줄기세포의 이종 간 이식

⋮

기술 성숙 레벨 | **고**   2030 기대지수 | **22.6**

고등어에 참다랑어를 산란시키는 연구가 진전되면서, 맛있고 영양가 높은 양식 어류가 보급될 가능성이 높아지고 있다. 이 연구의 기반이 되는 것은 도쿄해양대학교 해양과학기술연구과 요시자키 고로 교수의 기술이다. 성 성숙에 오랜 시간이 걸리거나 양식 환경에서 성숙하기 어려운 어류의 생식 줄기세포를 더 쉽게 산란할 수 있는 다른 종의 어류에 이식하여, 알과 정자를 만들어 수정시키고 치어를 얻는 방식이다. 양식 어업 기업 '사카나드림'은 이 기술을 응용해 맛이 좋으나 양식 기술이 확립되지 않은 어종인 '카이와리'를 전갱이에 산란시켜 안정적으로 양식하고 제품화를 시도하고 있다.

대리 친어 기법은 요시자키 교수가 오랜 시간 개발해 온 기술이다. 성 성숙에 시간이 오래 걸리거나, 양식 환경에서 성숙하기 어려운 어류의 생식 줄기세포(알이나 정자가 될 세포)를 산란이 더 쉬운 다른 종의 물고기에 이식하여 알과 정자를 만들어 수정시키고 치어를 얻는 방식이다. 이는 도너 어류의 생식선에서 일부 세포를 추출해 어린 호스트 어류의 체내에 이식하면, 도너의 생식 줄기세포가 면역 거부 반응을 피해 호스트의 생식선에 이동·생착하여 호스트의 성장과 함께 성숙하고, 도너 어류의 알이나 정자를 생성하는 원리다. 또한, 자손을 남기지 않는 형질의 호스트를 사용하면 호스트 유래 생식 세포(알이나 정자)가 생성되지 않고 도너 유래 생식 세포만 만들어지게 할 수 있다. 요시자키 교수는 이 기술을 통해 고등어에 참다랑어 알을 산란시켜 치어를 늘리는 응용 연구를 목표로 하고 있다.

지금까지 무지개송어에 산천어와 곤들매기를 산란시키거나, 복어에 자주복을 산란시키는 데 성공했다. 2024년 5월에는 한 번 산란하면 죽는 연어를 반복적으로 산란할 수 있는 무지개송어에 산란시켜 연어 생산을 늘릴 수 있도록 하는 연구 성과를 논문으로 발표했다.

또한 요시자키 교수 팀은 생식 줄기세포를 살아있는 물고기뿐만 아니라 죽은 물고기에서 이식하는 기술도 확립했다. 무지개송어를 이용한 연구에서, 사망 후 12~24시간이 지난 개체에서 채취한 생식 줄기세포가 호스트 물고기에 성공적으로 생착했다.

이를 통해 요시자키 교수 팀은 살아있는 물고기나 갓 잡은 물고기에서 생식 줄기세포를 채취하여 호스트 물고기에 이식해 알이나 정자를 생성할 수 있게 되었다.

양식 어업 기업 '사카나드림'은 이 기술을 활용해 맛은 좋지만 양식 기술이 확립되지 않은 어종인 카이와리를 안정적으로 양식할 수 있는 전갱이에 산란시키고, 이를 제품화하려 하고 있다. 카이와리는 농어목 전갱이과의 해수어로 히라아지라고도 불리며, 성어는 약 20~30cm 정도까지 자란다. 요시자키 교수는 "지방 함량이 높은 흰살 생선으로, 감칠맛이 강하고 부드럽다"며 그 맛을 높이 평가하고 있다. 카이와리는 일본 연안에 서식하지만, 대량으로 어획되는 경우가 드물어 어항 근처에서 소규모로 소비되는 경우가 많고, 일반적으로 유통되지 않는다. 사카나드림은 어민들의 협조를 통해 확보한 카이와리를 이용해 생식 줄기세포를 다른 양식 어류에 이식하여, 카이와리의 정자를 보유한 양식 어류를 생산한다.

사카나드림은 카이와리의 정자를 생산하도록 한 수컷 전갱이를 일반 전갱이 암컷과 교배시켜, 카이와리와 전갱이의 교잡어를 만들어 이를 양식해 판매할 계획이다. 교잡어는 그동안 방어와 부시리를 교배한 것 등이 개발되었으며, 모두 뛰어난 맛을 특징으로 내세우고 있다.

사카나드림에서 생산하는 카이와리 교잡어 역시 카이와리와 유사한 맛을 가지고 있어 맛이 뛰어나며, 이를 식당 등에 일정 수준 이상의 가격으로 판매할 수 있을 것으로 기대하고 있다. 본격적인 판매는 앞으로 시작될 예정이며, 고급 어종으로 알려진 줄무늬전갱이를 뛰어넘는 가격을 목표로 하고 있다.

요시자키 교수는 "농림수산물은 일반적으로 다른 유사 제품과 큰 차별화가 어려워 특정 개별 품종을 소비자에게 홍보하기 어렵다. 그러나 사카나드림에서 생산하는 교잡어는 맛의 측면에서 다른 어종과 확실히 차별화될 수 있어 홍보가 용이하며, 생산자가 주도적으로 가격을 책정할 수 있을 것으로 기대된다. 소매점의 할인 전략에 휘둘리지 않는 가격 설정이 가능할 것이다"라고 말했다.

카이와리 자체를 판매하지 않고 교잡어를 판매하는 것은 종묘를 보호하기 위한 비즈니스적 판단이다. 교배로 인해 잡종화된 어종은 일반적으로 자손을 남길 수 없게 된다. 이를 판매함으로써 소비자가 카이와리를 손쉽게 번식시켜 재판매하거나, 다른 어종과 교배하는 것을 방지할 수 있다는 것이 회사 측의 생각이다.

카이와리와 전갱이 교잡어에 대해 사카나드림은 2024년 겨울

[자료 8-13] 사카나드림의 경영팀
왼쪽부터 모리타 CTO, 창업과학자 요시자키 교수, 호소야 CEO, 이시자키 CMO (출처: 사카나드림)

쯤 시험 판매를 시작하고, 2025년 봄부터 본격적으로 판매할 예정이다. 실제 생산 및 유통에서는 사카나드림이 교잡어 치어를 생산하고, 파트너 기업이 이를 성어로 키운 후 사카나드림이 성어를 다시 사들여 식당 등으로 판매하는 방식을 계획하고 있다.

사카나드림은 카이와리를 활용한 교잡어를 필두로 기존 어종과 크게 차별화된 제품을 만들어, 양식 어류가 소비자에게 더 많이 선택받는 사회를 목표로 하고 있다. 또한, 영양가 측면에서 차별화된 양식 어류 개발도 염두에 두고 있다. 본래 생합성이 불가능한 DHA를 합성할 수 있는 어종을, 사육 조건에 제약 없이 교배로 만들어 내는 방안을 검토 중이다.

요시자키 교수는 대리 친어 기법을 개발한 이유에 대해 '맛 좋은 양식 어류를 만들어 양식 어류의 가치를 높이고 싶었기 때문'이라고 밝혔다. 현재 축산물과 농작물은 품종개량을 거듭하여 생산성과 맛을 향상시킨 품종이 주로 사육 및 재배되고 있다. 반면 수산물의 경우, '맛의 차이는 잘 모르겠지만, 왠지 모르게 양식보다 자연산을 선호한다'는 이유로 양식보다 자연산을 선호하는 '자연산 신봉' 소비자가 많다고 요시자키 교수는 설명했다. 이러한 현실을 과제로 느끼며 "자연산 신봉을 뒤집을 만큼 맛있는 양식 어류를 만들기 위해" 대리 친어 기법을 개발해왔다.

— 키쿠치 유키코(닛케이 바이오테크)

099

차세대 바디필로우

생체 리듬에 맞춰 팽창 · 수축하는 쿠션

．
．
．
．
．
．

기술 성숙 레벨 | **중**　2030 기대지수 | **4.7**

일본담배산업(JT)과 유카이공학, 하쿠호도가 차세대 바디필
로우를 공동 개발하고 있다. 동물에게 본래 갖춰진 특성을
응용하여 심박, 호흡, 운동 등의 생체 리듬이 쿠션의 팽창 ·
수축 리듬과 동기화되도록 설계되었다. 단순한 동작이지만
웰빙을 촉진하는 기술 중 하나로 주목받고 있다.

일본담배산업(JT), 유카이공학, 하쿠호도가 공동 개발한 것은 '후
후리(fufuly)'라는 쿠션이다. '숨 쉬는 로봇 쿠션'을 표방하며, 팽창
과 수축을 반복하는 것이 특징이다.
　응용한 것은 동물이 본래 가지고 있는 특성인 '호흡 동조 현상'
이다. 동조 현상이란, 대면 커뮤니케이션에서 심박, 호흡, 운동
등의 생체 리듬이 서로 동기화되는 현상을 말한다. 후후리를 안
으면, 깊은 호흡처럼 팽창과 수축을 반복하는 리듬에 체험자의

[자료 8-14] 개발 중인 로봇 쿠션 '후후리(fufuly)'
(출처: 닛케이 크로스 테크)

호흡이 점차 동기화되며, 자연스럽게 깊은 호흡이 유도된다.

"'아기를 안았을 때의 느낌이 떠올랐다'는 이야기를 자주 듣는 다"며, 후후리를 개발한 JT D-LAB의 디렉터 미카미무라 토모키가 설명한다. 그는 개발 초기의 목적에 대해 다음과 같이 말한다. "호흡은 의식하지 않으면 얕고 빨라진다. 호흡을 의식하게 함으로써 효과적으로 휴식을 할 수 있는 기회를 만들고 싶었다."

프로젝트가 시작된 것은 2022년 7월경으로, 일본우주항공연구개발기구(JAXA)의 사업 창출 프로그램인 'THINK SPACE LIFE 엑셀러레이터 프로그램 2021'이 계기가 되었다. 이 프로그램에서는 향후 우주에서의 실증을 목표로 하는 웰빙 사업을 모집했으며, JT를 포함한 6개 회사가 제시한 테마에 총 11개 업체가 응모했다. JT의 모집 테마에 도쿄대학교의 '숨쉬는 베개' 연구가 선정된 것이다.

JT는 엑셀러레이터 프로그램에 응모하면서 도쿄대학교의 연구 내용을 바탕으로 상품화를 계획했다. 하지만 JT는 하드웨어에 대한 노하우가 부족했기에, 유카이공학과 공동 개발을 추진했다. 이후 하쿠호도도 가세해, JT가 주도하며 3사가 상품화를 목표로 협력하고 있다. 상품화의 구체적인 시기는 미정이지만, "준비 단계에 있다"고 미카미무라 디렉터는 말한다.

개발 초기에는 팽창·수축의 빈도와 강도를 조절할 수 있도록 했으나, "여러 사용자가 거의 동일한 설정값을 선택했기 때문에, 사용자에 의한 원격 조정 기능을 없앴다"고 미카미무라 디렉터는 설명한다. 아마도 사람이 안정감을 느끼는 호흡 리듬은 정해져 있다는 것일지도 모른다.

– 구보타 류노스케(닛케이 크로스 테크)

100

스탠딩 베드 박스

서 있는 상태로 잠깐 잠을 잘 수 있는 공간

:
:
:
:
:
:

기술 성숙 레벨 | **고**   2030 기대지수 | **4.2**

세계 최초로 서 있는 자세로 잠을 잘 수 있는 박스형 공간으로, 이른바 '낮잠'을 통해 업무 생산성을 높이는 데 도움을 준다고 한다. 약 20분 정도의 짧은 수면으로 머리를 맑게 하고, 원활하게 업무로 복귀하는 것을 목적으로 한다.

합판 도매 및 가공을 전문으로 하는 고요주합판(홋카이도 아사히카와)은 서 있는 자세로 잠깐 잠을 잘 수 있는 박스 '지라프냅(giraffenap)'을 개발했다.

지라프냅은 깊은 잠에 빠지는 것을 방지하면서도 머리, 엉덩이, 정강이, 발바닥의 네 군데에서 몸을 받쳐주기 때문에, 전신의 힘을 **빼고** 편안하게 쉴 수 있게 해준다. 또한, 이 제품을 설치하는 데 필요한 공간은 일반적인 침대의 절반 정도로, 사무실 내 자투리 공간 등 다양한 장소에 놓을 수 있도록 설계되어 있다.

[자료 8-15] 서서 자는 베드 박스 '지라프냅(giraffenap)'
(출처: 후루타치 코조)

이 회사가 지라프냅을 개발하게 된 계기는 사무용 가구 대기업인 '이토키'와의 만남이었다. 2021년 11월, 비즈니스 매칭 행사에서 이토키의 특허에 관심을 가지게 되어 라이선스 계약을 맺었다.

하지만 이 프로젝트는 거의 제로에서 시작하는 것과 같았다. 이토키의 특허 정보에는 서서 잘 수 있는 긴 세로형 구조물에 대한 간단한 아이디어만 적혀 있을 뿐이었다. 그래서 고요주합판는 먼저 편안함을 구현하는 것을 해결해야 했다. 목재로 간이 박스를 만들어, 실제로 하중이 분산되는 구조를 구축했다. 신체의 어느 부위를 어떻게, 몇 군데에서 지탱해야 하는지에 대해 여러 차례 검증을 거듭하면서 세부 사양을 결정해 나갔다고 한다.

게다가 편안함을 더욱 높이기 위해 몸을 받쳐주는 쿠션 부분의 부드러움을 미세하게 조정했다. 위생 측면도 고려하여 쿠션에는 수분과 유분 등이 잘 스며들지 않는 특수 원단을 사용했다. 제품 개발 과정에서는 합판 가공에서 쌓아온 높은 기술력이 활용되었으며, 고객의 다양한 요구를 구체화하는 제조 역량이 큰 강점으로 작용했다.

"어떻게 편안함을 실현할 것인가라는 점에서 지라프냅의 개발은 우리 회사에게 큰 도전이었을지도 모릅니다. 하지만 반대로 그 부분만 해결된다면, 반드시 제품화할 수 있다고 생각했습니다"라고 고요주합판의 야마구치 유야 대표는 밝혔다.

– 하시모토 아유미(라이터)

세계를 바꿀 테크놀로지 2025

닛케이가 전망한 기술 트렌드 100

초판 1쇄 인쇄 | 2024년 11월 28일
초판 1쇄 발행 | 2024년 12월 5일

지은이 | 닛케이BP
옮긴이 | 박미연
펴낸이 | 전준석
펴낸곳 | 시크릿하우스
주소 | 서울특별시 마포구 독막로3길 51, 402호
대표전화 | 02-6339-0117
팩스 | 02-304-9122
이메일 | secret@jstone.biz
블로그 | blog.naver.com/jstone2018
페이스북 | @secrethouse2018
인스타그램 | @secrethouse_book
출판등록 | 2018년 10월 1일 제2019-000001호

ISBN 979-11-988257-4-2 03320